정신분석과 문화연구센터
무의식의 저널
Umbr(a)

법의 무지

민주주의는 페티시가 되어선 안 된다. 민주주의는 하나의 투쟁 형식이다. 따라서 민주주의는 그 내재적 가치가 우월하기 때문이 아니라 매 상황을 전 지구적 차원에서 전략적으로 평가하는 과정에서 선택되어야 한다.

정신분석과 문화연구센터

무의식의 저널

Umbr(a)

법의 무지

슬라보예 지젝/알랭 바디우 외 지음

강수영 옮김

인간사랑

차례

한국 독자들에게

1994년 나는 버펄로 소재 뉴욕주립대의 정신분석과 문화연구센터에서 연구하던 일군의 대학원생들과 함께 라깡주의 학술지 "무의식의 저널"을 만들었다. 우리는 이 학술지를 "엄브라Umbr(a)"라고 불렀다. 첫 호는 선언문적 성격이 강한 서문을 싣고 있는데, 이 서문에서 나는 저널의 목표를 논쟁적으로 제시한 바 있다. '첫 번째'라는 것 자체는 논쟁적일 수밖에 없다. 언제나 시작은 단순할 수 없으며, 결코 어느 한 순간으로 환원될 수도 없지 않은가. 한편, 뭔가를 시작하려는 몸짓에는 반드시 일정한 반복이 요구된다.

『엄브라』의 경우에도 마찬가지였다. 몹시도 논쟁적인 한 해를 보낸 뒤 우리는 새로운 토대에서 다시 저널을 시작하게 되었는데, 두 번째 호에서 다시 한 번 애초의 서문을 있는 그대로 싣고 '두 번째' 호부터 "엄브라"라고 칭하게 되었다. 쉽게 말해 우리는 (스탠리 카벨의 축하연 적 구문대로) 일종의 "재결합 코미디"[1]을 연 셈인데, 이미 한 해 전 우리가 시도했던 그 시작의 몸짓을 다시 취함으로써 새 저널임을 선언하게 된다. 이번에 『엄브라』를 한국 독자들에게 소개하는 기회를 맞아 바로 이런 취지에서 나는 우리가 이미 한번 반복했던 그 선언문을 전재하는 것이 또 다른 새로운 시작에 적합하리라 믿는다.

***

'왜 저널인가?'는 대답하기 어려운 질문은 아니다(모든 관념은 둘로 나뉘어 있다. 다른 말로 표현하면 "두 번째 실존적 봉인", 즉 대타자의 봉인을 기다린다). 의식을 각각 발화와 수용의 예들로 나눈다는 점에서 사유와 정치적 행동이 같다고 본다면 사유란 공적 공간으로 진입하는 것이다. 진정한 사유는 소외되어있다는 바로 그 이유 때문에 활기차게 우리에게 되돌아온다. 이 집단적 기획을 껴안으면서 우리는 "정신적 프라이버시"라는 오도된 개념탓에 타자로 향하는 어떤 접근도 누전시켜 버리는 기록문서 영토주의—차라리 기록문서 종족주의라고 불러 마땅하다—경향을 저지하려고 한다(구체적으로 이름을 대보라면 우리는 신역사주의에 반대한다. 신역사주의는 언제나 '실제 일어난 일'을 캐내려고 하며, 그렇기 때문에 '결코 일어나지 않은 일' 혹은 우리의 윤리적 행위를 동기화하는 긴급한 '의무/해야 하는 일'의 실제를 근본적으로 간과한다). 정신분석에 대한 우리의 헌신은 둘로 나뉘는 것에 대한 헌신과 병행한다. 우리는 다양성—다양성은 언제나 기발한 배우공장[2]이 "키스와 다이브[3]의 공장"이라고 부른 것이며, 상호 동의에 기초하고 있는 종속의 기계와 분명 공모하고 있다—을 목표로 삼지 않으며 불가피하게 불일치할 수밖에 없는 주체적 분리를 옹호할 것이다. 우리의 글이 담긴 이 페이지들은 우연히 함께 따라오게 되는 어떤 관념이 아니라 철저한 논쟁을 향해 열려 있을 것이다.

논쟁에 대한 이러한 개방성은 정신분석 자체의 문제로 확장된다. 이 문제에 관한 한 프로이트 자신이 언제나 그랬던 것처럼 우리도 논쟁적이고 싶다. 일례로 프로이트가 융과 벌인 논쟁을 떠올려 보자. 프로이트는 융이 정신분석에 가한 변형이 그 유명한 리히텐베르그의 칼과 같다고 주장한다. "리히텐베르그는 칼의 손잡이를 떼서 그 자리에 새 칼을 끼웠어도 같은 이름이 칼에 새겨져 있기 때문에 우리는 그 새 칼을 원조로 대우해 주어야 한다고 했다." 스스로 정신분석이라고 칭하는 것 모두가 정신분석인 것은 아니다. 융에 대한 프로이트의 비난에 담긴 공정함은 그가 사용한 비유 덕에 이해하기 쉬워 보인다. 정신분석의 아버지가 진정 의미하는 바는 이렇다. "간혹 손잡이를 떼어내어 새 칼에 끼워도 여전히 똑같은 칼이다." 정신분석에서는 용어나 어휘 그 이상으로 보존되어야만 하는 것이 있다. 우리는 아무런 이유 없이 우리 자신을 "엄브라"라고 부르진 않는다. 우리는 그림자들 사이에서 정신분석의 대상을 찾으려 한다. 우리는 프로이트의 말을 앵무새처럼 반복하기보다는 그의 욕망에 주의를 기울임으로써 프로이트에 충실하려고 할 것이다. 이로써 프로이트에 충실하려는 우리의 실천이 다소 어려워질지는 모르겠지만, 동시에 우리의 실천을 좀 더 본질에 가깝게 해줄 것이다.

브레히트는 말했다. "재미없는 것은 진실이 아니다." 라깡은 이렇게 말한다. "타인과의 소통은 당신을 웃게 만든다." 분명 이 두 사람 어느 쪽도 학제적 담론의 지루한 진리 추구와 실패, 혹은 실패로서의 실패를 통한 지식에는 관심이 없었다. 대신 라깡과 프로이트는 지식 너머에 놓인 진실과의 경이로운 만남을 높이 샀다. 학문적 출판에 불가피하게 따르게 될 불발들을 될 수 있는 한 피하기 위해서 우리는『엄브라』를 부정기 간행물로 만들었다. 규칙적인 출판계획도, 정규 형식이나 정해진 칼럼도 없다. 우리 저널에는 고정 필자가 없기 때문에 정신분석에 관심이 있는 여러분 모두를 초대해서 "유동적인 관심"의 장소를 만들 계획이니 쓸 수 있는 주제와 가능한 시기에『엄브라』에 글을 실어주기 바란다. 이 창간호처럼 우리는 앞으로도 장단문의 에세이, 번역, 영화평과 서평, 학술회 보고서, 사진, 포토그램, 농담 등 무의식에 대한 설득력 있는 증거들을 실으려 한다.[4] 쟁점과 논문에 대한 여러분의 의견도 환영한다.

***

13년이 지난 뒤 다시 보니 이 선언문의 일부분은 철없이 들린다. 가령 구독자에게 정규 출판을 보장하지 않은 채 저널을 운영하는 일이 불가능하다는 점은 이미 우리의 경험으로 입증되었다. 그럼에도 불구하고 우리는 예측 불가능성을 유지하려고 노력했다. 우리가 논쟁하기로 결정한 주제에 맞게 형식을 바꾸기도 하고, 적절한 때마다 반대의견을 권장하기도 했다. 이번에 한국에서 출판하게 된 2003년 호『법의 무지』에서는 슬라보예 지젝을 초대해서 야니스 스타브라카키스의 지젝에 대한 비판에 대응하도록 했다. 2004년 호『전쟁』[5]에서는 어네스토 라클라우가 민주주의에 대한 논쟁에 참여해 지젝에게 비판적으로 대응한다. 일부 저널은 해당 제목에서 우리가 공동 합의보다는 논쟁을 더 선호한다는 점이 분명히 드러난다. 가령『전쟁』(2004)이나『논쟁의 신폴레모스』(2001) 같은 호가 그 예이다. 그 외 다른 호들은 핵심 주제들을 통해서 우리의 논쟁적 성향을 보여준다. 가령 신소비자주의 시장을 구성하는 것 이외에는 아무 것도 이룬 것이 없는 데도 차이를 떠받드는 찬양들이 유행하는 와중에 우리는『같음』(2002)이라는 지금껏 사유되지 않았던, 차이보다 좀 더 어려운 개념에 한 호를 할애했다.

『법의 무지』는 법 개념의 축소와 동시에 발생한 위험천만한 법의 인플레이션에 저항하려는 목적에서 기획되었다. "어느 누구도 법을 (법적으로) 무시할 수 없다"는 것, 우리는 법에 의해 이미 항상 호명되어있다는 사실은 부정할 수 없다. 하지만 이 피할 수 없는 법의 성격이 최근에 법이 누리고 있는 권력과 편재성을 정당화할 수는 없다. 미국은 법제적 초의식, '법질서'에 대한 강박을 키워옴으로써 이제 법은 TV 쇼에서 가장 많이 다루어지는 주제가 되었을 뿐만 아니라 모든 논쟁의 최종 수단이요, 궁극적인 '결정자'가 되었다. 이 위험한 송사중심주의는 모든 상징적 관계들을 이미 구성된 주체들 사이의 계약관계로 환원시키는 경향이 있다. 이번 호는 법의 완전하고 복합적인 상징적 가치를 회복하려는 시도이다. 무엇보다도 우리는 주체가 법과 맺는 관계는 법을 무시하지 못하도록 금지할 뿐 아니라, 주체의 일정한 무지가 법 자체에 반드시 부여되어야 한다고 주장한다.

편집진 일동은 우리 편집위원회의 전 회원이자 한국 독자들에게 훌륭한 번역으로『엄브라』를 소개해 준 강수영에게 감사를 표한다. 과거 미국 독자들에게 보낸 초대장을 이제 한국의 독자들에게도 보낸다.

정신분석과 문화 센터 전 소장

현 브라운대학 현대문화와 미디어학과 교수

조운 콥젝

주

1 미국 철학자인 스텐리 카벨은 1930-40년대 할리우드 영화 중 이혼이나 별거 상태인 부부가 우여곡절 끝에 다시 결합하게 되는 내용을 담은 로맨틱 코미디를 모아서 "재혼 코미디"라고 불렀다. 여기서는 『엄브라』 첫 호가 나온 뒤 두 번째 호를 다시 첫 호로 명명한 과정을 동일한 커플의 재결합으로 비유한 것이다(역주).

2 FEKS: 1921년 러시아 페트로그라드에서 설립된 극단으로 다다이즘, 초현실주의 미래파 경향의 배우양성소이자 영화와 연극 연출집단(역주).

3 그룹 너바나의 노래 「다이브」에서 따온 말(역주).

4 한국어 번역판에는 서평과 촌평, 사진 또는 그 밖의 소품들은 제외하고 학술 논문만 수록했다(역주).

5 '전쟁은 없다'는 제목으로 한국어 번역본이 출간되었다(역주).

법은 그곳에 있다

개정판 역자 서문

1880년대 파리의 어느 가을날, 저녁에 한차례 몰아치던 돌풍이 잠잠해지고 어둠이 내려앉은 시간. 서재에서 파이프를 피우며 각자의 생각에 몰두하고 있던 두 남자를 파리경찰청장이 찾아온다. 두 남자 중 한 사람은 탐정이었는데, 청장은 그에게 "간단하지만 참 이상한" 사건을 알려주고 도움을 요청한다. 사건은 간단하다. 도둑맞은 편지를 찾기만 하면 된다. 하지만 이 짐짓 간단해 보이는 사건 때문에 청장은 골머리를 앓고 있다. 편지를 훔친 현장과 범인, 사건의 정황은 이미 드러나 있는데도 편지를 찾을 수가 없었다.

이 이야기는 시인이자 소설가이며 추리소설의 원형을 제공한 미국 작가 애드거 앨런 포의 「도둑맞은 편지」이다. 왕비에게 누군가 보낸 비밀편지가 악의를 품은 장관의 손에 들어간다. 이 편지 내용이 왕에게 알려지면 왕비는 곤란한 상황에 처하게 된다. 장관은 편지를 쓴 사람이 누구인지 또 왕비에게 그 편지가 어떤 의미인지를 눈치채고 왕비가 보는 앞에서 바꿔치기 수법으로 편지를 훔쳐간다. 이렇게 버젓이 악의적 행위가 저질러진 상황이니, 청장은 자신만만하게 장관의 집을 수색했다. 하지만 편지는 없었다. 청장의 의뢰를 받은 뒤팽은 오래지 않아 장관의 집에 들어가 힘들이지 않고 바로 편지를 찾아내고 그 댓가로 돈을 받는다.

정신분석이론에 익숙한 독자라면 이 소설이 정신분석적 관점에서 어떤 의미를 갖는지, 왜 라깡의 대표작인『에크리』에 첫 논문으로 수록되었는지를 잘 알고 있을 것이다. 앞서 제시한 간략한 소설 내용만 들어도 우리는 도대체 그 편지가 뭐기에 그렇게 왕비가 안절부절못하고, 또 경찰청장이 애를 먹으면서도 편지를 찾아내려 할까 궁금해진다. 편지는 누가 보냈고 그 내용은 무엇일까. 왕비는 비밀연애라도 하는 것일까? 아니면 왕에게는 비밀에 부쳐야 할 피치 못할 사정이 있는 것일까? 하지만 소설은 편지와 관련된 어떤 내용도 알려주지 않는다. 편지의 발신자와 내용, 또 그 중대함의 정도와 이유는 이야기에서 철저히 배제되어있다.

라깡의 개입은 바로 이 부분에 집중되어있다 이 소설은 편지의 경로, 즉 왕–왕비–장관의 관계 속에 놓인 편지가 장관–경찰청장–왕비로 옮겨갔다가, 다시 장관–뒤팽–경찰청장(혹은 왕비)으로 옮아가는 삼각형 구조의 변천을 통해서 종국에는 원래의 주인인 왕비의 손에 안착하게 되는, 일종의 편지의 여정을 기록하고 있다. 영어에서 편지에 해당하는 낱말 letter가 알파벳 문자도 의미한다는 점을 주목하자. 여기서 편지는 단지 내용을 담은 전달매체일 뿐 아니라 주체들의 관계 속에서 순환/교환되는 문자를 가리킨다. 그리고 라깡의 저 유명한 문구인 "편지는 반드시 수신자에게 도착한다"는 명제를 확인시켜준다.

나아가 이 '편지'란 유아 시절 부모로부터 전송된 '문자' 또는 기표로, 이후 주체가 상징계로 진입하면서 '도둑맞게' 되는 그 문자이기도 하다. 주체의 심리는 이 '기표', 우연히 부모의 대화 속에서 들려온 어떤 언어적 기표 주변으로 구성된 심리적 구조를 갖게 되고, 이 기표는 주체의 비밀을 여는 마스터키 같은 것이 된다. 다만 기표는 의식적인 기억에 남아있지 않기 때문에 주체는 그것을 소유하지 못한 채, '도둑맞은' 상태이다.

이 소설, 즉 문자에 관한 이 짧은 이야기는 어떻게 법과 연결될까. 라깡은 이 소설에서 세 가지 시선, 즉 응시를 구조화한다. 이 중 아무것도 보지 못하는 시선의 위치에 왕과 경찰국장이 놓인다. 이 둘은 '법질서'에 해당하는 존재로서, 소설이 전개되는 동안 '무지'의 상태에 있다. 그들은 진행되는 사건을 전혀 모르거나 혹은 알아도 해결하지 못하는 무능함을 보여준다. 왕이 말 그대로 아무것도 모른다면, 경찰국장은 알고 있되 해결할 방법을 모르는, 즉 탐정은 꿰뚫고 있는 장관의 전략에 관해서는 도통 무지하다.

이 둘의 무지, 특히 그중에서도 왕의 무지는 바로 여기 우리가 당면한 법의 무지를 가리킨다. 많은 독자들[1]이 왕이 사건에 개입하거나 관여하지 않는다는 이유로 무능하거나 소용이 없는 존재라고 보기도 하지만, 실은 이 이야기에서 왕의 존재가 없으면 편지를 둘러싼 그 모든 소동과 두려움은 가능하지 않다는 점에서 왕은 '전능'하다. 왕비가 편지를 받는 장면에서 왕의 현존은 왕비로 하여금 편지의 정체가 발각될까 노심초사하게 하고 장관이 왕비의 약점을 잡게 만든다. 편지의 도착, 즉 기표의 현현은 사건을 일으키지만, 왕이라는 법 그리고 그 무지는 사건의 전개에 필수적이다. 왕이 아무것도 모른다는 사실은 경찰청장의 무지와는 사뭇 다르게 주체의 관계망을 작동시키고 [왕은 계속 아무것도 몰라야 하기 때문에], 사건과 사건을 일으키며 그 와중에 선과 악이 드러나고 해결책이 모색되도록 이끈다. 우리의 가치관과 선택, 행동을 결정짓는 것이 고정된 의미나 가치가 아니라, 이 무지의 근원이라는 점은 여러모로 의미심장하다.

포의 이 짧은 소설은 법과 그 무지의 함의를 완벽하게 담아낼 수는 없을망정, 그 가장 본질적인 측면을 간명하게, 추리적 재미를 더해서 그려내고 있다. 이야기 속의 왕은 조운 콥젝 교수가 한국독자들에게 보낸 글에서 언급한 "법의 완전하고 복합적인 상징적 가치"를 담보하고 있고, 스티븐 밀러가 자신의 논문에서 밝히려고 했던 "하나의 법이 있다는 기적"을 형상화한다. 정신분석은 어떤 가치와 내용을 담고 그것을 명령하는 실정법이나 법규를 다루지 않는다. 정신분석은 하나의 법, 즉 일사로서의 보편적 질서라는, '기적 같은' 법이 존재한다는 것을 확인시켜준다. 이 법은 주체가 선과 악을 가르고 정의를 추구하게 이끄는 토대로서의 초월이다.

사안마다 끊임없이 이어지는 고발과 고소로 대응하는 것만이 미치 무죄의 결백을 주장하거나 항의하는 방식이 되어버린 작금의 상황은 법의 물신화를 심화시킨다. 법 조항의 문자를 자신의 이익에 맞게 남용하려는 온갖 시도들은 셰익스피어의 희극『베니스의 상인』에 등장하는 샤일록을 상기시킨다. 법은 법문서의 형태로, 법정에서의 판관이나 대리인의 모습으로, 혹은 티브이에 등장하는 무수한 법조인의 얼굴로 우리 주변을 부유한다. 이런 페티시들 너머 하나의 법이 있어, 우리로 하여금 불의에 맞서고 시민불복종을 감행하게 한다. 우리는 이 법에 충실함으로써만 사유화(私有化)되어가는 현실 법의 페티시들에 저항할 수 있다.

주체는 오직 법의 무지 속에서만 법에 충실할 권리와 자유를 얻게 된다.

『무의식의 저널 엄브라』를 처음 소개한 지 10여 년이 지나 한국어 번역본 첫 호의 개정판을 내면서 새삼 정신분석이론의 현재적 의미를 곱씹어본다. 정신분석은 일견 매우 전문적인 분야로 보여서 정신의학과 임상, 심리학, 철학 및 인문학 등의 전문가들만이 발언할 자격을 갖춘 듯 여겨진다. 겉보기의 숱한 전문용어와 기이한 문자, 도식, 수식들과 난해한 철학적 개념들이 일반 독자에겐 생경하다. 게다가 번역서를 읽을 때는 그 난해함이 더해진다. 이 책은 더군다나 독어와 불어의 영역을 국역한 부분도 많아서 언어적 장벽을 두세 번씩 넘어가야 하는 어려움이 있다. 하지만 정신분석은 살면서 적어도 한 번쯤 왜 사는가를 묻는 사람들을 위한 이론이다. 그저 평범하게 주어진 인생을 따라가는 사람에게도 문득 어떤 질문에 사로잡히게 되는, 생의 한순간이 있기 마련이다. 그럴 때 정신분석은 매우 유용한 개인적 사유의 경험을 제공해 줄 수 있다. 정신분석 텍스트에 장착된 그 모든 장애물을 감당하면서 묵묵히 독서의 시간을 버텨낼 선택을 기꺼이 한 사람에게 그 사유의 경험은 소중한 선물이 될 것이다.

주

1 자크 데리다 등 이론가들은 이야기 속 왕의 부재 혹은 침묵을 상징적 '거세'로 읽는다. 이런 류의 독해는 아무래도 비평가의 무의식이 과도하게 투영된 듯 보인다. 이에 반해 정신분석적 '무지' 개념은 '왕'을 한 남성개체 또는 권력자의 위치를 넘어서 보편적 법의 위치를 점하는 상징적 지위로 볼 가능성을 열어준다.

법, 주체, 욕망

초판 역자 서문[1]

최근 뉴스를 훑어만 봐도 법은 공급 면에서 뿐만 아니라 소비 면에서도 여러 모로 그 위상이 높아지고 있는 듯하다. 이혼, 양육, 손해 및 재해 보상 등의 문제가 불거질 때, 과거의 인정(人情)주의적 문제해결 방식 대신 송사를 통해 해결하려는 추세다. 예전에는 삼재니 뭐니 하며 송사에 휘말리는 것이 악재에 속했는데 이제는 '법대로' 해결하자는 태도가 낯설지 않다. 기존의 사법고시를 통한 신분상승과 관운을 향한 열정은 미국식 로스쿨의 도입으로 빠르게 계급화되어 가는 한편, 법은 이제 저 위에 있는 권위가 아니라 일상생활의 소소한 문제들에 개입하면서 '아래'로 내려오는 중이다. 하지만 우리 대부분은 아직도 법에 '무지'하다. 법조문의 세세한 사항을 모를 뿐만 아니라 법 자체에 대해서도 잘 생각하지 않는다. 일상생활에서 법은 TV에서 뉴스나 스캔들의 형식으로만 존재하는 듯하다. 어떤 심각한 문제나 재난에 말려들기 전까지는 법은 우리 삶에서 제외되어있다. 차라리 법을 모르고 사는 게 맘 편하다. 그래서 "법 없이도 사는 착한 사람"이라는 우리말 표현이 있지 않은가? 제도적으로 법은 우리 옆으로 다가오려고 하는데 우리는 법에 관한 한 '무지'가 낫다는 태도로 일관한다.

이번에 한국에서 첫 호로 번역되는 『무의식의 저널 엄브라』는 "법의 무지"라는 제목으로 2003년에 출간되었다.[2] 시기적으로 앞선 미국 상황을 배경으로 하고 있지만 신기하게도 현재의 한국 사회에도 적용될 여지가 많아 보인다. 물론 상황은 다르다. 당시 미국은 부시 정권의 첫 임기 중이었으며, 이라크와의 전쟁을 시작한 후 두 번째 임기를 이어갈 수 있을지에 대한 논의가 한창이었다. '법의 이름으로' 근거 없는 전쟁을 시작했던 미국 정부를 향한 비판의 목소리가 높은 때, 『엄브라』는 예의 정신분석적 이론의 날을 벼려서 법의 악용에 맞서 적법한 절차를 외치는 대신 법 자체의 근원적 무지와 법 앞에 선 주체의 무지가 서로 공모하는 방식을 분석한다. 정신분석 이론은 법, 즉 대타자가 (주체의 바램과는 달리) 실은 아무 것도 모른다는 사실에서 출발한다. 따라서 법이 모든 것을 관장하므로 '법대로 해결'하면 잘 되리라는 믿음은 아무 근거 없다.

그러면 법은 아무 것도 해결할 수 없다는 말인가? 차라리 법이 아무 것도 모르는데 어떻게 우리는 법을 지지하는가라고 질문을 바꿔보자. 그것은 법의 무지, 정신분석적으로 말하면 대타자의 결여가 주체의 욕망, 즉 '나는 누구인가'의 물음을 생산해내지만 대타자가 그 질문에 아무런 답을 해주지 못한다는 사실을 (애쉬크로프트의 천조각 같은 것으로) 덮어 가리려는 주체의 '무지를 향한 열정' 때문이다. 주체와 법은 '무지'에서 함께 공모한다. 얼마나 한국적인가? 송사에 휘말리기 싫어하고 '법대로'보다는 인정대로 따르고 법 없이도 살 수 있다는 것이 덕목으로 칭송받는 한국 문화야말로 법과 주체의 무지가 공모함으로써 법의 권위가 유지되는 바로 한 예 아닌가? 그렇다면 현재 법이 우리 문화의 전면에 나서는 상황은 법에 대한 무지에서 앎으로서의 전환이라고 할 수 있을까? 물론 사태는 그렇게 간단하지 않을 것이다. 법에 대한 문화적 과잉이야말로 법과 주체의 무지에 대한 역설적 증거에 다름 아니다.

이 책의 제목인 '법의 무지'는 법에 대한 무지이면서 동시에 법 자체가 아무 것도 말해주지 않고 해결해 주지 않는다는, 즉 법이 갖고 있으리라 가정된 권위와 투명성이 실은 가정 이외에 아무 것도 아니라는 복합적 의미를 소유격 조사 하나에 담고 있다. 법의 무지, 즉 법은 아무 것도 모른다는 선언은, 주체는 어떤 실체나 본질이 아니라 주체가 지나온 흔적이라는 라깡의 주장을 달리 표현한 것이다. 난해한 이론을 좀 평범한 상황으로 바꾸어 본다면, 가령 어린 아이가 성장하면서 부모에 대한 의존에서 벗어나게 됨에 따라 사실 부모가 아무 것도 모르며 아무런 힘도 없다는 진실을 알아가게 된다고 해보자. 이런 상황에 놓인 주체는 이제 가정 바깥에서 권위의 원천을 찾기 바란이시반 하교, 시상, 제도, 법 등 사회적 권위체계들 역시 '아무 것도 모른다'는 사실을 깨닫게 되는 것이 정해진 수순이다. 한국 독자들에게도 친숙한 에띠엔느 발리바르도 논문의 한 대목에서 지적하듯 결국 주체는 모색과 선택으로 구성된다. 하지만 그렇다고 주지주의나 상대주의로 빠져서는 안 된다고 라깡은 경고한다. 법은 아무 것도 모르지만 주체는 언제나 이 모르는 법과의 긴장 속에 놓여 있다. 주체의 선택은 법과의 길항작용에서 진행되고, 주체를 선택하게 하고 주체로 남아 있게 하는 것은 바로 이 긴장에서 생겨나는 욕망이다. 따라서 법은 아무 것도 모르는데도 그 자리에 언제나 존재한다. 결여의 상태로.

그렇다면 법이 아무 것도 모르고 따라서 아무런 도덕적 권위를 갖지 못한다는 것은 어떤 의미를 갖는가? 법 혹은 어떤 종류의 권위도 절대적 힘이나 타당성을 본질적으로 갖지 않는다는 것은 '윤리', 즉 주체의 욕망을 해석하는 과정에서, 그리고 주체들 간의 욕망이 빚어내는 관계들을 통해서 권위와 의미가 구성된다는 것을 의미한다. 이를 편집자 알리싸 리 존스는 "정신분석은 윤리적 실천"이라는 진술로 표현한다. 이어지는 개별 논문의 저자들은 각자의 방식으로 이를 재확인 혹은 검증하는 바, 발리바르는 '주체'의 라틴어원적 흔적을 찾아가면서 서구 철학의 전통에서 나타난 주체의 개념적 분화를 검토한다. 발리바르의 글이 흥미로운 것은 주체 의미의 분화에 작용한 번역의 역할인데, 특히 그는 프랑스어 번역본을 문제 삼고 있다. 프랑스어가 문제되는 이유는 당연하게도 현재 우리가 참조점으로 기대는 주체 이론들이 프랑스 철학에서 비롯되었기 때문이다. 현대 프랑스 철학의 주체 이론은 데카르트에서 출발한다. 따라서 발리바르가 니체 텍스트의 번역 문제로부터 시작하는 것은 의미심장하다. 독일어에서 프랑스어로 전이되면서 주체 개념에 무슨 일이 일어났는가? 또 칸트가 데카르트를 읽었을 때

주체에 관해 어떤 변용이 생기는가? 이 두 작업을 통해 발리바르가 하는 일을 간단히 요약하면, 우리가 현재 사용하는 '주체' 개념이 놓인 복종과 의지, 종속화와 주체화 사이를 오가는 정치적 차원에 대한 환기이다. 언제나 권력과 연루된 이 양날의 칼과도 같은 주체를 ('주체의 죽음'이라는 이제는 상투적인 선언 앞에서) 어떻게 '재옹호'할 수 있을까? 발리바르는 번역의 혼돈 속에서도 근대적 주체가 탄생하는 순간으로 다시 돌아가 보자고 제안한다. 발리바르에 이어 까네리, 바디우, 보글러, 밀러, 셰샤드리-크룩스는 각기 칸트 철학과 니체의 음악론, 그리스 희비극과 수학적 정리, 정신분석적 치료의 장면, 시민불복종과 동물 등을 다루면서 이 주체와 법 사이의 욕망의 변증법을 다룬다.

『엄브라』가 처음으로 한국에 소개되는 사건을 기리며 메시지를 보내온 조운 콥젝 교수의 인사글에는 『엄브라』의 창간에 얽힌 이야기가 담겨 있다. 이에 관해서는 콥젝 교수의 특유한 색채가 담긴 글을 음미할 독자들의 몫으로 남겨두고 나는 여기서 내가 보고 경험한 『엄브라』에 대해 잠시 얘기해 볼까 한다. 『엄브라』는 대학원 학생들이 주축이 된 연간행물로 라깡의 정신분석 이론에 관련된 제 논의들을 다루었다.[3] 논문의 필자들은 현재 인문학계의 내로라 하는 학자들을 망라하지만 편집기획과 세세한 교정작업은 모두 학생들의 손으로 이루어졌다. 콥젝 교수의 설명에 따르면 『엄브라』는 두 번 반복해서 창간선언을 하게 되는데, 바로 이런 선언적이면서 도발적인, 논쟁을 야기하는 태도야말로 『엄브라』의 성격을 단적으로 보여준다. 역자는 대학원생으로 재학 당시 첫 학기에 콥젝 교수의 '권력과 도착'에 관한 세미나를 인상 깊게 듣고 학생편집위원 자격으로 『엄브라』에 참여했다. 학생들은 그룹을 짜서 진행되는 교정작업에 직접 참여해서 각 논문의 주제 및 구성에 대해 열띤 토론을 벌이고, 문장 하나하나를 함께 다듬을 뿐만 아니라 매 호의 주제를 정하는 데도 참여했다. 원한다면 관심 있는 주제에 대한 짧은 기획문을 써서 회의에서 발표를 하면 다수가 결정하는 방식으로 매 호의 핵심 이슈가 정해졌는데, 이런 방식은 『엄브라』가 창간 당시 선언한 정체성을 그대로 보존하는 한 예이다.

정신분석 이론에 대한 관심은 이미 한국 학계와 문화계에 널리 퍼져 있는 바, 『엄브라』를 소개하는 일은 또 하나의 비슷한 이론서를 번역하는 것과는 다르고, 또 달라야 한다. 『엄브라』를 제대로 읽어내기 위해서는 정신분석의 기본 개념과 이론을 이미 숙지하고 있어야 함은 물론이지만 정신분석적 독해를 실천으로 옮길 수도 있어야 한다. 정식분석적 독해의 실천이란 여러 이론가들이 서로 주거니 받거니 혹은 각자의 고집대로 펼쳐가는 논쟁들을 어느 한쪽으로 치우침 없이, 그러나 그 논쟁적 날카로움은 그대로 살린 채 읽어가는 것이겠다. 더불어 누구누구가 라깡의 정신분석 개념을 얼마나 잘 따르고 있느냐도 중요하지만 그들 사이의 이론적 조우들을 독자 나름대로 형성해 가는 것 역시 유의미한 실천이다. 가령 바디우, 지젝 등 유명 이론가들의 짧은 논문이 함께 한 호에 등장하는 기회도 흔치 않으려니와, 이들이 한 가지 주제에 대해 각자의 이론적 특성과 고유의 논의방식으로 펼쳐내는 주장들을 따라가는 과정에서 맛보는 해석의 재미도 솔솔하고, 또 독자의 입장에서 각 논의들의 깊이와 너비를 가늠해 가며 정신분석 이론의 담론적 실천을 경험해 가는 과정 역시 녹록치 않은 만큼 의미가 있으리라.

이번 호에서 역시 『엄브라』를 '엄브라'답게 만드는 것은 바로 야니스 스타브라카키스와 슬라보예 지젝 사이의 『안티고네』 논쟁이다. 이 논쟁의 핵심은 급진적 민주주의의 정치를 이해하는 방식이며 두 이론가는 안티고네의 저항이 어떤 의미를 갖는가를 둘러싸고 설전을 벌인다. 스타브라카키스의 오독이라고 지젝이 주장하는 점에 대해선 독자가 직접 지젝의 글을 읽어본 뒤 결정하는 편이 낫겠지만, 결국 이들이 각각, 하지만 '이구동성'으로 주장하려는 바는 라깡 정신분석의 정치성은 대문자의 결여, 즉 법은 아무 것도 모른다는 사실에 있다. 구체적인 정치적 행동이 어떤 것이냐에 대해선 이견이 있을 터이다. 어느 쪽에 서둘러 손을 들어줄 의도가 없음을 밝히면서 지젝의 글 한 대목에 독자의 주목을 요한다.

> 민주주의는 페티시[4]가 되어선 안 된다. 민주주의는 하나의 투쟁 형식이다. 따라서 민주주의는 그 내재적 가치가 우월하기 때문이 아니라 매 상황을 전 지구적 차원에서 전략적으로 평가하는 과정에서 선택되어야 한다(244쪽).

주

1 2008년 초판에 수록된 역자 서문으로 현재 상황에 어울리도록 수정했다(역주).

2 첫 번역본은 『법은 아무것도 모른다』로 출간되었고, 이번에 개정판을 내면서 한국어 제목을 원제인 『법의 무지』로 바꾸었다(역주).

3 『엄브라』는 2012년 〈테크놀로지〉호 이후 종간되었다.

4 페티시는 물신화로 흔히 번역되는 심리학의 용어로 사람이나 대상 등을 사물화시켜서 맹목적인 집착을 보이거나 성적 대상화하는 심리상태이다. 프로이트 이론에서 유아가 엄마의 거세를 부정하는 과정에서 팰러스의 대체물로 선택된 사물 혹은 신체부위에 대한 집착을 통해 성적 만족을 얻는 증상을 일컫는다. 마르크스는 이 용어를 자본의 상품물신화를 비판하는 데 사용했다. 지젝은 현대사회의 민주주의가 그 자체로서 물신이 되는 상태를 경고한다.

편집자의 말: 법의 무지

알리싸 리 존스

정신분석이 정교하지만 종종 어설프게 이해되곤 하는 격언들로 가득하다면 법에도 역시 격언풍의 선언들이 있다. 이런 종류의 선언들은 많이 사용될수록 그 의미가 퇴색되기 마련이다. 이번 호의 제목은 그런 선언들 중 하나—법의 기초적인 원칙이자 아마도 가장 남용된 상투어구일지 모르는—에서 따왔다: "법에 대한 무지는 핑계가 될 수 없다"(Ignorance of the law is no excuse). 형법의 기초 원칙인 이 선언에 따르면 누구도 법적인 변호의 방편으로 법을 몰랐다고 할 수 없다. 다시 말해 법은 시민이라면 누구나 법을 알고 있다고 전제한다.

두말할 나위 없이 정신분석적 귀가 쫑긋거린다. 우선 이 문장 자체가 모호하다. 물론 법집행자들은 이 사실을 눈치채지 못할 것이다. 이 문장이 가리키는 무지함은 줄곧 법적 주체의 무지를 의미해 왔다. 정신분석은 무지한 주체라는 가설 자체는 문제삼지 않는다. 여전히 논란거리이긴 하지만 정신분석이 무지한 주체를 **발명했다**. 정신분석적 관점에서 볼 때 이 선언의 문제는 무지를 오로지 주체에게만 돌린다는 사실이다. 법이 아무 문제 없이 무지를 주체에게 전가한다고 해도(물론 법은 그 사실을 인정하려고 하지 않지만) 이때 무지의 책임을 지는 주체란 사실상 부재한다. 그렇다면 이 문장은 다음과 같이 해석 가능하다: 법 그 자체에 작동하는 무지가 존재할지 모른다.

무지가 문제라고 할 때 마땅히 물어야 할 질문은 도대체 앎은 어디에 있는가이다. 라깡 이론에서 앎의 준거점은 대문자 타자, 즉 법이다. 이 점은 "법의 무지는 …"이 통상 이해되는 방식과 일치하는 듯 보인다. 그렇지만 범법자가 자신이 위반하게 될 해당 법을 공부해야 한다는 말은 아니다. 그보다는 모든 시민들이 최소한의 법적 해독력을 갖고 있어야 함을 가정한다. 최소한의 법적 해독력이란 인간행위를 다스리기 위해 만들어진 일반적인 (도덕) 원칙들에 대한 암묵적인 호소에 기초한다. 굳이 법의 개별 조항들에 정통하지 않은 사람들이라도 범죄행위의 불법성을 본능적으로 알고 있다는 말이다. 이것이 시사하는 바 법은 그 자체로 보장되며, 어떤 법이라도 알 수 있을 뿐만 아니라 대문자 타자의 모든 것을 다 아는 힘과 궁극적인 권위를 통해서 법은 합법적이라는 것이다. 하지만 정신분석은 좀 다른 이야기를 전한다. 대문자 타자가 앎의 장소일 수는 있다(혹은 앎이 위치한 장소라고 말하는 것이 더 적절할지 모른다). 하지만 라깡이 지적하듯 "문제는 대타자, 즉 앎의 장소는 아무것도 모른다는 사실이다."[1] 정신분석에서는 아무 것도 보장되지 않는다.

그렇다면 이렇게 질문해 보자: 법 그 자체가 무지한데도 법은 어떻게 계속해서—그것도 효과적으로—기능하는가? 정신분석은 법의 성공적인 기능을 법의 역설적인 지위에서 찾고 있다. 원시집단의 원초적 아버지 살해에 관한 프로이트의 신화는 이 역설을 가장 설득력 있게 설명해 준다. 아버지—아들들의 욕망 충족을 방해하는 장애물로 인식된 아버지—를 살해했지만 아들들이 원했던 쾌락으로 향하는 길은 열리지 않았다. 오히려 쾌락에 대한 금지가 강화되었다. 프로이트의 계보학에서는 형제들의 법과 아버지의 독재적 지배가 확실히 구별되지 않는다. [형제들의] 계약은 이미 존재해 온 것에 대한 법적 표현일 뿐이다. 따라서 라깡이 "무지를 향한 열정"[2]이라고 표현한 것—알려고 하지 않는 욕망—은 법이 적절히 기능하기 위한 조건에 다름 아니다. 법의 주체는 욕망에 대해 아무 것도 알고 싶어하지 않는다. 그리고 바로 이 욕망, 즉 무지를 향한 열정이 법의 무지에도 불구하고 법을 유지시켜 준다. 따라서 정신분석은 무지와 법에 관해 법적 원칙의 실질적인 수정을 주장한다: 법에 대한 무지가 (법을 위반하기 위한) 핑계가 될 수 없는 것이 아니라, 법의 무지는 (법을 따르기 위한) **유일한** 핑계이다.

이러한 [정신분석적] 수정은 주체와 법이 맺고 있는 전혀 다른 관계를 제시한다. 위반을 위한 핑계로서의 무지를 법이 거부한다는 사실은 법 자체가 제시하는 (이번 호에 그 일부가 게재된, 알랭 바디우의 1982년 논문의 제목을 딴) "주체 이론"을 내포한다. 즉 법은 주체를 법에 대한 앎[지식]과 동일시한다. 다시 말해서 법적 시민/주체는 더 이상 법에 대해 무지하지 않을 때에만 시민/주체로서의 위치를 올바로 유지할 수 있다. 그러나 법은 단지 이름을 부여하는(법을 아는 시민) 효과만을 생산하지 않는다. 법은 항상 보다 더 많이, 과잉(excess), 즉 법의 통제가 실패할 수밖에 없는 욕망을 낳는다. 정신분석은 바로 법의 실패에 주체를 위치시킨다. 정신분석 이론에서 주체는 법의 무지를 통해서만 탄생한다. 바로 이 불완전성 혹은 결여가 욕망하는 주체를 가능하게 한다. 주체는 법의 최종적 효과에 불과한 것만은 아니다.

대문자 타자의 결여가 갖는 생성적 성격을 인정한다고 해서 법이 언제나 자신의 결여를 감추려 들지는 않는다고 말할 수 없다. 아마도 최근 들어 가장 눈에 띄는 사례는—이번 호의 커버를 장식한—[전] 미국 법무장관 존 애쉬크로프트[3]가 법무부를 대신해서 70년 동안 정의를 상징해 온 가슴을 드러낸 조각상 앞에 서 있는, 이제는 아주 낯익은 이미지이다. 정의의 여신의 망측한 가슴을 가리겠다는 애쉬크로프트의 결정에 대해 불같이 일어난 분노는 휘장 제작을 위해 책정된 돈이 엄청난 액수(8,000불은 통상적인 정부 지출에 따르면 아무 것도 아니다)라서가 아니었다. 조각상에 베일을 씌운다고 우리의 미적 감수성이 떨어지기 때문도 아니었다(그래봐야 그 조각상은 그리 대단한 예술품도 아니다). 그보다는 우리가 법의 무지와 마주했기 때문에, 좀 더 의미심장하게는 법이 자신의 무지를 감추기 위해 먼 길을 나섰기 때문이다. 애쉬크로프트와 미니 루(Minnie Lou, 법무부에서 조각상에 붙인 이름)의 경우 법(혹은 법의 사도인 애쉬크로프트)은 정신 혹은 법을 고무하는 것처럼 보이는 욕망 바로 앞에 서 있고 애쉬크로프트는 그녀를 덮어 가린다(그가 9·11

테러리스트 공격에 임박해서 조각상의 베일식을 거행했을 뿐만 아니라, 9·11 당시 소위 '적'과, 그가 봉사한다고 자임하는 국민 양쪽 모두에게 온갖 불의를 행사하기 시작했다는 것은 단순한 우연이 아니다).

애쉬크로프트의 페티시적인 논리가 고통스러우리만치 똑똑히 말해주는 사실은 바로 법체제가 반드시 윤리적이진 않다는 것이다. 정신분석이 공격목표로 삼는 대상은 애쉬크로프트식 논리이다. 정신분석은 이론적 장치도 아니고 임상적 방법론도 아니다. 정신분석은 윤리적 실천이다. 정신분석적 실천은 법이 의지하고 있는 욕망의 무지를 앎으로 바꾼다. 정신분석적 실천은 욕망에 따라 행동하는 주체를 생산한다.

욕망의 주체는 법의 눈으로 볼 때 위험하다. 왜냐하면 이 주체는 법이 통제할 수 없고 그 무엇에 의해서도 — 보잘 것 없는 천조각은 말할 것도 없고 — 자신의 욕망을 방해받지 않기 때문이다. 정신분석적 주체는 법이 결코 가릴 수 없는 욕망을 자신의 것으로 취한다. 자, 그렇다면 이제 우리는 정의가 가능하다고 믿어야 하는 걸까? 그렇지는 않다. 다만 우리는 정의를 구현하려는 노력을 중단하지도 않는다. 그리고 이것이 라깡이 정신분석의 윤리라고 부른 것이다.

궁극적으로 법적 체계의 문제는 주체의 미결정성이 아니라 무지와 앎 사이에서 법이 구성하는 대립구도에 있다. 정신분석은 무지와 앎 사이의 이분법을 인정하지 않는다. 정신분석은 다른 종류의 앎, 즉 "알려지지 않은 앎"을 가정한다.[4] 이 앎이 무지라고 불려도 좋겠다. 이때 무지는 단순히 정보의 결핍이라기보다는 정보에 대한 적극적인 거부이다. 즉 아는 무지이다. 이러한 무지에 토대를 두어, 다시 말해 "이해의 거부에 토대를 두어 우리는 분석적 이해로 향한 문을 연다."[5] 올바른 정신분석 연구라면 늘 그렇듯이 무지 속에서 우리는 나아간다. 여기 수록된 논문들은 다양한 방식으로 이 상호 구성적 용어들, 법, 주체, 무지가 서로 얽혀 있는 상태를 검토함으로써 법의 무지 — 법 자체인 무지와 법의 주체인 우리의 무지 — 는 불가피하다 할지라도 법의 무지에 대한 무지는 용서받을 수 없음을 보여준다.

주

1 Jacques Lacan, *The Seminar of Jacques Lacan, Book XX: Encore: On Feminine Sexuality, The Limits of Love and Knowledge, 1972–1973*. Jacques–Alain Miller 편집. Bruce Fink 번역(New York: Norton, 1998), 98쪽.

2 같은 책, 121쪽.

3 John Ashcroft: 미국의 79번째 법무장관으로 2001년에서 2005년까지 현 부시 정권을 위해 일했다(역주).

4 같은 책, 96쪽.

5 Lacan, *The Seminar of Jacques Lacan, Book 1: Freud's Papers on Technique, 1953–1954*. Jacques–Alain Miller 편집. John Forrester 번역(New York: Norton, 1988), 73쪽.

법 이론의 한계에 선 라캉: 법, 욕망, 최고 폭력

스티븐 밀러

시민불복종과 신의 법

법의 개념을 탐구하기에 가장 적합한 장소는 법 이론 자체보다는 시민불복종의 실천들이다. 시민불복종은 단순한 정치적 전략 이상으로 법의 존재와 그 본질 간의 분리, 즉 부당한 법의 존재와 이 법이 권위를 얻어내야 할 본질 사이의 불일치를 명시 혹은 '제시한다.' 이러한 불일치는 자연법 이론의 이원론적 용어로 잘 표현되고 있다. 즉 모든 지상의 법[땅의 법]은 궁극적으로 그 권위를 신법이나 도덕법에 둔다는 주장이다. 시민불복종과 신법 사이의 관련성에 대해 가장 명확한 이론을 제시한 사례는 마틴 루터 킹 목사의 신학적·정치적 서한 「버밍햄 감옥에서의 편지」이다.

> 혹자는 이렇게 물을 것이다. "당신은 어떻게 어떤 법은 어기라고 하고 어떤 법은 준수하라고 할 수 있습니까?" 대답은 두 가지 유형의 법이 있다는 사실에서 찾을 수 있다. 정당한 법과 부당한 법이 있다. 나는 성 어거스틴이 "부당한 법은 법이 아니다"라고 한 것에 동의한다.
>
> 그럼 이 두 법의 차이는 무엇인가? 어떻게 어떤 법이 부당한지 정당한지를 결정할 수 있는가? 정당한 법은 도덕법 혹은 신법과 꼭 일치하도록 인간이 만든 규약이며, 부당한 법은 도덕법과 조화하지 않는 규약이다 … 인간성을 향상시키는 법은 모두 정당하다. 인간성을 타락시키는 법은 모두 부당하다. 일체의 분리주의 법령들은 부당하다. 분리주의는 영혼을 왜곡시키고 인성을 손상시키기 때문이다.[1]

이런 맥락에서 신법은 엄격히 정치적인 중요성을 띠게 된다. 신법은 정의의 원칙(보편적 평등과 자유)을 일컫는 이름인 반면 지상의 법은 합법적으로 거부될 수 있다. 킹 목사는 칸트주의적 기독교주의 도덕성에 따라 이 원칙은 인간성의 신성함과 분리 불가능하다고 본다. 모든 법은 법의 법으로 인정받기 위해서 반드시 인간성의 불가침을 인정해야만 한다. 그러나 킹이 "도덕법"이라고 부른 것의 최우선적 가치는 그 자체로 가치를 갖는 대신 긍정적 법의 법다움에 대한 시험으로서 그것이 담당하는 기능 속에 존재한다. 따라서 도덕법은 '덕목'이나 정의'감'

으로 환원 가능하다. 다시 말해 부당한 법은 항상 적극적으로 거부되어야만 한다는 정언명령으로 환원된다. 존 롤즈[2]의 『정의론』(1960년대 시민권 운동 당시에 출간되었다)의 유명한 첫 구절은 이러한 정언명령을 명시한다: "정의는 사회체제들의 첫 덕목이다. 이는 마치 진리가 사유체계의 첫 덕목인 것과 같다. 아무리 세련되고 경제적이라도 진리가 아니라면 이론은 거부되거나 수정되어야 한다. 마찬가지로 아무리 유용하고 잘 짜여졌어도 부당하다면 법과 제도는 개혁되거나 폐지되어야 한다. 모든 개인은 정의에 기반한 불가침의 권리를 갖고 있다. 이는 전체 사회의 복지라는 가치조차 무시할 수 없는 덕목이다."[3] 만일 덕목이 도덕성의 정치적 현실화라면 시민불복종은 정의감을 드러내는 정치적 행위가 될 수 있다.

그러나 개인의 절대적 가치가 법의 법다움을 가늠하는 유일한 시험대일 필요는 없다. 이는 마치 시민불복종의 의미가 개인의 절대적 가치에 대한 언급에 의존할 필요가 없는 것과 같다. 정치적 행위의 형식은 이론적 정당화를 넘어서는 함의를 갖는다. 시민불복종은 합법적인 저항의 가능성을 명시하기 때문에 결정적이고 타당한 실천으로 남아 있다. 이 합법적 저항—부당한 국가행위에 대한 저항—은 신성한 법칙에 대한 존중이라는 의식에 기대지 않는다(그 법칙이 선이든, 인간이든, 법이든, 역사적 추론인 사유재산의 경제든 상관없다). 진정 그것이 개인성이나 사유재산 경제와의 전통적인 공모관계로부터 해방되기 전에는 법의 문제는 있는 그대로 제기될 수 없다는 것이 나의 첫 가설이다. 이와 관련해서 나의 논의는 한스 켈센과 자크 데리다[4]의 법사상이 제시하는 기본 테제들을 따른다. 이 두 사상가들은 겉보기에 어울릴 것 같지 않아도 칸트적 전통을 충실히 따르면서, 인간성과 재산의 가치에 관련된 칸트 전통을 넘어서는 방식으로 칸트를 계승하려는 시도를 했다는 점에서 상호 연결된다.[5]

법을 재산체계로부터 해방하려는 시도는 두 가지 중요한 어려움에 봉착한다. 첫째, 저항의 문제: 만일 법이 더 이상 초월적 원칙을 고수함으로써 개념화될 수 없다면 법의 정당한 논쟁의 토대, 즉 법 그 자체의 규칙에 대한 충실함을 손상시키지 않은 채 어떻게 법의 형태를 띤 부정의에 대한 저항이 가능할 것인가? 개인과 그의 재산 불가침 때문이 아니라면 어떤 명분 하에 부정의에 저항할 수 있을까? 둘째, 폭력의 문제: 법의 문제를 사적 소유를 보호하기 위해 만들어진 법체계와의 공모관계로부터 자유롭게 할 때, 좀 더 복잡하게 법과 폭력 사이의 관계에 연루되는 대가를 치르게 된다. 켈센의 이론은 이 점에서 모범적이다. 그는 법에서 유일하게 가능한 개념, 사법기관과 특수한 정치·경제체제(자본주의나 공산주의) 사이의 관계를 초월하는 것으로서의 법의 개념은 법집행의 지평에 따라 법을 정의하는 개념, 즉 법의 힘을 법 그 자체에 내재적인 것으로 유지하는 것이라고 주장한다. 따라서 켈센의 법은 그가 "강제적 규범"이라고 부르는 것이다.[6] 데리다도 이와 유사한 주장을 한다. 그는 몽테뉴와 파스칼에서 칸트에 이르는 계보와 "법의 힘"으로서의 법이라는 개념의 정치적 지평을 모두 상세히 이론화한다.[7]

첫 번째 난제에 대한 대답은 현대 정치사상에서 **보편성**이 정치의 신학적 결정을 넘어서는 지점을 발견해내려는 시도에서 찾아볼 수 있다. 보편을 인성에 대한 논쟁, 주체의 분리, 신의 죽음, 재산징발 혹은 원형적 폭력의 견지에서 보려는 형태를 취한다. 두 번째 난제는 시민불복종의 문제를 통해서 첫 번째 문제와 연결된다. 시민불복종의 전통적 실천은 법의 폭력—심지어 '법 강화'의 형태를 띤 가장 혐오적인 형태의 폭력적 실천—이 이러한 보편성을 가정한다는 점에 내기를 건다. 이 법이 아무리 부당하다 하더라도 오직 법으로서만 강화될 수 있으며, 또 하나의 법이 적극적으로 강화(특정한 땅의 법)될 때 필연적으로 그것이 법이 되므로 보편적이라는 주장을 함축하고 있다. 부당하거나 차별적인 법령의 경우 법의 집행은 언제나 법의 성문과 모순되는 가정을 초래한다. 법 집행시 국가는 해당 체제들이 가정하는 보편성을 더 이상 피할 수 없고, 그 결과 체제들의 정의에 대항하는 주장들에 노출되고 만다.

시민불복종의 합법성은 어떤 원칙에 따라 행동한다는 주장보다는 공적인 제스처의 특수한 극장에 내재한다. 롤즈는 이 문제에 대해서 자신의 책의 한 장을 할애해서 시민볼복종의 행위는 "공동체 다수의 정의감을 겨냥한다"[8]라고 했다. 이 행위는 존재하는 법들과 법의 법(the law of law) 사이의 분리를 공공연히 주장한다. 한편, 동일한 행위는 정의의 원칙을 자랑하는 공공장소를 초과하는 범위를 갖는다. 행동의 기능은 공동체를 아름다운 영혼의 극장으로 바꾸어서 모든 땅의 법을 초월하는 법을 고수하도록 재현하는 것이 아니다. 시민적 불복종의 역설적인 '시민성'은 이 공적인 행위가 보다 고차원적인 법보다는, 행위가 대놓고 불복종하는 땅의 법, 즉 부당한 법에 충실히 따른다는 사실에 있다.

이런 종류의 충실성을 대표하는 제스처는 실제 시민불복종의 모든 행동 중 가장 극적인 순간이다. 즉 연기자들이 자신이 취한 행위의 법적인 결과들에 굴복해서 기꺼이 체포되는 바로 그 순간 말이다. 롤즈는 이렇게 쓴다. "시민불복종은 … 비록 외부 가장자리에 위치하긴 하지만 법을 향한 충실성의 범위 내에서 법에 대한 불복종을 표현한다. 법은 위반되었지만 법에 대한 충실성은 그 행동의 공적이고 비폭력적인 본성에 의해서, 기꺼이 자신이 취한 행위의 법적 결과들을 받아들이는 태도에 의해서 표현된다."[9] 신법과 땅의 법 사이의 모순에 대한 제시 이상으로 시민불복종의 극장은 법집행이 함축하는 보편성과 법에 각인되었거나 혹은 그렇지 않더라도 국가행위에서 명시된 차별 사이의 모순을 구현한다. "자신이 선택한 행위의 법적 결과를 기꺼이 받아들이는" 운동가는 구체적인 명령들 너머 법의 순전한 **사실**을 준수한다.

롤즈에게는 법에 대한 충실함이란 공동체에 다가갈 임무, 양심의 표현에 복종하는 것이다. 그는 "책임 있는" 행동주의를 일정 정도 옹호한다. 불복종이 전쟁, 청소년의 분노나 병리적인 강박의 행위가 아니라 자신의 주장을 표명하는 동시에 "양심적이고 신실한" 것임을 국가를 향해 확인시키기 위해서 법 준수의 충실성이 고안되었다. 한 사람의 행위에 따르는 법적 결과(체포, 신체적 상해)를 받아들이는 것은 법 자체의 규칙에 대한 충성의 맹세로 기능한다. 따라서 처벌이 불가피한 이 행동은 정의감(혹은 심지어 "정의의 이론")이라는 이름으로 수행된다. "법에 대한 충실성은 행동이 진정 정치적으로 양심적이고 신실하다는 것, 그리고 그 행동이 공동의 정의감에 목적을 둔다는 것을 다수가 수용하도록 도와준다. 완전히 개방적이고 비폭력적인 행동은 행위자의 진정성을 보장해 준다. 자신의 행동이 양심적이라는 사실을 다른 사람에게 확신시키기는 쉽지 않다. 심지어 자기 자신조차 이를 확신하기란 쉬운 일은 아니다."[10] 이 점을 분명히 하는 것이 중요하다. 법의 충실함—법의 규칙이나 오로지 법적 사실을 따르는 충실함—은 반드시 제정된 권위들을 충실히 따르는 것일 필요는 없다. 그보다는 그러한 권위들이 자신의 합법성을 주장하게 될 논쟁적 가능성 자체에 충성한다. 법의 규칙은 지배적인 질서의 주권이 아니라 최고 권력이 **자기 통제를 상실**하는 지점을 일컫는다. 이는 부당한 법을 변호하는 국가적 권력이 본질상 비합법적인 과잉이며, 국가행위가 과잉의 지점에서 피할 수 없이 논쟁적 개입에 스스로를 노출하게 된다는 의미이다.

법정에서 하는 맹세는 신법이 진리를 보증한다는 사실에 기댄다. 시민불복종의 극장에서 롤즈는 처벌에의 순종(가령 경찰의 진압 상황에서 발을 절면서 따라가는 것)은 자신의 행동이 신 그 자체인 법과 일치한다는 것을 보증하려는("소속감을 주기 위해") 시도라고 주장한다. 이는 정확히 킹의 옥중서신이 놓인 수사적 상황이다. 다시 말해서 시민불복종은 신이 궁극적인 보증이 아니라는 상황, 즉 자신의 내재적 기준에 따라서 신뢰성과 진정성을 구축한다. 그럼으로써 다른 사람들이 그가 신의 이름으로 혹은 정의의 합리적 의미에 따라 진실되게 행동한다는 것을 믿게 만든다. 이러한 기준은 롤즈가 간단히 "법에의 충실"이라고 부른 것이지만, 좀 더 정확하게는(그리고 문제적으로) 법의 결과에 대한 충실성, '법의 힘'에 대한 충실성 혹은 법의 폭력에 대한 충실성이라고 불릴 수 있다. 불복종의 항의자는 간단히 국가적 폭력을 비폭력이라는 최고 법의 이름으로 저항하는 것이 아니라, 좀 더 공공연하게 (그리고 아마 경멸적으로?) 최고 법에 대한 존경심에 따라 행동하는 바로 그 순간 자신이 순종하게 되는 폭력에 대해 "맹세하는 것"[11]이다.[12] 따라서 법의 힘은 보편적인 원칙을 고수한다고 주장하는 일이 가능한 공간을 열어준다. 여기서 자신이 증명할 수 없는 사적인 편견이 아닌, 보편으로서의 보편에의 충실성을 드러낼 수 있게 된다. 진실로 이렇게 열린 지평 속에서만 보편성을 사유할 수 있게 된다.

법의 완성

시민불복종은 따라서 법에 대한 불가피하고 근본적인 개입을, 핵심적인 법질서의 법령이나 법질서를 초월하는 법 어디에도 이 법을 환원시키지 않은 채 명시한다. 여기서 중요한 법은 행동의 '진정성'이 폭력의 극적인 아이러니가 되는 바로 그 지점에서 출현한다. 이런 의미에서 법이 시적인 **토포스**로 등장하는 것도 우연이 아니다.

쇤베르크가 1930년에 작곡한 「6개의 남성합창곡」(Sechs Stücke für Männerchor, op. 35) 중에는 다음과 같은 가사가 담겨 있다.

> 법이 있다는 것
>
> 당신이 신을 모시는 것처럼

모든 것들이 복종하는
모든 것들의 주인인 법:
당신의 신이 당신의 주인이듯이
법의 존재를 기적이라고 인정해야 할 것!
누군가가 반란을 일으키려고 결심한다면
그것이야말로 무척 진부하다.[13]

이 노랫말은 법에 대한 반란의 행위를 진부함으로 환원시킬 뿐만 아니라, 은연중 법 그 자체의 개념을 명료화하려는 어떤 이론적 시도도 한계가 있음을 드러내 준다. 일반적으로 간청의 운은 균열, 즉 이 경우에는 '기적'이라고 불려도 충분한, 이성의 체제로부터의 균열에서 생겨난다. 따라서 간청은 상대에게 이 균열을 법의 조건으로 받아들일 것을 요구한다. 이 시는 개념 없는 법의 비합법성에서부터 시작하자고 간청한다.

법을 이론화하려는 담론은 궁극적으로 비합법적이고 강압적인 법적 체계의 유지를 지지한다는 의심을 받게 마련이다. 법에 대해 말할 때 우리는 이 용어가 단지 법의 개별적 체계가 합법적 위치를 얻으려는 야심을 대표한다는 것, 즉 이 법이 법이라는 사실을 받아들이기 위해서는 확신을 가져야할 필요가 있는 사람들을 위해 전체적인 체벌규약이 유지되어야 한다는 비난에 노출되게 된다. 법에 대해 말하는 것은 법이 부재한다는 아주 간단한 이유 때문에 언제나 비합법적이다. 단지 복수(plural)의 **법들**만 있을 뿐이다. 법들은 법의 지위를 얻기 위한 야심 때문에 언제나 무한한 논쟁 속에 있다. 그러나 법들의 복수성은 본질적으로 개별 법 혹은 법의 체계가 법적이어야 한다는 주장을 무효화시키지 않으며, 개별 법이 스스로를 법으로 제시하는 것을 불가능하게 만들지도 못한다. 이와 반대로 복수성은 환원 불가능하다. 왜냐하면 법은 '하나의 법이 있다'는 단순한 사실—쇤베르그의 노래가 인정하라고 우리에게 다그치는 그 기적—이상 아무 것도 아니기 때문이다. 법은 그 자체로 법의 원칙 혹은 개념의 포기, 즉 법의 본질에 접근하는 것 너머에 법이 있다는 바로 그 사실과 분리 불가능하다. 쇤베르그가 법의 존재라는 "기적"을 말할 때 그것은 법의 본질적인 과잉, 즉 자신의 개념 너머에서 스스로를 제시하는 바로 그 사건에 이름을 부여한 것이다. 따라서 반란의 결정은 진부해지고, 주어진 법이 스스로를 법이라고 부를 권리가 없으니 비합법적이라고 주장하는 것 외에 아무 것도 아닌 한편, 이러한 비합법적인 명명은 사실상 법 그 자체의 구조에서 분리 불가능하다.

철학적 문제인 '법이 무엇인가'를 다루려고 할 때도 동일한 문제들이 제기된다. 한쪽에선 이 문제가 법의 본질이나 개념을 언급하는 듯이 보이지만 다른 쪽에선 문제의 차원이 언제나 다른 것으로 전치될 것이다. '법이 무엇인가'를 묻는 것은 언제나 "이 경우에 적용되는 법이 무엇인가?", "이 상황에서 법이 무엇을 말하는가?"를 묻는 것과 같다. 게다가 법이 무엇을 말하는가의 문제는 어떤 법이 어떤 특정한 사례에 적용되는가를 아는 것에 한정되지 않고 특수하게 적용 가능한 법이란 무엇을 의미하는가를 이해하는 문제로 확장된다. 진실로 법이 무엇을 말하는가에 너무 몰두한 나머지, 법의 본질에 관한 문제가 완전히 잊혀지진 않는다 해도 불확정적으로 지연될 수는 있다. 법의 기적은 따라서 경이감에 꼼짝 못 하고 서 있는 사람 앞에 나타나는 에피파니[14]가 아니라 법의 말[the saying of the law]—사법권[15]—과 결부된 것이며, 이는 언제나 법을 본질의 문제 너머로 이끈다.

유대교와 기독교 전통에서 **법의 완성**이라고 불리는 것은 법의 말하기와의 연관성이 항상 이미 법 그 자체에 겹쳐 있는 방식을 가리킨다. 가령 한 랍비 전통에 따르면, 모세는 토라[16]를 시나이 산의 이스라엘 민족에게 가져갔을 뿐만 아니라, 동시에 그들에게 토라에 대한 주해와 주해에 대한 모든 주해들을 '계시'해야 했다.[17] 다시 말해서 법의 말에 대한 주석은 '법 [그 자체]에 앞서' 온다. 사도 바울은 이웃에 대한 사랑이 법의 완성이라고 정식화하면서 기독교적 사건을 같은 전통에 세운다: "십계명 '간음하지 말라, 살인하지 말라, 도둑질하지 말라, 탐하지 말라'와 그 외 계명들은 '네 이웃을 네 몸과 같이 사랑하라'는 이 단 한마디에 모두 요약된다. 사랑은 이웃을 해치지 않는다. 따라서 사랑은 법의 완성이다"(「로마서」 13절 8-10). 바울이 랍비 전통을 떠나는 것은 법과의 관계를 법 그 자체의 역사적 계시로부터(시나이 전통으로부터) 해방시킨다는 의미이다. 대신 그는 법과의 관계를 이웃에 대한 사랑의 실천에서 찾는다. 사랑은 이웃에게 아무런 해를 **가하지 않는다**. 법은 이웃에 대한 사랑을 통해 '계시'된다. 이 사랑은 그 자체로 법과 맺은 서약의 '기적'(그것의 '요약')으로서 스스로를 계시한다. 이는 법 그 자체의 선물보다 더 '오래되고' 더 '새로운' 것이다.

신성한 폭력

만일 하나의 법을 보편적인 법으로 제시하려는 시도가 강제적이거나 처벌하는 권력에 의존하지 않을 수 없다면, 반란을 결정하는 지점은 바로 이 권력에 대한 저항이다(특히 권력이 노골적으로 부당하게 사용되는 경우들이 그렇다). 그러나 반란이 갖는 문제점은 반란 자체가 법이 최고 권력과 갖는 관계로부터 법을 정화시킬 가능성을 전제로 한다. 오직 법 '그 자체'의 이름으로, 혹은 그 정당성이 권력에 대한 호소로 오염되지 않을 수 없는 법의 순수 원칙의 이름으로, 법을 지탱해야 하는 권력의 부정에 대해서만 저항할 수 있을 뿐이다. 다시 말해서 반란의 행동들은 오직 그 행위들이 법의 결정적 체계에 관여하는 한에서만 유효하다. 이때 그 행동에 책임이 있는 당사자들만 처벌될 수 있다. 하지만 그 행동들은 처벌적 폭력, 혹은 아마도 가장 강압적인 종류의 폭력이 법 그 자체의 순수 개념과 불가분하다면 근거를 잃게 된다. 법 자체의 순수개념이 하나의 '사실'에 불과하다면 그 사실을 받아들이기 위해서는 죽음의 고통 외에 다른 대안이 없을 것이다.

법과 이성 사이의 관계에 대한 탈무드적 교훈을 담고 있는 「유혹의 유혹」이라는 글에서 에마뉘엘 레비나스는 법이라는 최초의 선물과 함께 강압과 처벌의 지평이 등장하게 되는 전통을 소생한다. 레비나스의 텍스트는 「출애굽기」 19장 17절의 한 문장에 관한 주석을 담고 있는 소책자 『안식일』의 한 구절(88a와 88b)에 할애된다: "모세가 사람들을 이끌고 신을 만나러 왔다. 그들은 산 어귀에 머물렀다." 하지만 탈무드적 문장은 즉시 이 구절을 신성한 폭력의 지평을 열어주는 일종의 랍비적 허구 속으로 재기입한다. 여호와는 산 그 자체를 무기 삼아서, 만일 자신의 법을 받아들이지 않는다면 선민들을 파괴할 것이라고 위협한다. 랍비 압디미 바르 하마바르 하사(Abdimi bar Hama bar Hasa)는 「출애굽기」의 이 부분은 "우리에게 신성한 자, 축복받은 자가 산을 넘어가 토라를 받아들이면 모든 것이 잘 될 것이고, 그렇지 않다면 네가 있는 그곳이 무덤이 되리라고 말했음을 가르친다"고 해설한다. "법이 있다"는 기적은 따라서 그 법이 제공되는 선민의 생명을 가르는 폭력적인 강요로 등장한다. 법의 계시는 아주 급작스럽게도 선민의 목숨이 법을 받아들이는 것에 전적으로 의존한다는 점에서 역사적 사건이 된다. 신성한 폭력의 위협은 이스라엘 민족을 법과 자신의 소멸 사이에서 불가능한 선택을 해야 할 상황에 처하게 한다.

그러나 레비나스가 보기에 이런 결정은 단순히 강요된 선택만은 아니다. 왜냐하면 자유와 강제 사이를 구별하는 일이 가능하기 전에 결정이 내려지기 때문이다(물론 강요된 선택에 함의된 '힘'이 자유와 강제 사이의 구별에 따른 결정 너머 힘이나 폭력의 지위를 정확히 명명하지 않는다는 조건에서 그렇다). 그의 독해에서 중요한 한 절은 겉으로 보기에 전혀 말이 안 되는 약속을 중심으로 진행된다. 이 약속은 이스라엘 민족이 여호와에게 법을 제시했을 때 제공했어야 할 약속으로서 "우리가 행할 것이고 따르리라"는 것이다. 이 약속의 무의미함은 신성한 계율의 기능에 따라 유지되는 규범적인 시간적 질서의 전도 속에 내재한다. 계명이 잣구 그대로 실행해야 할 일정한 행위를 미리 결정한다면 대체로 그 행위가 명령의 말에 따라와야 하고, 행위는 오직 말의 분명한 선행적 이해에 기초해야만 가능할 것이다. 나아가 계율의 잣구가 내재적으로 이해할 만하다는 가정에 계명이 기초하고 있다. 이런 식으로 개념화된 명령의 형식은 법에 대한 이성의 우월성을, 언어에 대한 메타언어의 우월성을 기입한다. 그렇다면 어떻게 한 사람이 요구사항들을 듣지 않은 상태에서, 혹은 법에 따를 것이라는 주장의 근거를 미리 검토하지도 않은 채 먼저 법을 행할 수 있는가? 만일 이런 전도가 일어난다면 그것은 신성한 폭력의 지평과 관련된다. 레비나스는 법의 완성이라는 조건에서 이 전도에 관련된 실천을 설명한다. "토라의 선물—하나의 법이 있다는 선물—을 받는다는 것은 의식적으로 그것을 받아들이기 전에 법을 완성시킨다 … 수락은 검토를 선행하며, 실천은 법 준수를 선행한다. 자유-강제의 선택권이 최종적이지 않으며, 강제와 강제에 따른 법 준수의 개념들을 자발적인 준수 이전의 '실천'을 규정함으로써 넘어서는 것도 가능하다."[18] 법의 선물은 이미 법을 완성하는 것이다. 법의 기적은 이해되지 않아도 받아들여진다는 점에 있다. 자유와 의지를 넘어서는 곳에 존재하는 행위에 법의 사실이 있다.

우리는 사도 바울의 "법의 완성"을 동일한 전통의 확장이자 변화로 읽을 수 있다. 명령 자체에 권위를 부여해주는 근본적인 실천의 구성요소로서 이웃을 위한 사랑은 법을 완성시킨다. 하지만 이웃에 대한 기독교적인 사랑은 그 전통과 구별된다. 기독교적인 사랑은 법이 적용되는 범위 내 사람의 생명에 가해지는 가능한 모든 폭력의 위협을 넘어서 움직여 가기 때문이다. 바울이 열어준 이 여정은 칸트에서 절정을 이룬다. 이로써 이웃에 대한 사랑은 법이 그 계시의 사건과 연결되어 있는 법적 강제로부터 점차적으로 떨어져 나오는 움직임, 즉 궁극적으로 명령 그 자체의 형태를 넘어서도록 이끄는 움직임으로 바꾼다. **이웃을 사랑하라는 처방은 무엇을 할 수 없다고 명령하기보다 명령받지 않아야만 실천할 수 있는 것을 명령한다.** "사랑은 이웃에게 해를 입히지 않게 한다. 따라서 사랑은 법의 완성이다." 명령의 불가능성은 가능성의 근본적 층위를 역설적으로 증언한다. 이는 칸트가 도덕법의 "실천성", 혹은 더 나아가 "실현가능성"[Tunlichkeit]이라고 부른 것이다.[19] 명령이 발언되었던 곳에서조차 사랑의 실천 자체가 언제나 그것을 명령하는 법보다 앞서 나왔어야 한다. "왜냐하면 명령으로서["**무엇보다 먼저 신을 사랑하라. 그리고 네 이웃을 네 몸처럼 사랑하라**"] 그것은 사랑을 명령하는 법에 대한 경의를 요구하며, 법을 자신의 원칙으로 만드는 한 사람의 사리분별을 갖춘 선택으로만 내버려두지 않는다. 그러나 신에 대해서는 경향(inclination)으로서의 사랑(병리적인 사랑)은 불가능하다. 신은 감각의 대상이 아니기 때문이다. 인간에 대해서는 동일한 것이 가능할지 모르지만 명령할 수는 없다. 왜냐하면 누군가를 그저 명령대로 사랑하는 것은 어떤 인간의 힘에도 존재하지 않기 때문이다. 따라서 모든 법의 핵심에서 이해되는 것은 오직 **실천적 사랑**이다."[20] 사랑은 윤리적 용기와 동의어가 된다. 우리는 자신의 목숨을 두려워하지 않고 항상 사랑해야 한다. 십계명 조항마다 폭력의 강요를 허용하는 것은 사랑이 아니다. 그 한계점에서 진정으로 강요되지 않는 사랑(심지어 신 그 자신의 사랑조차)은 필연적으로 신의 죽음을 초래한다. 왜냐하면 사랑의 지평은 신의 권력이 닿는 곳을 초과하기 때문이다. 신의 죽음이, 죽음 그 자체가 신성한 폭력의 권력을 넘어서는 전능을 보여준다면 사랑은 바로 죽음의 지평에 속하게 된다.

라깡과 사형선고

라깡은 법의 사실성(하나의 법이 있다는 사실)을 분석적 경험에 위치시킨다: "분석경험에서 우리가 마주치는 어려운 일은 하나가 있다는 것, 하나의 법이 있다는 사실이다."[21] 만일 법 이론의 기초사항들이 라깡의 저작들에서 발견될 수 있다면, 그것들은 대부분 어떤 개념이나 이론이 없어도 "하나의 법이 있다"는 "어려운 일"(혹은 "기적")을 받아들이는 한편, 이 기적을 부정의에 대한 저항의 토대로 만드는 전통과 대체로 일치한다. 나아가 레비나스처럼 라깡은 이 "어려운 일"이 최고 폭력과 불가분하다는 사실을 찾아내고, 법 그 자체가 더 이상 자신의 존재를 설명할 수 없는 곳에서 이 폭력이 출현한다는 것을 보여준다.

도덕법의 분석을 강조하는 해석들과는 달리 라깡의 「사드와 함께 칸트를」은 실증법의 문제에 상당 부분 개입한다. 법이 이 둘—도덕법과 실증법—로 양분된다고 이해하는 전통에 따라 라깡은 결코 실증법의 패러다임에 미치는 영향을 가늠하지 않은 채 도덕법의 문제를 다룬 적이 없다. 라깡의 글이 『실천이성비판』의 독해와 '덕목의 교리'의 결정에 대한 독해를 명시적으로 의도한다 하더라도 이는 또한 정신분석과 법

제도의 문제, 즉 '권리의 교리'에 관련되는 문제를 체계화할 길을 열어 준다. 진정 이 글의 제목에서 언급되는 고유명사들은『도덕의 형이상학』의 두 주된 분야에서 다루어지는 주제를 가리킨다. 라깡이 칸트를 도덕법에 의한 주체의 결정을 일컫는 이름으로 만들어 준다면, 사드는 권리의 토대와 정의의 가능성으로서 도덕법의 제도를 일컫는 이름을 제공한다. 사드적 준칙의 도착적 덕목은 주체의 분리[22]를, 이 분리가 양심의 목소리에 의해서 칸트 철학에서 억압되는 바로 그곳에 도입시킨다. 뿐만 아니라 칸트가 자신을 하나의 사실, 즉 개인의 불가침적 위엄을 구성하는 이성의 '사실'로서 도덕법에 한정시키는 그곳에 권리에 대한 주장을 도입한다. 다시 말해 사드는 이 보편적인 사실조차 최고 폭력의 지평 안에서만 일어난다는 것을 보여준다. 그는 정치적으로 말해서 체계적이고 잠재적으로 무한한 위반(주이상스)이 칸트가 위엄이라고 부른 것의 장소를 차지할 수 있음을 제시한다. 사드의 도전은 보편성이 위반과 불가분하며, 따라서 주이상스는 정의의 가능성과 불가분하다고 주장하는 데 있다. 라깡은 칸트와 사드를 수정해서 다시 쓰는 것으로 이 도전에 대응한다. 한편으로 라깡은 법의 사실을 이성이 아니라 욕망에 위치시키고, 다른 한편으로 사드처럼(또한 레비나스처럼) 이 사실을 최고 폭력에 위치지운다. 사드에게 최고 주권이란 위반의 자유에 있지만, 라깡에게 문제가 되는 최고 주권성은 사형선고의 잔인함에서 나타난다. 위반의 최고 주권성이 법의 위반에 내재한다면, 라깡은 사형선고가 기독교적 자비의 역설적인 부산물이라는 것을 보여주면서 최고 주권성이 법의 완성에 내재하고 있다고 제시한다. 라깡은 이 완성을 욕망

의 "자율성"으로 재기입한다.[23]

1954–1955년의 세미나에서 검열을 다루면서 라깡은 여호와가 이스라엘 민족에게 내린 최후 통첩과 형식적으로 유사한 법을 검토한다. 라깡은 그가 "원초적 법"이라고 부른 것, "영국의 왕이 백치라고 말하는 사람은 누구든 그의 목이 잘릴 것이다"를 다룬다.[24] 이 법은 원초적이다. 왜냐하면 법의 수용 자체가 의도적인 행위의 결과가 될 위치를 배제하고 있기 때문이다. 사형선고는 이런 위치가 배제된 지점이다. 이 법은 그것을 받아들이지 않는 것이 법이 적용될 사람의 죽음을 초래한다는 바로 그 정도까지만 받아들여질 뿐이다.

> 나는 이와 유사하게, 어떤 원초적인 법, 가령 사형선고의 세부사항을 포함하고 있는 그런 법이, 바로 동일한 징표에 따라 해당 법의 부분적인 성격을 통해서 이해되지 못하게 될 근본적인 가능성을 포함한다는 점을 보여주려고 한다. 인간은 항상 결코 법을 완전히 이해할 수 없는 위치에 놓여 있다. 왜냐하면 어떤 인간도 담론의 법 전체를 통달할 수는 없기 때문이다.
>
> 나는 여러분이 이 최종적이고 설명되지 않으며 설명할 수 없는 법이 존재가 매달려 있는 주춧돌을 느낄 수 있기를 바란다. 분석경험에서 우리가 만나는 어려움은 바로 이 하나가 있다는 사실이다. 즉 하나의 법이 있다. 그리고 진실로 법의 담론은 결코 완전히 완성될 수 없으며, 이 최종적 항목에 하나가 있다.[25]

사형선고에 대한 라깡의 해석은 레비나스가 랍비 전통에서 찾은 신성한 폭력과 어떻게 다른가? 이 질문에 대한 답은 「사드와 함께 칸트를」의 마지막 몇 쪽에서 찾을 수 있다. 사형선고에서 최고 권력의 폭력은 이웃을 사랑하라는 명령의 저 다른 한편에서 출현한다. 라깡은 그것이 "자비의 부산물 중 하나"라고 쓴다.[26] 다시 말해서 사형선고는 신의 죽음에서 살아남는 최고 권력의 폭력으로, 신민을 법에 묶어두는 신성한 폭력 너머로 나아간다. 사형선고는 한 사람을 법에 묶어두는 폭력이다. 하지만 법 그 자체를 제공하는 동일한 신에게서 신성한 폭력이 나온다면, 사형선고는 다른 종류의 신, 혹은 어떤 결정적인 권위에 대한 언급에서도 자유로운 법의 최고 권력적 힘이라고 부를 수 있는 것에서 비롯된다. 여호와가 그의 민족을 자신의 권력으로 휘두를 수 있는 죽음으로 위협한다면, 사형선고의 방식은 죽음 그 자체를 권력으로 동원하는 것과 같다. 비록 사형선고가 하나의 법이 있다는 이해 불가능한 사실로부터 분리될 수 없다고 해도 사형선고는 이 사실의 한계선을 훨씬 넘어서는 범위를 갖는다. 라깡에게 사형선고의 문제는 오직 이웃에 대한 사랑을 통한 법의 완성과 함께 출현한다. 실제로 프로이트의 뒤를 이어 라깡은 종잡을 수 없는 이 죽음을 이웃에 대한 사랑의 억압된 진실로 묘사한다. 따라서 법의 완성은 사랑보다는 차라리 사형선고에서 출발한다고 라깡이 이해할 수 있게 되었다. 법이 실천을 통해 계시되는 것이 아니라 법의 완성이 법으로 환원 불가능한 최고 권력의 폭력의 차원을 폭로한다. 법의 완성은 법의 사실이 법의 지평에 속하지 않는다는 것을 폭로하며, 따라서 라깡이 윤리라고 부른 것은 이런 의미에서 법의 완성과 일치한다.

이런 식으로 생각하는 것이 라깡의 「사드와 함께 칸트를」 마지막 몇 쪽에서 사드의 입장을 평가하는 일이 얼마나 복잡한 문제인지를 측정하는 데 도움이 될지도 모른다. 라깡의 기본적 요지는 이렇다. 위반과 파괴에 대한 사드의 체계적인 옹호에도 불구하고 사드가 보여주는 것의 논리는 여전히 사도 바울의 "법의 저주"라고 불리는 것에 속박되어있다. 라깡은 스스로 법의 명시적 금지들(단순한 사실이 아니라)이 열어놓은 "기회들"로 구성된 닫힌 집합에 완전히 제한받는다. 이런 논리는 기적적인 균열의 사건을 지지하게 될 전통의 완성을 향해 다음과 같은 저주의 손짓을 보낸다.

> 사드는 따라서 욕망이 법과 함께 얽혀 있는 바로 그 지점에서 멈춘다. 만일 그의 뭔가가 법에 붙박혀 있다면 사도 바울이 말한 기회를 찾기 위해서, 가늠할 수 없을 정도로 죄짓기 위해서, 누가 첫 돌을 던질 것인가. 그러나 그는 더 이상 나아가지 않는다.
>
> 사드가 우리처럼 당연히 나약한 육신의 소유자라서가 아니다. 그보다는 훨씬 신속한 정신의 소유자로서 유혹을 받지 않을 수 없기 때문이다. 범죄에 대한 옹호는 오로지 그를 간접적인 법의 승인으로 밀고 갈 뿐이다. 죄상의 존재는 악행을 통해 회복된다.[27]

법을 승인한다고 해서 죄의 고백으로 이어지지 않는다. 라깡은 사드의 범죄에 대한 옹호는 궁극적으로 죄로 규정되어 용서를 받기 위한 개인적 호소라고 말하지 않는다. 범죄에 대한 옹호는 오직 법에 대한 복종에 담긴 근본적 죄짓기를 승인해주고, 이 죄로부터 사함을 받기 위한 호소, 다시 말해 법 그 자체의 저주로부터 사함받기 위한 호소일 뿐이다. 이런 의미에서 법의 승인은 최고 존재를 복귀시킨다. 발터 벤야민이 "신성한 폭력"이라고 부른 것의 힘으로 향하는 요구로서 기능하는 한, 신성한 폭력은 "유죄가 아니라 법의 죄를 정화하는" 보상의 형태를 구성해 준다. 벤야민은 이렇게 쓴다. "삶에 대한 법의 지배는 미천한 생명과 함께 멈추기 때문이다. 신비한 폭력은 폭력 그 자체를 위해서 미천한 생명에 피를 묻히는 권력이다. 신성한 폭력은 삶을 위해서 모든 생명에 가해지는 순수한 권력이다."[28]

그러나 라깡에게 그러한 죄의 사함이 갖는 힘에 호소하는 고백은 쇤베르그가 법의 기적이라 부른 것을 부인하는 행위이며, 칸트가 도덕법의 사실이라 부르고 라깡 자신은 "욕망의 법"이라 부른 것(『에크리』에서 「사드와 함께 칸트를」 다음에 실린 「주체의 전복과 욕망의 변증법」의 마지막 행)에 대한 부인을 함축한다. **욕망은 죄의 사함이 불가능한 법의 사실성이다**(『에크리』 세미나의 신조인 "네 욕망을 포기하지 말라"는 쇤베르그의 간청과 유사한 지위를 갖는다). 사형선고는 죄의 사함의 가능성이 확실한 지점이다. 라깡의 사드분석이 손가락으로 가리키는 법의 완성이란 죄의 사함을 넘어선 법의 단순한 제시 이상 아무 것도 아니다.

사도 바울과 마찬가지로 라깡은 '기독교적 계명'("네 이웃을 네 몸과 같이 사랑하라")을 법의 저주가 주체를 제한하는 위반의 논리를 넘어서는 곳에 위치시킨다. 라깡은, 사드가 법의 명령의 변주들 속에서 자기 변호를 상연할 때 명령에 함축된 기독교적 자비로부터 거리를 두고 있음을 분명히 한다. 그러나 라깡에게 이 명령은 인간들 사이의 온화한 사랑을 의미하는 것이 아니라, 프로이트가『문명과 불만』에서 연결시킨 절대적 적대감이다. 사드의 죄에 대한 광범한 옹호는 이러한 불만족 혹은 적대감의 차원으로부터 뒷걸음질친다: “우리는 사드가 자신의 이웃을 인식할 만큼 사악성에 근접하지 못했다고 생각한다. 그가 수많은 사람들, 특히 프로이트와 공유하는 성질이야말로 존재 위축의 유일한 동기이며, 기독교적 명령 앞에서 때로는 경고를 듣게 된다.”[29] 이러한 위축의 증거로 라깡은 사드가 사형선고를 거부한 것을 예로 든다. “사드의 사례에서 우리는 하나의 테스트를 목격한다. 그가 사형선고를 거부한 것에 주목하는 일이 우리의 입장에서 중요하다. 논리를 대신해서 역사가 충분히 우리에게 보여주는대로 사드의 사형선고 거부는 곧 자비의 부산물에 다름 아니다.”[30] 레비나스가 법의 완성이 유대민족과 신성한 폭력의 위협 사이의 관계에 의해 중층결정되어 있다는 것을 찾아낸 것처럼, 라깡은 사형선고의 역사와 논리가 이웃에 대한 사랑 속에서 법이 완성되는 것에 내재되어있음을 찾아낸다. 사드처럼 사형선고에 반대하는 것은 법의 사실성을 거부하는 것에 다름 아니다. 따라서 욕망의 자율성은 억압하게 된다. 다시 말해 이러한 욕망은 오직 최고 주권적 폭력의 지평 안에서만 읽을 수 있다. 칼 슈미트[31]가 그린 폭력은, 최고 주권의 인간을 통해 구현된 예외에 기반해서 내려진 결정이 우발적일 가능성과 동일시했다는 것은 유명하다. 이런 결정은 위기를 맞아 법 전반의 효율성을 중지시킨다. 라깡에게 이러한 지평이란 환상이 위상학을 구성하는 "굽이치는" 선이 된다.

주

1 Martin Luther King, Jr., *A Testament of Hope: The Essential Speeches and Writings of Martin Luther King, Jr.* James M. Washington 편집(San Francisco: Harper & Row, 1986), 293쪽.

2 『정의론』으로 유명한 미국의 윤리철학자(역주).

3 John Rawls, *A Theory of Justice*. 개정판(Cambridge: Harvard University Press, Belknap Press, 1970), 3쪽.

4 Hans Kelsen, *Introduction to the Problems of Legal Theory*. Bonnie Litschewski Paulson and Stanley L. Paulson 공역(Oxford: Clarendon Press, 1992)과 Jacques Derrida, "Force of Law: 'The Mystical Foundation of Authority'." Gil Anidjar 번역, *Acts of Religion*. Gil Anidjar 편집(New York: Routledge, 2002)을 보라. 켈센과 데리다에 대한 논의는 Margaret Davies, "Derrida and Law: Legitimate Fictions." *Jacques Derrida and the Humanities: A Critical Reader*. Tom Cohen 편집(Cambridge: Cambridge University Press, 2001)을 참조. 이 글은 줄리엣 플라우어 맥케넬이 루소와 라깡을 함께 읽은 글, 특히 그녀가 사회계약을 보편적 박탈의 "부정적 법"으로 이해하는 부분에 빚지고 있다. 그녀의 해석에서 궁극적으로 핵심적인 것은 민주주의가 정치의 개념에 필수적인가, 혹은 칼 슈미트의 지적대로 정치적 개념이란 그저 민주주의적 법성의 체제를 중지함으로써 출현할 수 있는 것인가라는 문제이다. Juliet Flower MacCannell, *The Hysteric's Guide to the Future Female Subject*(Minneapolis: University of Minnesota Press, 1999)를 보라. 또 윌리 아폴론의 *Lacan, Politics, Aesthetics*. Willy Apollon and Richard Feldstein 공편(Albany: State University of New York Press, 1996)의 서문을 보라.

5 법 이론을 이런 구속으로부터 해방시키려는 시도들의 목록에는 자크 라깡의 정신분석적 가르침도 포함되어야 한다. 이에 대해서는 이 글의 후반부에서 다룰 것이다. 또한 안토니오 네그리의 공산주의 국가 이론도 포함된다. Antonio Negri, *Insurgencies: Constituent Power and the Modern State*. Maurizia Boscagli 번역(Minneapolis: University of Minnesota Press, 1999) 참조. Michael Hardt

and Antonio Negri, *Labor of Dionysus: A Critique of the State-Form*(Minneapolis: University of Minneapolis Press, 1994)도 참조.

6 Kelsen, 26쪽.

7 하지만 이 문제에 대한 데리다의 설명은 켈센의 이론과는 양립하지 않는다. 데리다는 법의 힘을 결코 일반적 속성의 차원에서 이해되는 '규범'으로 이론화 하지 않는다. 법의 이론에 대한 인식론적 야심들은 항상 법의 힘에서 넘어설 수 없는 장애물에 부딪치게 된다. 데리다의 입장에서는 벤야민의 경우와 마찬가지로 법의 이론은 언제나 폭력에 대한 비판에서 시작해야 하고, 아마도 그것에서 끝나야 한다. 이 점에 관해서는 나중에 다시 정신분석에서 법의 제시를 논하는 과정에서 다룰 것이다.

8 Rawls, 320쪽.

9 같은 책, 322쪽.

10 같은 책.

11 영어의 swear는 욕설하다, 신성모독하다는 뜻도 있다(역주).

12 시민불복종의 이런 양상은 아마도 스토아적 "경멸"과 다르지 않을 것이다. 칸트와 사드를 분석하면서 라깡은 사드적 주이상스의 경험을 이렇게 공격한다. "사드적 경험에서 [고통이] 가치 있는 것은 스토아학파의 기교에서 이 경험을 무너뜨리면서 접근할 때 더 잘 나타난다 … 사드의 경험에서 에픽테투스(Epictetus)의 부활을 상상해 보라: '봐, 네가 부러뜨렸지' 하고 그는 자신의 다리를 가리킨다. 주이상스에 대한 추구가 멈칫거리는 곳에서 효과의 빈곤함으로 주이상스를 줄어들게 하면 주이상스를 혐오로 바꾸게 되지 않는가?" Lacan, "Kant with Sade." James B. Swenson, Jr. 번역 *October 51*(winter 1989): 60쪽(이 영역본을 사용하되 번역을 손질해서 인용함).

13 Arnold Schönberg, *Das Chörwerk*, Sony 2K44571. 쇤베르그의 오페라 *Moses und Aron*에서의 법에 관한 중요한 논의로는 Massimo Caccari, *Icônes de la loi*. Marillène Raiola 불역(Paris: Christial Bourgois, 1990) 참조(영역본은 Stanford University Press에서 출간).

14 epiphany: 세 동방박사가 예수에게 나타난 사건을 가리키는 예수 공현의 뜻을 일차적으로 갖는다. 여기서는 그 의미가 확장되어 기적처럼 뭔가가 홀연히 나

타나는 상황이나 그렇게 인식에 이르는 순간을 의미한다(역주).

15 juris-diction의 두 음절을 나누어 diction이 갖는 '말'이라는 뜻을 강조해서 사법권이 법의 말이라는 의미를 유추해낸 것(역주).

16 Torah: 유대교의 율법으로 모세 5경(역주).

17 Gershom Scholem, "Revelation and Tradition as Religious Categories in Judaism," *The Messianic Idea in Judaim and Other Essays on Jewish Spirituality*(New York: Schoocken Books, 1971) 참조.

18 Emmanuel Levinas, *Nine Talmudic Readings*. Annette Aronowicz 번역 및 서문(Bloomington: Indiana University Press, 1990), 40쪽.

19 Immanuel Kant, *Critique of Practical Reason*. Mary Gregor 번역 및 편집(Cambridge: Cambridge University Press, 1997), 66쪽. "퐁텐넬이 말하기를 '나는 저명한 사람 앞에서 머리를 수이긴 하지만 내 영혼은 숙이지 않는다'고 했다. 나는 이렇게 덧붙인다. 보잘 것 없는 평범한 사람에게서 나는 내 자신에 대해 인식하는 것 이상의 고결한 성품의 곧음을 지각하고, 그 앞에 내 영혼을 숙인다. 내가 원하든 혹은 원치 않든 상관없다. 그때 내 머리는 꼿꼿이 서 있어 그 사람이 내 우월한 지위를 무시하지 않을지도 모른다. 왜 이렇게 하는가. 그라는 존재는 내 앞에 나의 행동을 견주어 나 자신의 오만함을 쳐내는 법을 제시해주기 때문이다. 준법을 목격함으로써 법의 실천성이 내 앞에 사실로 드러나게 된다."

20 같은 책, 71쪽.

21 Lacan, *The Seminar of Jacques Lacan, Book II: The Ego in Freud's Theory and in the Technique of Psychoanalysis, 1954-1955*. Jacques-Alain Miller 편집, Sylvana Tomaselli 번역(New York: Norton, 1991), 129쪽(이 영역본을 다소 손질해서 인용함).

22 발화행위와 발화내용 사이의 분리를 의미(역주).

23 Lacan, *Ecrits*(Paris: Seuil, 1966), 184쪽 참조.

24 Lacan, *The Ego in Freud's Theory*, 128쪽.

25 같은 책, 128-129쪽.

26 Lacan, "Kant with Sade," 74쪽.

27 같은 글.

28 Benjamin, *Reflections: Essays, Aphorisms, Autobiographical Writings*. Peter Demetz 편집과 서문. Edmund Jephcott 번역(New York: Schocken Books, 1978), 297쪽.

29 Lacan, "Kant with Sade," 74쪽.

30 같은 글.

31 독일의 법학자이자 정치철학자로 전체주의철학을 나치에게 제공했다(역주).

안티고네의 유혹: 정치적 윤리학의 아포리아[1]

야니스 스타브라카키스

라깡 이론에서 법의 중심성을 검토할 때 우리는 얼마 지나지 않아 [라깡의 세미나] 『정신분석의 윤리』로 인도된다. 이 책에서 법은 사물(the Thing), 주이상스, 승화 등과 같은 개념들의 이념적 성좌 속에 확고히 위치해 있다. 나아가 이 책의 시작부분에서 이미 라깡은 도덕성, 법과 윤리학 사이의 항상적 연관성을 지적한다: "도덕적 경험 그 자체, 다시 말해서 상벌조항의 기준은 인간을 자신의 행위와의 일정한 관계 속에 위치시킨다. 이 행위는 단지 발화된 법 뿐만 아니라 하나의 방향, 궤적, 다른 말로는 그가 호소하는 선(a good)에 관계하며, 행동의 이상(理想)을 낳게 된다. 그 모든 것들은 또한 윤리의 차원을 구성하며 명령 개념 너머에 있다고 해야 정확할 것이다."[2] 이 궤적을 따라가면서 나는 정신분석 윤리의 몇몇 양상을 논의할 것이다. 하지만 독자는 라깡의 윤리에 관한 상세한 논문이나 체계적인 설명을 기대하지 말라. 나의 목적은 그보다는 다소 소박하게 급진적 사회변화의 정치를 위해 라깡 윤리를 특정하게 적용할 때 나타나는 일련의 아포리아를 절합하려는 것이다.

나는 1998년 『엄브라』에 실린 슬라보예 지젝의 글에[3] 집중할 것이다.[4] 주디스 버틀러의 라깡 비판에 응대하면서 지젝은 라깡 윤리의 급진주의적 성격에 초점을 맞추어 정신분석 윤리의 혁명적 정치성에 노정된 잠재력을 보여주려고 시도한다. 지젝의 주장에서 중요한 것은 저항의 가능성 뿐만 아니라 현존 사회적-상징계의 망을 무기력하게 하거나 전이시킬 가능성, 근본적으로 현존 권력구조를 변화시킬 가능성이다. 지젝은 저항의 상상계적 형태, 즉 결국에는 법을 유지시키고 재생산하게 될 "거짓 위반"과 "행동(act)의 실재로의 개입을 통한 효과적인 상징적 재절합"을 구별한다.[5] 행동에 대한 이러한 개념은 따라서 이 통합적 어구(syntagm)[6]와 지젝의 일반적 입장의 결절점(nodal point) 역할을 한다.

행동은 라깡이 종종 불러내는 개념인데, 가령 그의 세미나 『정신분석적 행동』(L'acte psychoanalytique)을 보라.[7] 행동은 또 『윤리』에서도 중심적이다. 이 세미나에서 라깡은 안티고네의 행동을 다룬다. 안티고네의 행동은 "순수하고 단순한 있는 그대로 죽음의 욕망이라 불릴 수 있는 어떤 것의 실현"을 극단까지 밀어붙인 것이며, 안티고네는 "욕망을 육화"했다.[8] 라깡을 해석하는 과정에서 지젝은 "**윤리적 행동**의 기본적인 형태"[9]로서 죽음충동(death drive)에 초점을 맞추어 안티고네의 영웅적인 사례—모델—에 집중한다. 라깡은 안티고네가 "크레온의 지배라는 형태로 구현된 고대 그리스 도시의 사회–상징적 권력에 맞섬으로써 '일종의 죽음', 다시 말해 사회–상징계 공간으로부터의 배제라는 상징적 죽음을 유지함으로써 효과적으로 자신의 전 사회적 존재를 위험에 처하게 한다"[10]고 주장한다. 지젝의 읽기에서 대타자를 "잠시 동안" 정지시키는 "위험"을 감행하지 않는 윤리적 행동은 없다. 나아가 바로 그런 "급진적 **행동**"만이 "사회적으로 유지되는 수행성(performativity)의 근본 조건들을 재규정하는, 전 영역에 걸친 철저한 재형태화"를 이끌어 낼 수 있다.[11] 이 지점에서 바로 안티고네의 행동이 정치적 의미를 띠게 된다: "라깡이 걸었던 내기는 정치에서조차, 또 정치에서도 물론 근본적인 환상을 '가로지르기'라는 좀 더 급진적인 제스처를 성취하는 것이 가능하다는 데 있다. 이러한 환상적 핵심을 교란시키는 제스처들만이 진정한 **행동**이다."[12] 또 지젝은 바로 이 지점에 해체주의적 유한의 윤리와 라깡의 윤리 사이의 **핵심적** 차이를 위치시킨다. 해체주의의 경우, 구성적 결여를 마주할 때 유일한 윤리적 선택지는 영웅적으로 그것을 취하는 것이다: "물론 이러한 윤리로부터, 전체주의와 그 밖의 재난들의 궁극적 근원은 유한성, 결여와 전이의 조건을 극복할 수 있고 철저히 투명하게 자신의 구조적 분리를 넘어서 '신처럼 행동'할 수 있다는 인간의 건방진 가정이 파생된다."[13] 이와 대조적으로 지젝의 라깡주의적 대답은 "절대적/무조건적인 행동들이 일어난다"이다. 그리고 "악의 진정한 근원은 신처럼 행동하는 유한한 필멸의 인간이 아니라 신성한 기적이 일어난다는 사실을 부인하고 스스로 또 다른 유한한 필멸의 존재로 축소되는 인간이다".[14]

기적적인 변화에 대한 이와 같은 열정적인 약속이 아무리 호소력이 있다 해도, 특히 비아냥거리는 무관심과 비관주의의 시대에 지젝의 주장은 수많은 이론적, 정치적 문제들을 야기한다. 이 글에서 나는 라깡의 윤리적 입장과 현 단계 변혁정치에서 라깡의 윤리가 갖는 함의를 밝히는 데 일조하고자 지젝의 주장이 내포한 몇 가지 긴장들에 초점을 맞출 것이다. 라깡의 윤리적 입장을 평가하려면 적어도 두 가지 중요한 쟁점을 다루어야 한다: 첫째, 지젝의 안티고네 읽기. 둘째, 라깡의 이론과 사이먼 크리칠리가 "비극적 영웅 패러다임"[15]이라고 부른 정치학이 갖는 일반적 가치의 문제이다.

I

우선 안티고네에 관한 지젝의 논의는 비극 자체에 담긴 중요한 측면들과 라깡의 해석을 무시하거나 축소시킨다. 간단히 말하면, 안티고네가 진정 진보적인 윤리적-정치적 행위를 위한 모델로 제시될 수 있는가? 지젝에 의하면, 그런 예는 "잠시 동안" 상징적/법적 망을 중지시키고 현존 권력구조에 변화를 가져올 목적으로 죽음과의 만남을 "불사하는" 누군가에 의해서만 제공될 수 있다. 안티고네가 이런 기준을 충족시키는가?

소포클레스의 원작과 라깡의 해석을 슬쩍 들쳐만 봐도 사정은 전혀 달라 보인다. 안티고네는 상징적 죽음과의 만남과 도시 아테네의 법을 잠시 중단시키기를 불사하는 것만은 아니다. 도시의 법, 즉 크레온의 선[재화]의 윤리를 저항할 때 안티고네는 순수한 욕망을 구현하며, 매우 급진적인 **자율성**을 성취함으로써 진정한 죽음과 연결될 수 있을 뿐이다. 코러스의 대사를 보면 "너 자신만의 법, 오직 너 뿐이었지, 너 아닌 어떤 필멸의 존재도 죽음의 회랑에 살아서 숨쉬며 내려간 적이 없었지"[16]라고 한다. 라깡에 따르면 안티고네의 위치는 다음과 같은 것이다: "나는 죽었다. 그리고 나는 죽음을 욕망한다."[17] 그런 의미에서 그녀의 위치는 위험을 감수하거나 중지하는 위치가 아니었다. 위험을 불사하려면 최소한의 전략적 혹은 실용적 계산을 하기 마련이다. 안티고네의 순수한 욕망에는 낯선 어떤 것이 있다. 중지는 사전과 사후를 상정하기 마련인데, 안티고네에게 사후는 존재하지 않는다. 두 죽음—상징적 죽음과 실제 죽음—사이를 구별하는 것은 중요하지만, 안티고네에게 이 두 가지 선택지가 있었다는 사실을 잊지 말아야 한다. 그런 의미에서 안티고네의 행동은 현존 질서의 전치(displacement)를 꾀하기 위한 행동의 사례가 결코 아니다. 안티고네는 처음부터 그녀의 운명을 알고 있었다—그녀는 이미 그 결과를 알고 있는 게임에 참여하고 있었다—는 사실을 라깡은 놓치지 않고 있다: 소포클레스의 일곱 개 비극 거의 모두에서 "비극적 결함(peripetia)에 대한 암시조차 없다. 모든 것이 처음부터 존재하고 있었다. 작동된 궤도는 그저 하나 위에 다른 하나가 차례로 내려앉기만 하면 된다." 더욱이 라깡이 지적하듯이 "비극적 영웅은 언제나 고립되어있다. 그들은 언제나 이미 그어진 한계 너머에 존재하고, 또 언제나 노출된 위치에 있다. 따라서 그 결과 이런저런 방식으로 구조로부터 분리되어있다."[18] 그런 위치는 물론 사회적 구조 자체에 대한 근본적 비판으로 작용한다. 하지만 어떻게 안티고네의 "비인간적"(inhuman) 위치가 사회-정치적 구조의 대안적 구성을 가리킬 수 있는지 알아내기 어렵다. 라깡의 안티고네 읽기에 함축된 '자살적 영웅 윤리'는 사회-정치적 세계를 전적으로 무시하고 있다. 지젝이 자신의 초기 저작에서 제시하듯 그런 종류의 윤리의 모토는 기껏 "세상이 멸망한다 해도 욕망은 유지하라"[19]였다. 안티고네의 극단적 비타협, 그녀의 죽음에 가까운 열정은 안티고네라는 인물에게 비극적 호소력을 더할지는 모르지만, 지젝의 1998년 기준에서만 보더라도 안티고네가 변혁적인 윤리-정치적 행위를 위한 모델에 적합하지 않다는 결론에 도달할 수밖에 없다.

물론 안티고네를 충분히 제대로 재해석하지 않는 경우라면 말이다. 하지만 그렇다 해도 일정 정도의 역설이 생겨난다. 안티고네는 **근본적으로** 비인간적인(반사회적이고 반정치적인) 욕망을 벗겨내야만 급진적인 정치적 행위의 모델로 기능할 수 있다. 지젝의 선별적 용어사용("위험불사", "순간적 정지")은 안티고네의 순수한 욕망을 사회화/정치화하는 기능을 수행하는 듯하다. 여기서 안티고네의 순수한 욕망에 대한 찬탄과 동시에 그 욕망을 정치와 관련시키기 위해서 욕망을 **포기해야 할** 필요 사이에 긴장이 생긴다. 이것이 바로 지젝 이론의 초기에만 한정시켜 볼 때 지젝 자신이 스스로 인정한 긴장이다. 가령 『향락의 전이』를 보자. 이 책에서 그는 자기 비판적 어조로 과거에 자신이 욕망을 포기하지 말라는 라깡의 윤리를 완성 혹은 중화하려는 욕망에 굴복했다는 사실을 시인한다.[20] 1998년 『엄브라』에 실린 글을 보면 이런 긴장이 설령 전치되고 위장되었을지는 몰라도 완전히 해소되지 않았다고 결론지을 수 있다.

II

안티고네가 그런 방식으로 재해석되는 경우에만 유용하다면—즉 비극에서 그려진 그녀의 됨됨이와 정반대로—왜 우리는 그녀를 윤리-정치적인 행동의 전범으로 삼아야 하는가? 진정한 윤리적 행동이란 안티고네의 유혹을 아예 가로질러 가는 것이 아닐까?

이렇게 말한다고 해서 오로지 지젝의 라깡 해석 전용과 안티고네의 형상만 문제가 된다는 말은 아니다. 문제는 『윤리』에만 집중된 관심에도 있다. 분명한 것은 안티고네가 윤리에 관한 라깡의 최종적—혹은 가장 통찰력 있는—발언이 아니라는 점이다. 그의 입장은 안티고네의 순수한 욕망에 둔 초기의 관심을 무너뜨리는 방식으로 계속 발전해 갔다. 알렌카 주판치치가 지적하듯 가령 『정신분석의 네 가지 근본개념』에서 이 점이 분명히 드러난다. 그리고 "순수한 욕망"이라는 개념이 근본적으로 다루어진다.[21] 지정 이 책에서 라깡은 분석가의 순수한 욕망의 가능성을 부정할 뿐만 아니라, 욕망의 소외적 성격을 강조하는—"인간의 욕망은 [대문자] 타자의 욕망이다"[22]—한편, 법과 욕망의 상호 침투성을 지적한다.[23] 안티고네의 역할을 논의할 때 이러한 변화과정을 고려할 필요가 있다. 이 과정이 함축하는 바를 좀 더 꼼꼼히 검토해 보자.

『윤리』에서 라깡이 안티고네를 해석하는 토대는 크레온의 "모두를 위한 선"[24]의 윤리와 안티고네의 윤리, 즉 "다른 사람들의 것과는 다른 선",[25] 순수한 (따라서 치명적인) "욕망의 법"의 육화라고 표현되는 윤리 사이의 대립이다. 하지만 이 대립이 언뜻 보이는 것처럼 그렇게 근본적인가? 라깡의 설명에서 크레온과 안티고네 사이의 대립이 갖는 정확한 성격은 무엇인가? 무엇보다도 이는 권력의 질서(그리고 도덕성)와 순수한 욕망의 윤리 사이의 대립이다. 크레온의 도덕성은 전통적 도덕으로, 아리스토텔레스의 표현에 잘 담겨 있다: "주인의 덕목을 위해 창조되었고 권력질서와 연결된 도덕성."[26] 이 질서는 경멸의 대상이 되어서는 안 된다. 라깡은 자신의 논평이 무정부주의자의 것이 아니라, 다만 이 질서의 한계를 인식하는 사람의 것이라는 점을 분명히 한다. 『윤리』에서 이런 한계들은 욕망의 견지에서 이해된다. 전통적 윤리의 반대쪽에는 욕망이라는 극이 있다.[27] 욕망을 마주한 권력의 위치는 언제나 동일했다: "'어떠한 상황에서도 욕망의 미소한 용솟음을 표현하는 순간이 아니라는 점을 여러분 모두 주지하길 바란다.' 권력의 도덕성, 즉 재화의 공급은 다음과 같다: '욕망에 관한 한 나중에 오라. 욕망을 기다리게 하라.'"[28]

이 도식에서 안티고네의 순수한 욕망은 모든 권력구조와 그것을 지탱하는 도덕적 질서에 내포된 욕망의 억압, 혹은 강등에 대한 급진주의적 위반의 모델이 된다. 욕망은 재화의 영역과는 철저히 대립하는 반테제로서, 권력의 서로 다양한 형태들(자본주의적이든 공산주의적이든)에서 위반의 위치에 놓인다.

> 세계의 일부는 재화의 공급을 향해서 단호히 방향을 틀었고, 그 결과 욕망과 인간이 맺은 관계와 관련된 모든 것들을 거부했다. 이는 혁명 후기적 시각이라고 알려져 있다. 유일하게 말할 수 있는 사실은 이런 방식으로 규정되어 버린 나머지 사람들이 권력의 영원한 전통을 단순히 영속화시키고 있다는 점, 즉 "계속해서 일하라, 욕망에 관한 한 나중에 오라"는 사실을 깨닫지 못하는 것처럼 보인다. 하지만 그게 문제일까? 이 전통 속에서 공산주의적 미래는 크레온의 것, 도시의 미래와 우리가 헌신해야 하는 선의 영역이 어느 지점에선가 전체 우주를 포용하고 있을지 모른다고 가정한다는 점에서만—물론 이는 지나쳐 버릴 수 없는 것이다—다를 뿐이다.[29]

공산주의 유토피아에 관한 라깡의 통찰력 있는 비판은 중요하지만, 다른 한편 욕망이 권력의 질서와 재화의 공급에 대한 반테제로는 유지될 수 없다는 점은 분명하다. 이는 아마도 지젝이 "거짓 위반"이라고 정확히 비판한 것에 속할지 모른다. 거짓 위반은 궁극적으로 자신이 붕괴시켜야 하는 그 질서를 재생산한다. 그의 초기 시각, 특히 안티고네에 대한 자신의 논평을 비판하기 위한 이론적 도구도 실은 라깡 자신이 제공한다. 라깡은 법과 욕망 사이의 구성적 변증법을 강조했다『윤리』이후 2년 뒤에 강의한 불안에 관한 미간행 세미나에서[30] 다음과 같은 구절을 볼 수 있다: "욕망과 법은 반테제의 관계로 서로 대립하는 듯이 보이지만 둘 다 사물에 대한 우리의 접근을 막는 장애물이다. 원하든 원치 않든(Nolens, volens) 욕망함으로써 나는 법의 길을 따른다."[31] 욕망은 순수한 위반의 힘으로서의 가치를 상실할 뿐만 아니라 권력과 재화의 질서에 대한 궁극적인 지지대로서 등장한다. 주이상스가 라깡의 이론적 우주공간에서 그 중심을 차지하자마자 욕망은 향유에 대한 방어로서 타협 형태로 모습을 드러내고, 다른 한편으론 충동이 윤리적 사고의 결절점으로 출현한다.[32] 이런 의미에서 욕망은 결코 순수한 위반의 힘이 될 수 없다. 욕망이 "스스로 법을 세우는 것으로 나타나고, 즉 법의 전복으로 드러나는" 도착에서조차 "사실 욕망은 법의 진정한 지지대이다."[33] 욕망이 법이다.[34] 안티고네가 결국 일정한 법, 즉 신의 법에 자신의 욕망을 연결시킨다는 점은 실제로 놀라운 일이 아니다. "이 법들—나는 그것을 깨려고 하지 않았다. 한 인간의 [크레온의] 상처받은 자존심에 대한 두려움 때문이 아니었고, 신의 보복에 맞서려고 한 것도 아니었다."[35]

따라서 권력의 질서만 제한되는 것이 아니다. 욕망도 분명한 한계를 갖는다.[36] 욕망은 언제나 '헤게모니적' 체제들—권력과 소비의 체제들, 그리고 저항과 위반의 체제까지—을 유지시키는 환상의 구조에 의해 결정된다. 욕망은 언제나 주이상스를 획득한다는 상상계적 유혹에 의해 자극되지만 목표를 실현시킬 수 없다는 구성적 무능함에 의해 유지된다. 그런 의미에서 욕망은 그 자체의 실패를 통해서 '성공하고' 스스로 재생산한다. 이러한 욕망의 재생산은 정치적으로 순진하지 않다.

가령, 소비주의 문화는 부분적으로 광고에서 광고로, 생산물에서 생산물로, 환상에서 환상으로 이어지는, 최종적 만족의 지속적인 전치에 의해서 유지된다. 이 과정에서 생기는 중요한 '부산물'은 환유적 효과의 축적을 통해 시장경제를 특별한 "프로모션형 문화"[37] 안에서 재생산하도록 보장하는 욕망의 특수한 구조이다.[38]

욕망에 대한 이해를 바꿈으로써 안티고네의 유혹을 가로지르는 방식을 제시한 사람은 라깡 자신이다. 이런 변화는 진정 근본적 단절로서 인정받아야 한다. 안티고네의 "순수한" 욕망을 환영적 욕망에 대한 후기 개념화와 비판과정과 화해시키고 그리고/또는 욕망의 윤리를 충동의 윤리와 화해시키려는 모든 시도—주판치치가 『실재의 윤리』 마지막 부분에서 보여준 시도—는 재검토되고 심도 있게 논의될 필요가 있다.[39]

III

지젝의 안티고네 논의로 돌아가 보자. 안티고네를 급진적 윤리-정치적 행동의 모델로 만든 그의 역설적 이상화는, 행동이 비-주관적·비-의도적인 실재와의 만남이라는 그의 라깡적 해석과도 역시 충돌하는 듯하다. 안티고네의 행동은 분명 사회적 세계의 제한규정들을 넘어서는 '주관적' 자율성의 행위이다. 그렇다면 안티고네의 '영웅적' 행동이 그 행동을 의지와 구별되는 것으로 개념화한 지젝의 입장과 충돌하는 게 아닐까?[40] 『엄브라』에 실린 글에서 그는 "대상으로서의 행동은 또한 주체와 대립한다 … 이 행동은 예기치 않게 '그저 일어난' 어떤 것, 바로 그것이다. 이는 행위주체자 자신도 놀라게 하는 그런 사건이다"[41]라는 점을 확실히 한다.『정신분석적 행동』에서 라깡 스스로 행동은 주체의 일정한 "재생"을 낳는다[42]는 점을 지적한다. 이 행동은 어느 누구도 그것의 주인이라고 주장할 수 없는 그런 행동이다.[43] 이 점이 안티고네의 입장과 진정 어울리는가? 지젝의 입장이 "절대적/무조건적 행동이 일어나지만, 그 행동을 전적으로 의도한 순수한 의지를 가진 주체에 의해 수행된 투명한 몸짓인 듯 꾸미는 이상주의적 위장의 형태를 띠진 않는다"[44]라고 한다면, 안티고네는 그의 도식 안에 아무런 자리를 차지하지 못하는 듯 싶다. 그 대신 필요한 것은 행동에 대한 비주관적 형식의 모델이다. 그런 모델은 어떻게 생겼을까? 지젝은 해체와 정신분석을 병치시키면서 우회적으로 대답을 시도하는 듯하다. 지젝은 해체주의자와 라깡주의의 입장을 어떻게 구별하고 개념화하는가? 그는 정치윤리의 토대를 세우기 위해서 수동성/능동성과 부정/긍정, 그리고 이들의 정치적/종교적 변이인 유한성/불멸성, 결여/기적의 대립항들에 입각해서 평가기준을 도입하는 듯이 보인다. 간단히 말해서 지젝의 핵심적 주장은 해체가 윤리-정치적 행동의 한계로서 결여와 유한성을 우선시하면서 주체의 구성적 분리를 넘어서 신처럼 행동하려는 일체의 시도에서 악의 근원을 찾는다는 것이다. 이러한 비관주의적 입장과 완전히 반대편에 자신의 입지를 두는 지젝은 논의를 뒤집어서 진정한 악의 근원을 유한성, 필멸과 결여 자체에 대한 가정에서 찾고, "신성한 기적"의 차원을 무시하는 것이라고 한다. 이 대립을 좀 더 꼼꼼히 살펴보자.

첫째, 왜 도대체 결여의 논리—욕망의 지지대이며 한계, 가능성과 불가능성의 조건으로서의 구성적 결여—를 해체와 연관시키려 하는지가 분명치 않다. 결여와 그 외 다양한 동의어들, 즉 여러 모습을 취한 결여는 지젝 자신도 반복해서 지적하듯이 명백히 라깡의 개념이다.『이데올로기라는 숭고한 대상』에서 가령 결여에 대한, 특히 "대문자 타자에서의 결여"에 대한 다음과 같은 구절이 있다: "오늘날 라깡적 주체가 분리되어 있고, 빗금쳐지고, 의미화 연쇄에서의 결여와 동일하다는 사실은 상식이다. 그러나 라깡 이론의 가장 급진적인 차원은 이 사실을 인정하는 것이 아니라 대문자 타자, 즉 상징질서 그 자체 또한 불가능성, 또는 트라우마적 핵심 주변에 구조화된 근본적 불가능성에 의해 빗금쳐져 있다는 사실을 깨닫는 데 있다."[45] 하지만『엄브라』에 실린 글에서는 결여와 분리가 역설적으로 해체주의적 유한성 윤리의 내재적 계기로 재등장한다. 전체주의에 관한 최근 책에서 지젝은 대문자 타자의 결여인 듯 보이는 것을 이와 유사한 방식으로 다룬다. "해체주의의 정치적 실천행위는 다음과 같은 것이다: 사회영역은 구조적 미결정성의 영역이고 환원 불가능한 틈 혹은 결여로 표시되어 있으며, 영원히 그 자신과의 비동일성을 선고받았다. '전체주의'는 그 가장 기본적인 차원에서 이 미결정성의 봉쇄이다."[46] 왜 지젝이 자신이 스스로 "라깡 이론의 가장 근본적 차원"이라고 부른 것, 즉 라깡식 상식인 결여로서의 주체와 더불어 사회-상징적 대문자 타자의 결여를 해체에 귀속시키는지 이해하기가 어렵다. 기껏해야 최근의 지젝의 글들에서 가시화되는 이러한 움직임이 필경 부정성과 긍정성, 수동성과 능동성, 비관주의와 낙관주의를 병치시키려는 일반적인 정치적 전략과 관련 있을 것이라고 짐작할 수 있을 뿐이다. 만일 그의 급진주의적 정치가 기적적 행위의 낙관주의적 정치—거의 활기론적인(vitalist)[47] 행동의 정치—로 제시된다면, 그리고 만일 라깡 이론이 그러한 정치를 지지하는 것으로 제시된다면, 부정성과 결여에 대한 강조는 마땅히 제거되어야 한다.

그러나 문제는 이렇게 제거한다고 해서 지젝 논의의 이론적-정치적 일관성이 보장되지 못한다는 데 있다. 가령, 수동성은 사라지지 않고 행동의 정치에 유령처럼 나타난다. 결여가 해체와 연결된다고 해도 그것이 '라깡주의적'이 되어야 할 기적적 행동의 정치를, 수동성을 넘어서는 정치로 변형시킬까? 나는 우리가 이미 확인했듯이 행동이란 주관적이지도 주체화된 것도 아니라는 바로 그 이유 때문에, 그렇게 되리라고 믿지 않는다. 지젝 자신의 도식을 따르면 행동에 대한 우리의 관계는 언제나 가정의 관계, 행동들과 관계를 맺으려고 하는 그런 관계이다. "행동들이 있다 … 그것들은 일어난다 … 우리는 그들과 관계를 맺으려고 해야 한다."[48] 그렇다면 결여를 가정하는 것과, 행동과 사건을 가정하는 것 사이에 무슨 차이가 있는가? 유일한 차이는 개별 경험의 특정한 내용에서 찾을 수 있을 듯하다. 따라서 지젝의 주장은 좀 더 형식적 차원에서 구체적 경험과 우연적 상징화 또는 평가에 의해 결정되는 차원으로 옮겨간다. 어떻게 그렇게 되는지 살펴보자. 지젝의 주장은 유한성과 부정성을 의미하는 결여와, 불멸과 긍정을 의미하는 신성한 기적 사이의 대립에 기초한다. 지젝이 공격하고자 하는 입장은 결여와 부정성의 가정을 옹호하는 입장인 반면, 그가 옹호하려는 입장은 행동을 기적적 사건으로 개념화한다: "그와 반대로 [행동은] 일어난다. 전적으로 예견할 수 없는 실재와의 만남(tuche)으로, 우리의 삶을 산산조각내는 기적적 사건으로. 좀 더 페이소스가 담긴 표현으로 말한다면 이것이 바로 '신성한' 차원이 우리 생활에서 제시되는 방식이다."[49] 하지만 그처럼 확연한 구별을 유지하는 일이 가능한가? 나는 여기서 적어도 두 가지 문제점을 발견한다. 하나는 이론적 문제이고 또 하나는 정치적 문제이다. 이론적 차원에서 부정성과 긍정성, 결여와 욕망, 죽음과 부활 사이의 환원 불가능한 내적 연관성을 무시하기란 불가능하다. 지젝의 사건 개념이 출원한 원전인 알랭 바디우의 책에서도 사건은 진정한 난절로서 주어진 담론 절합, 즉 미리 존재하는 질서의 안정성을 흔드는 것을 의미한다.[50] 다시 말해서 사건은 부정적이고 파열적 차원을 갖는다. 사건은 이미 존재하는 구조 안에 결여를 창조한다. 하지만 어네스토 라클라우의 탈구(dislocation)[51]처럼 사건은 또한 긍정적 차원도 낳는다. 바디우에게서 탈구적 사건은 (잠재적으로) 새로운 형태의 주체성을 생산하는 것이다. 이런 의미에서 '기적'의 차원—이런 종교적 언어를 사용하기를 원한다면—은 부정성을 긍정성으로 지속적으로 '체화'하는 것에서 가장 두드러지게 나타난다. 이러한 내적 연관성은 사회적·정치적 생명에 본질적인 것이며, 윤리적일 뿐만 아니라 무엇보다도 분석적이며 경험적 관찰이다.

나아가 복잡한 관계의 조건을 단순화시키면서 지젝은—적어도 그의 『엄브라』 논문에만 국한시키면—환원적인 방식으로 이론을 정치적 경험에 연결시킨다. 긍정과 부정 사이의 절대적 경계를 불안정하게 만드는 것은 기적이라는 개념 그 자체를 오염시키게 된다. 여기서 의미하는 바는 기적의 장을 어떤 식으로든 양극화하는 것, 어떻게 진짜와 가짜, 신성과 사탄적 기적 사이를 구별하는가의 문제에 부딪치지 않을 수 없다는 점이다.[52] 우리는 이미 기독교 신학, 교회 역사와 종교적 공동체의 일상생활을 통해 이 점을 알고 있다. 우리는 또한 바디우의 저작에 대한 비판을 통해서 이를 알고 있다. 장-자크 르세르클의 말의 빌리면, "나는 [바디우의] 체계 속에서 하이데거의 실수, 즉 민족 사회주의 '혁명'을 사건으로 간주하고 새로운 진리의 과정이 시작되었다고 생각했던 때의 실수로부터 우리를 보호해 줄 어떤 장치도 발견할 수 없다. 사건의 궁극성이 마침내 주관적 결정에 맡겨져 있다는 점은 위험천만하다."[53] 사이먼 크리칠리도 이렇게 묻는다: "어떻게, 또 어떤 점에서 진짜 사건과 가짜 사건을 구별할 수 있는가?"[54] 바디우의 "사건"과 지젝의 "행동"은 동일한 한계를 노정하는 듯 보인다. 우리가 긍정과 부정, 선과 악 사이의 엄격한 분리를 받아들이는 순간, 우리가 긍정성과 부정성 사이의 지속적인 상호 침투를 거부하고 이 양극 중 어느 한 가지를 우위에 두자마자, 그 문제는 그저 구체적인 윤리-정치적 경험의 영역으로 전치된다. **그러나 이보다 더 큰 문제는 우리가 피할 길 없이 실재와 마주칠 때 적합한 윤리적 태도를 지지해 줄 수 있는 모든 이론적 또는 상징적 자원을 잃어버린다는 사실이다.**

이미 살펴보았듯이 행동의 정치에 관해서 지젝은 사회변화를 위한 정치적 프로젝트의 결여와 유한성에 대한 가정이 재난이나 혹은 장애와 같은 결과를 가져올 수 있을 뿐이라는 생각을 전제로 삼아 개념화하는 듯하다. 물론 포스트모던적 비관주의는 문제적이다. 하지만 유사-종교적 믿음의 취득을 통해 이 문제가 해결될 것인가? 정치적 담론에서 결여와 부정성을 유토피아적으로 거부한다고 해결될 것인가? 분명 이런 선택지는 우리에게 열려 있다. 하지만 이것이 지젝이 낙인찍어 부른 "거짓 위반"과 어떻게 다른지 알 수 없다. 또 사회 변혁의 정치를, 절대화라는 받아들이기 어려운 모험의 감행에 분명 노출시킬 것이다. 따라서 결여를 가정하는 윤리와 행동의 정치 사이에 그어놓은 지젝의 엄격한 분리에 맞서, 대타자의 결여를 가정하고 제도화하는 것을 한계가 아니라, 가능성의 조건으로 삼는 것은 어떨까? 혹은 어떤 경우든 행동의 급직전 성격을 윤리적으로 가정할 때 우리 자신을—분리된 존재로서—사건에 관련된 만큼 귀중한 자원으로 보는 것이 어떤가? 가령 우리가 사랑에 빠졌을 때 일어나는 일과 같지 않을까? 바디우의 시각에서 사건이 일어나는 특권적 영역들 중 하나로서의 사랑 말이다. 비록 언제나 우연이 어느 정도 작용하지만, 사랑에 빠지는 일은 결코 우연적 사건이 아니다. 사랑은 일정한 사전준비를 가정한다. 대리언 리더가 상기시켜 주듯 사랑은 불만족, 불완전, 그리고 결여의 감각과 연결된 가능성의 정확한 조건들을 갖는다.[55] 마찬가지로 사례들이 모두 정비례하지는 않지만, 비록 "실재로서의 행동이 어떤 환상적 지지물 없이 무로부터(ex nihilo)[56] 일어나는 사건"[57]이라고 해도, 이러한 행동을 취하는 것은 환상과 결여의 가정을 가로지르도록 한다. 이것이 윤리적으로 행동을 가정하는 일이 가능하게 될 상징적 매트릭스이다.[58] 이는 이미도 일정한 반성(reflexivity), 혹은 자신의 한계에 대한 인식, 말하자면 결코 완전한 주체성의 실현으로 이를 수 없을 것(분석가와 피분석가 모두)이라는 사실에 대한 인식을 가정하는 행동으로서의 정신분석으로부터 우리가 배우는 것이다.[59] 모든 새로운 분석이 시작될 때 분석가는 앎이 가정된 주체로, 즉 분석이 그 혹은 그녀 자신의 배설물과도 같은 거부로 끝날 것이라는 것을 잘 아는 주체로 세움으로써 치료작용에 권위를 부여하고 위험을 무릅쓴다.[60] 그렇게 해서만 거세와 분리라는 분석가의 가정이 피분석자의 주체 구성으로 **재실행**된다.

다른 글에서 지젝 자신도 지적하듯 "우주의 존재론적 건축구조에 금이 나 있는 한, 윤리—존재론에 기반할 수 없는 명령으로서의 윤리—가 존재한다. 가장 기본적인 수준에서 윤리는 이 금에 대한 충실함을 가리킨다."[61] 사건에 대한 진정한 윤리적 충실성이 가능하기 위해서는 또 다른 충실성—즉 사건 그 자체에 사건의 특별한 상징화로 환원될 수 없는 충실성, 특별한 사건과 구별되는 사건성(eventness)에 대한 충실성—을 가정해야 한다. "불가능으로서의 실재에 대한 충실성"[62]이다. 그러한 입장은 행동/사건에 대한 적절한 윤리적 수용을 위해 필수적인 상징적 준비작업을 제시한다. 뿐만 아니라 거짓 사건, 즉 사탄적 기적의 유혹이라는 언제나 존재하는 위험과, 바디우의 표현을 빌리면[63] 공포와 사건의 절대화라는 언제나 존재하는 위험에 대한 최상의 방어를 제공해 준다. 물론 사건성, 즉 궁극적으로 새로운 것의 출현을 허락하고 행동의 가정을 가능하게 해주는 것에 충실하기란 일정한 배신, 즉 행동 자체가 아니라 행동을 절대적이고 신성한 긍정성으로 만들어 주는 것에 대한 배신을 전제한다는 점을 인식해야 한다. 그런 의미에서 사건에 대한 충실함은 번성할 수 있고, 절대화를 피할 수 있다. 이 절대화는 그저 배교자의 충실성이라 할 수 있으며, 이것을 피하는 일은 오직 또 하나의 충실성의 구조 안에서만 일어난다. 이 또 다른 충실성은 정치적 공간과 사회의 최종적 봉합[64]이 구성적으로 불가능하다는 인식을 충실히 견지하는 것이다. 또 타자 내의 환원불가능한 결여의 지속적인 정치적 기입에 헌신하는 구조 안에서만 이 모든 일이 가능해진다.[65]

말할 필요도 없이 나는 여기서 논의된 문제들에 대한 이런 생각들을 단정적으로 제시하려는 것은 아니다. 정치에 대한 라깡의 윤리가 갖는 변혁적 잠재력은 완진히 정리될 수 없는 중요한 쟁점이다. 나아가 사건성을 고려하는 일은 행동의 윤리-정치적 개념에 대한 형식적 요구사항들을 누군가는 급진적 민주주의의 방향이라고 부를 것으로, 다만 여전히 이론과 정치 사이의 틈새를 메우지 않은 채, 재구성하는 일을 가능하게 해준다.[66] 이러한 환원 불가능한 아포리아는 내 생각에 궁극적으로 지젝이 안티고네를 언급할 때, 그녀에게 본질적으로 낯설고, 심지어 그녀와 정반대인 형식적 틀 속에서 특별한 윤리적-정치적 선택의 입장을 구현한다고 고집하기로 선택했던 것을 설명해 준다. 그러나 행동/사건에 대한 윤리적 충실성은 비극『안티고네』의 핵심이기도 하지만 분명 제목에 등장하는 그 인물에 의해서 구현되지 않는다. 오히려 비극이라는 장르 그 자체에 의해서, 반복적으로 사회상징계적 질서의 중단을 무대화하고 철저하게 도시의 정치질서와 그 도덕적 토대에 대한 자기반성을 허가하는 사회적 제도로서 구현된다.[67] 지젝의 1998년 글의 도입부에 설정된 기준을 충족시키는 것은 안티고네가 아니라 소포클레스이다. 비극작가 자신이 바로 반복해서 그 윤리정치적 전제들을 재검토하고—일련의 미학적·정치적 재실행을 통해서—, 민주주의적 사회를 재생산함으로써 도시의 핵심부에 놓인 급진주의적 사회정치 비판을 취하고 재기입하는 것이다. 장-피에르 베르낭은 이렇게 설명한다: "비극이 이야기해 주는 것은 그것 자체[도시 아테네]이고, 그것이 마주한 법의 문제들이다. 비극이 이야기하고 또 이야기되는 것은 벤치에 앉아 있는 관객이지만, 우선 자신을 무대 위에 올려놓고 연기하는 것은 … 도시이다 … 비극 그 자체가 무대에서 상연되는 것 뿐만 아니라 … 비극은 자신의 문제틀을 상연한다. 비극은 자기 내부의 모순들을 문제삼는다 … 진정한 비극의 주제는 사회적 사상이라는 사실을 … 꼼꼼한 세부적 발전, 바로 그 과정을 통해서 드러낸다."[68]

주

1 이 글에 대해 귀중한 논평을 해준 바실리스 램브로풀로스와 제이슨 글리노스, 그리고『엄브라』편집공동체에게 감사드리고 싶다.

2 Jacques Lacan, *The Seminar of Jacques Lacan, Book VII: The Ethics of Psychoanalysis, 1959–1960*. Jacques–Alain Miller 편집, Dennis Porter 번역(New York: Norton, 1992), 3쪽.

3 1998년 저널『엄브라』는 정체성을 다루었고,『나의 타자』라는 제목으로 한국어 번역본이 출간되어있다. 이 논문에서 다루는 지젝의 논문이 여기에 수록되어 있다(역주).

4 Slavoj Žižek, "From 'Passionate Attachements' to Dis–Identification," *Umbr(a)* 1(1998): 3–17쪽. 이 글의 일부는 *The Ticklish Subject: The Absent Center of Political Ontology*(London: Verso, 1999), 247–312쪽에 "Passionate(Dis) Attachments or, Judith Butler as a Reader of Freud"로 실려 있다.

5 Žižek, "From 'Passionate Attachements' to Dis–Identification," 5쪽.

6 계기적 순서로 언어적 단위들을 조합하는 방식(역주).

7 Lacan, *L'acte psychoanalytique*(1967–1968), Cormac Gallagher 번역, 미간행. 이 세미나에서 기표의 행동(un fait de signification)으로서, 언어와 분리효과로서 행동이 갖는 역설적 위치가 심도 있게 다루어진다. 나아가 정신분석과 정치 사이의 관계도 상당 부분 차지한다. 라깡은 여러 사람들 중에서도 레닌을 언급하면서 정치적 행동의 지위를 논의했었고, 뿐만 아니라 세미나의 마지막 강의들은 1968년 5월 사건 때문에 제대로 진행되지 못했다. SNES(고등교육 교사연합)이 요청한 파업을 존중한다는 의미에서 라깡은 (1968년 5월 8일과 15일) 두 차례 세미나 강의를 중단하고 대신 짧지만 아주 인상적인 방식으로 분석가가 "사건의 가치를 띠게" 될 수 있다는 논평을 한다. 하지만 분석가의 "행동 거부"가 피분석가의 요구를 좌절시키는 것으로서 적절한 관심의 대상이 되는 것도 이 세미나에서이다.

8 Lacan, *The Ethics of Psychoanalysis*, 282쪽.

9 Žižek, "From 'Passionate Attachements' to Dis–Identification," 6쪽.

10 같은 글, 6–7쪽. 안티고네의 사례는 지젝의 최근 저작에서 아주 중요한 역할을 한다. 가령 *Did Somebody Say Totalitarianism? Five Interventions in the (Mis)use of a Nation*(London: Verso, 2001)중 특히 4장 참조.

11 Žižek, "From 'Passionate Attachements' to Dis–Identification," 7쪽.

12 같은 글, 9쪽.

13 같은 글 16쪽.

14 같은 글, 17쪽.

15 Simon Critchley, *Ethics–Politics–Subjectivity: Essays on Derrida, Levinas and Contemporary French Thought*(London: Verso, 1999), 231쪽.

16 Sophocles, *Antigone, The Three Theban Plays*. Robert Fagles 번역(New York: Penguin, 1984), 231쪽.

17 Lacan, *The Ethics of Psychoanalysis*, 281쪽.

18 같은 책, 271쪽.

19 Žižek, *The Metastases of Enjoyment: Six Essays on Woman and Casuality*(London: Verso, 1994), 69쪽.

20 같은 책, 84쪽.

21 Alenka Zupančič, *Ethics of the Real: Kant, Lacan*(London: Verso, 2000), 3쪽.

22 Lacan, *The Seminar of Jacques Lacan, Book XI: The Four Fundamental Concepts of Psychoanalysis*. Jacques–Alain Miller 편집, Alan Sheridan 번역(New York: Norton, 1981), 38쪽.

23 같은 책, 34쪽.

24 Lacan, *The Ethics of Psychoanalysis*, 258쪽.

25 같은 책, 270쪽.

26 같은 책, 315쪽.

27 같은 책, 314쪽.

28 같은 책, 315쪽.

29 같은 책, 318쪽.

30 2014년 영역본이 미국에서 출간되었다(역주).

31 Lacan, *L'angoisse*(1962–1963), 미간행 세미나. Cormac Gallagher 번역, 19 December 1962.

32 Zupančič, 235쪽 참조.

33 Lacan, *L'angoisse*, 27 February 1963.

34 같은 책.

35 Sophocles, 82쪽.

36 Lacan, *The Four Fundamental Concepts of Psychoanalysis*, 31쪽.

37 후기자본주의사회의 전 지구적 상품소비체제에서 광고와 포장, 디자인 등을 통해 상업적 판매를 도모하는데, 프로모션의 전략이 문화전반에 퍼져있는 현상을 가리킨다(역주).

38 이와 같은 광고 담론에 대한 분석에 대해서는 Yannis Stavrakakis, "On the Critique of Advertising Discourse: A Lacanian View," *Third Text* 51(2000), 85–90쪽 참조.

39 의심할 여지없이 욕망과 충동은 관련되어있다. 하지만 둘의 관계는 화해 혹은 보충에 관한 여하한 논리도 피해가는 듯이 보인다. 주판치치는 궁극적으로 욕망과 충동 간의 관계를 이렇게 본다. 그녀는 욕망과 충동을 "화해"시키려는 목적을 갖고 있는 듯하다. 이는 충동을 욕망의 "보조물"로 제시하는 방식으로 나타난다. "욕망의 핵심에 충동으로 향할 수 있는 통로가 열린다. 따라서 욕망의 '논리'를 극한까지 따라가면 아마도 그곳에서 충동에 이를지 모른다" (Zupančič, 238, 239, 243쪽). 여기서 제대로 조명이 되지 않은 것은 이 극한까지 이르는 것이 근본적으로 우리가 욕망과 맺는 관계를 변형시키는 가로지르기를 낳게 된다는 점이다. 다시 말해서 욕망의 극한은 화해라는 보조적 장으로 열린 자동적 통로를 함축하지 않는다. 그것은 무엇보다도 자크 알랭 밀러가 표현하듯 "욕망은 결코 일정한 지점을 넘어서지 않는다"는 바로 그 이유 때문에 파열(rupture)을 의미한다. 라깡의 초기 서술과, "위반 속에 언제나 반란적이고 악마적으로 존재하는" 어떤 것—그의 안티고네 읽기를 구성한 입장—으로 욕망을 개념화한 것이 "욕망과 충동 사이의 혼란"을 낳은 반면, 욕망이 궁극적으로 법에 종속적인 것으로 재개념화되자마자 거의 "거대한" 규모의 변화가 시작되었고, 이런 변화는 철저히게 인정받아야만 한다. Miller, "Commen-

tary on Lacan's Text". *Reading Seminars I and II: Lacan's Return to Freud*. Richard Feldstein, Bruce Fink, and Maire Jaanus 공편(Albany: State University of New York Press 1996), 422–423쪽.

40 Žižek, *The Plague of Fantasies*(London: Verso, 1997), 223쪽 참조.

41 Žižek, "From 'Passionate Attachments' to Dis–Identification," 14쪽.

42 Lacan, *L'acte psychoanalytique*, 29 November 1967.

43 같은 책, 24 January 1968.

44 Žižek, "From 'Passionate Attachments' to Dis–Identification," 16–17쪽.

45 Žižek, *The Sublime Object of Ideology*(London: Verso, 1989), 122쪽.

46 Žižek, *Did Somebody Say Totalitarianism?*, 6쪽.

47 생물과 무생물을 나누어서 생명체 안의 활기, 에너지, 영혼 등 물질적 요소로 환원할 수 없는 요소를 생물 고유의 특징으로 본다(역주).

48 Žižek, "From 'Passionate Attachments' to Dis–Identification," 15쪽.

49 같은 글, 17쪽.

50 이 책과 최근 지젝의 다른 책에서 나타나는 이론적 선택들과 장치들은 알랭 바디우에 대한 독서에 근거한 듯하다. 가령, 불멸성과 기적의 언어는 라깡보다 바디우에 훨씬 근접해 있다. 바디우의 일부 책들이 라깡의 문제들에 아주 근접해 있고, 현대철학에 새로운 기운을 불어넣었음은 사실이다. 지젝, 주판치치, 조운 콥젝 등 라깡주의 이론가들의 저서에서 그의 책이 언급되는 것이 이를 증명한다. 하지만 바디우가 라깡의 정치적 이론과 양립하기 어려운 방향을 따르는 많은 영역들이 있다. 나는 이 양립 불가능한 지점들을 "Re–Activating the Democratic Revolution: The Politics of Transformation Beyond Reoccupation and Conformism."(*Parallaz*, Volume 9, 2003, Issue 2)에서 밝혀보려고 했다.

51 탈구는 라클라우의 정체성 개념에 관한 것으로, 정체성이 어떤 고정된 실체가 아니라 지속적으로 반복되는 생성과 접합을 통해 완성되어가는 과정으로서 탈중심적이라는 입장을 담고 있다(역주).

52 『정신분석적 행동』에서 라깡은 간접적으로 징후적 행동과 정신분석적 행동의 관계를 논하면서 이 문제를 제기한다(22 November 1967의 강연 참조).

53 Jean–Jacques Lecercle, "Cantor, Lacan, Mao,même combat: The Philosophy of

Alain Badiou," *Radical Philosophy* 93(1999), 12쪽.

54 Critchley, "Demanding Approval: On the Ethics of Alain Badiou," *Radical Philosophy* 100(2000), 23쪽.

55 Darian Leader, *Promises Lovers Make When It Gets Late*(London: Faber & Faber, 1997) 참조.

56 라깡의 정신분석에서 중요한 개념인데, 근본적으로는 기독교적 창조개념에서 비롯된다(역주).

57 Žižek, "From 'Passionate Attachments' to Dis–Identification," 14쪽.

58 아이러니하게도 안티고네의 행동도 부분적으로 유한의 수용에 의해 조건 받는다. 그녀의 대사를 보면 "내가 죽어야만 한다면 나는 생애 전체를 통해 그 사실을 알고 있었다—어떻게 그걸 알지 못할 수 있나?—심지어 내 귀에 울려오는 네 사망선고가 없었어도 말이다. 때가 되기 전에 죽어야 한다면 나는 그것을 이득이라 생각한다"(Sophocles, 82쪽).

59 Lacan, *L'acte psychoanalytique*, 20 March 1968.

60 같은 책, 21 February 1968.

61 Žižek, *The Plague of Fantasies*, 214쪽.

62 같은 책, 215쪽.

63 Badiou, *Ethics: An Essay on the Understanding of Evil*. Peter Hallward 번역(London: Verso, 2001), 85쪽.

64 개념상 틈이나 구멍을 메워 봉합한다는 의미인데, 영화이론의 개념으로 도입되기도 했다. 영화의 표상이 초래한 균열을 관객이 가상적 동일화를 통해 균열을 메우려고 한다는 이론이다(역주).

65 이 점이 바로 내가 정신분석적 행동이 지속적인 "재행동"을 허락하는 공간을 설립하는 주장이라고 한 라깡의 논의를 정치적 용어로 해석한 것이다. Lacan, *L'acte psychoanalytique*, 20 March 1968 참조.

66 라깡은 이를 "이론가는 길을 찾는 사람이 아니다. 그는 실명한다. 설명이 남은 길을 찾는데 유용하다는 것은 분명하다"고 말한다(같은 책, 19 June 1968).

67 소포클레스의 『안티고네』에서 이런 논리가 두 인물 해민(Haemon)과 티레시아스(Tiresias)에 의해서 구현되는 듯이 보인다. 이 극에 대한 대부분의 논의에서

이 두 인물은 크레온-안티고네 커플이 주는 매력적인 유혹을 유지하기 위해서 이상할 정도로 봉쇄되어있다.

68 Jean-Pierre Vernant, "Greek Tragedy: Problems of Interpretation," *The Structuralist Controversy*. Richard Macksey and Eugenio Donato 공편(Baltimore: Johns Hopkins University Press, 1972), 278-279쪽.

"누군가 말하기를 …": 야니스 스타브라카키스에 대한 답변

슬라보예 지젝

야니스 스타브라카키스의 글에 대한 나의 첫 반응은 어리둥절함이었다. 어떻게 그렇게 많은 무고(誣告)가 가능할까? 만일 적절히 대응하려고 든다면 우선 각 요점별로 무수한 인용들과 어떻게 내 입장이 아닌 것을 내 것으로 그가 지적했는지를 하나하나 지루하게 설명해야 하는 따분한 일을 시작하지 않을 수 없다. 예를 들면 스타브라카키스는 "분명한 것은 안티고네는 윤리의 문제에 대한 라깡의 마지막—혹은 가장 통찰력 있는—발언이 아니라는 것이다. 그의 입장은 『윤리』 이후 안티고네의 순수한 욕망에 대한 초기의 관심을 무너뜨리는 방향으로 계속 발전해 간다"라고 쓴다. 동의한다. 하지만 왜 그것이 나에 대한 반론으로 사용되었나? 내가 순수한 욕망으로부터 충동으로 옮아가는 라깡의 전이를 충분히 발전시키지 않았나? 내가 안티고네에서부터 신느 드 쿠폰

테인[1]과 메데이아[2]에 이르는 '주요 사례들'의 변이과정을 자세하게 설명하지 않았던가? 그리고 법과 욕망의 동일화에 대한 주장("욕망은 법이다"라고 그는 강조한다)은 내가 너무나도 자주 언급한 나머지 이제는 나 스스로도 신물이 나버린 참인데, 그것이 어떻게 나에 대한 반론으로 제시될 수 있는가? 스타브라카키스는 내가 "부정성과 긍정성, 수동성과 능동성, 비관주의와 낙관주의를 병치"시킨 죄를 저질렀고, 그 결과 "부정성과 긍정성, 결여와 욕망, 죽음과 부활 사이의 환원 불가능한 내적 관계", 즉 행동이 "부정적이고 교란적 차원"을 갖는다는 사실과, 행동은 "부정성이 긍정성으로의 지속적인 '변화'"와 관련된다는 점을 무시했다고 주장하는데, 정말 진지하게 그렇게 말하는 것인가? 내 책 『부정성에 머물다』는 제목 자체에 부정성이 적극적인 존재를 획득해야 된다는 뜻을 담고 있지 않는가? 바디우가 기독교를 해석할 때 죽음과 부활 사이의 연관성을 무시했을 뿐만 아니라, 유한성이 초월적인 철학적 범주라는 점을 놓치고 있다는 점에 대해 내가 비판하고 있지 않은가? 내가 행동이란 내재적 부정의 표현인 '아니오'이며, 현존하는 사회-상징적 질서에 균열을 가져오는 것이라고 강조하지 않았던가? (그러나 나는 바디우에 관해서 그가 가짜 사건과 진짜 사건을 구별하기 위한 분명한 기준을 제공할 수 없었고, 따라서 가령 하이데거가 나치즘을 진짜 사건으로 착각했던 것과 같은 것을 피할 수 없다고 하는 흔한 비난에 동의하지는 않는다는 점을 강조해야 할 것이다. 하나의 사건이 유사사건과 대조적으로—"징후적 비틂"[3]의 관점으로부터 하나의 상황 속에서 개입한다는 바디우의 주장을 최소한 경청해 주는 것이 공정한 처사이다.) 그러니 다시 한 번 왜 이처럼 지독한 오독이 생기는가? 이는 스타브라카키스의 주장이—그를 인용하면—"누군가는 급진적 민주주의의 방향이라고 부를" 것으로 뒤틀려 있어서 그런 것이 아닐까?

그의 공격에서 진정한 핵심은 무엇인가? 내가 보기엔 두 가지, 즉 정치적 행동이라는 개념과 민주주의가 갖는 지위가 밀접히 상호 연결되어있다는 점이다. 행동과 관련해서 스타브라카키스의 출발점은 안티고네가 구현하고 있는 "비극적–영웅적 패러다임"에 대한 나의 선호였다. 하지만 그는 내가 수년 전 라깡적 실재의 '희극적' 양상을 발전시켰다는 사실에 주목하지 않는다. 즉 기독교는 비극적 패러다임과 관련되는 것이 아니나. 뿐만 아니라 홀로코스트[4]와 굴락[5] 같은 20세기의 '극단적인' 경험들이 더 이상 '비극적'이라 규정될 수 없다는 아주 핵심적인 정치적 사실 말이다. 문제라면 스타브라카키스 자신이 비극적 패러다임의 공간을 열어놓는다는 것이다. 그가 사건의 "절대화"라고 부르는 것, 즉 재난으로 이끄는 바로 그것이야말로 정치적 비극의 모델이 아닌가? 그러나 함정은 다른 곳에 있다. 스타브라카키스는 "사건에 대한 충실함은 번성할 수 있고 절대화를 피할 수 있다. 이 절대화는 그저 배교자의 충실성이라 할 수 있으며, 이것을 피하는 일은 오직 또 하나의 충실성의 구조안에서만 일어난다. 이 또 다른 충실성은 정치적 공간과 사회의 최종적 봉합이 구성적으로 불가능하다는 인식을 충실히 견지하는 것이다. 또한 타자 내의 환원불가능한 결여의 지속적인 정치적 기입에 헌신하는 구조안에서만 이 모든 일이 가능해진다"고 말하는데, 그는 무조건적–윤리성과, 실용주의적–정치성 사이의 차이를 은밀하게 들여온다: 원초적 사실은 인간적 유한성에 관련된 결여이며, 모든 실증적 행동들은 언제나 이 원초적 결여가 부족하다. 따라서 우리는 데리다가 "무조건적 윤리 명령"이라고 부르는 것을 갖고 있다. 이 명령은 이행 불가능하며, 긍정적 행동들 혹은 개입들은 전략적으로 남아 있을 뿐이다.

이런 입장에 대한 나의 반박은 이중적이다.

1. 라깡주의적 "행동"은 이 틈새를 **중지**시킨다. 알렌카 주판치치가 최근에 표현한 대로 행동들은 "불가능"하다. 행동이 "일어나기 불가능하다"는 의미가 아니라 "일어난 불가능"이라는 의미에서이다. 이것이 내가 안티고네에게 관심을 갖는 이유였다. 그녀의 행동은 자신을 불가능한 공허로부터 분리시키는 틈새를 유지하려는 전략적 개입이 아니다. 안티고네의 행동은 오히려 불가능성을 "절대적으로" 상연(act out)한다. 나는 그러한 행동의 "유혹"을 아주 잘 알고 있다. 그러나 나는 행동에 대한 라깡의 후기 이론에서 전략적 개입 너머 이 "광증"의 순간이 남아 있다고 주장한다. 바로 정확히 이런 의미에서 행동의 개념이 "대타자의 결여"와 모순되지 않는다. 스타브라카키스는 내가 이 점을 부주의하게 놓쳤다고 하지만 행동의 개념은 "대타자의 결여"를 직접 가정한다. 오직 행동을 통해서만 나는 효과적으로 대문자 타자의 비존재를 추정한다. 다시 말해서 나는 불가능, 즉 현존하는 사회-상징적 질서의 좌표점들 속에서 불가능으로 나타나는 바로 그것을 상연한다.

2. (또한) 정치적 행동들은 **있다**. 즉 정치는 전략적-실용적 개입들

의 차원으로만 환원될 수 없다. 급진적 정치적 행동에서 "미친" 파괴적 제스처와 전략적 정치적 결정 사이의 대립은 순간적으로 무너진다. 이것이 전략적인 정치적 행동들을, 그것이 아무리 위험천만하더라도 안티고네에서처럼 급진적인 "자살적" 제스처들, 즉 어떤 명백한 정치적 목표 없이 순수하게 자기 파괴적인 윤리적 고집의 제스처들과 대립시키는 방식이 틀린 이유이다. 핵심은, 단순히 우리가 정치적 프로젝트에 철저히 가담하게 되면 우리의 목숨을 포함한 전부를 걸 준비가 되어있다는 것만이 아니라, 좀 더 정확히 말하면, **오직 그러한 순수한 지출의 "불가능한" 제스처만이 역사적 성좌 내에서 전략적으로 가능한 것의 좌표점들을 바꾼다는 것이다.** 이것이 핵심이다. 행동은 현존 질서로의 전략적 개입이 아니다. 또 "미친", 파괴적인 부정도 아니다. 행동은 현존 질서의 규칙들과 윤곽들을 재규정하는 '과잉적' 초-비극적 개입이다.

그러면 안티고네가 죽음을 불사하거나 상징질서를 중지—정치적 행동에 대한 나의 결정—할 뿐만 아니라 적극적으로 죽음을 꾀하고—상징적 죽음과 실제 죽음 모두—, 그럼으로써 사회·정치적 변화의 행위 너머 욕망의 순수성을 드러내 보여준다는 비난은 어떤가? 첫째, 안티고네의 행동이 진정 정치의 바깥에 있고, 따라서 "비정치적"인가? 안티고네가 최고 권력(공동선을 위해서 행동하는 크레온)의 질서에 겁없이 대드는 것이 설사 부정적이라고 해도 그 행위는 정치적이지 않은가? 특정한 극단적 상황들에서는 "품위" 혹은 "옛 관습"을 위한 "비정치적" 대들기는 바로 영웅적인 정치적 저항의 모델이 되지 않는가? 둘째, 안티고네의 제스처는 단순히 죽음을 위한 순수한 욕망이 아니다. 만일 그렇다면 안티고네는 곧바로 자살을 해서 주변 사람들에게 그 모든 소동을 겪지 않게 했을 터이다. 안티고네의 욕망은 죽음을 향한 순수하게 상징적 고군분투가 아니라, 특별한 상징적 의례에 대한 무조건적인 고집이었다.

좀 더 일반적 차원에서 나는 어떻게 『정신분석의 윤리』가 라깡을 대표하는 세미나이기는커녕 라깡이 "실재의 열정"의 표준판에 위험할 만큼 가까이 다가간 교착점인지에 대해서 수없이 써왔다. 이 세미나와 실재의 열정에 관한(만일 그런 사람이 한 사람 있다면) 철학자인 조르주 바타이유 사이에 울려 퍼지는 예기치 않은 메아리는 다소 애매하긴 해도 이런 방향을 가리키지 않는가? 라깡의 윤리적 준칙인 "네 욕망과 타협하지 말아라"(항상 명심할 것은 이 준칙은 그의 후기 저작에서는 결코 다시 등장하지 않는다는 사실이다)는 바타이유의 명령인 "사람들이 벌벌 떨 정도까지[가능한 한 갈 수 있을 때까지] 대립물들이 서로 공존하는 지점, 무한한 고통이 최상의 지복으로 바뀌는 지점, 에로틱한 즐거움의 강렬함이 죽음과 만나는 지점, 성자다움이 극단적 방종과 겹쳐지는 지점, 신 자신이 잔인한 짐승으로 드러나는 바로 그 지점까지 모든 것을 생각하라"의 변형판본 아닌가? 라깡의 윤리 세미나와 바타이유의 『에로티시즘』의 시간적 일치가 그저 단순한 일치 이상일까? 바타이유의 신성함의 영역, 그 "저주받은 부분"은 『안티고네』에 관련해서 라깡이 아테[6]의 영역으로 전략 배치했던 것의 바타이유식 판이 아닐까? 교환의 질서인 "동질성"과 무한정한 지출의 질서인 "이질성" 간의 바타이유의 대립은 상징적 교환의 질서와, 실재와의 트라우마적 만남 사이의 라깡적 대립을 가리키지 않는가? 바타이유가 방탕한 여인을 신의 지위로 고양시키는 것이, 어떻게 라깡이 대문자 여성이 신의 이름들 중 하나라고 주장한 것을 상기시키지 않을 수 있는가? 라깡이 실재의 조건으로 삼은, 위반의 경험에 대한 바타이유의 용어—불가능—를 언급할 필요조차 없다.

민주주의에 관해서 우선 인정할 것은, 라깡을 무엇으로 비난하건 간에 라깡은 좌파주의 '민주주의자'(이 용어가 갖는 어떤 의미에서도)는 아니라는 사실이다. 그의 선명한 정치적 입지를 우리가 재구성할 수 있다면 그는 드골주의자였다. 라깡의 정치적 발언과 반응들에 담긴 기본적인 취지는 언제나 일체의 민주주의-해방적 폭발에 대한 불신이었다. 1968년의 학생들에게 보낸 그의 메시지는 학생들이 새로운 주인을 원하는 히스테리아이며, 곧 그들이 새 주인을 갖게 되리라는 것이었다. (네 가지 담론에 관한) 『세미나 17』은 학생들의 봉기가 대학 담론(university discourse)의 우세로 변화할—이 담론은 자본주의적 질서에 내재된 것이다—것을 지시한다고 간단히 처리해 버린다. 라깡의 이론으로 무엇을 시도하건 간에 "급진적 민주주의"가 라깡 이론의 직접적인 함의라고 주장할 길은 도통 없다.

좀 더 근본적인 차원에서 나는 『세미나 11』에서 시작한 지난 15년간의 강의를 통해 라깡은 칸트적 지평을 넘어서려고 애썼고, 이는 충동 개념을 라깡이 재실현시킨 것임을 분명히 보여준다는 사실을 주목해야 한다고 생각한다. 충동은 실재 그 자체의 내재적인 우회 혹은 위상학적 뒤틀림으로서 상징적 거세 너머에서 기능한다. 라깡 후기에 나타난 '초월적' 논리(사물의 자리를 비우고 우리의 욕망을 위한 공간을 열어주는, 우리 경험의 궁극적 지평으로서의 상징적 거세)로부터 '거세 너머'[거세 너머에 단순히 우리를 집어삼키는 사물의 밤(Night of the Thing)이 있는 것만은 아니라고 주장하는 입장]의 차원으로 이행해 가는 변화는 물론 직접적인 정치적 결과들을 노정한다: '초월적인' 라깡이 어떻든 '민주주의의 라깡'(대타자의 주이상스를 위해 직접 행동하려고 하는 '전체주의적' 주체에 대항해서 다수적 정치주체들이 시간적인 선점을 위해 다투는 권력의 텅 빈 장소)으로 변형될 수 있다면, '거세 너머'의 라깡은 후기-민주주의적 정치를 향해 가리킨다.

내가 생각하는 문제는 너무나도 많은 "급진적" 좌파들이 '초월적 보증'의 법률주의적 논리를 수용한다는 것이다. 이들은 아무런 보증이 없음을 인식한[7] 사람들을 궁극적으로 보증하기 위해 민주주의에 기댄다. 다시 말해서 어떤 정치적 행동도 대문자 타자의 초월적 형상에서 직접적인 토대를 주장할 수 없기 때문에("우리가 더 고차원적인 필연성 혹은 의지의 도구들이다"의 변종), 그리고 각 정치적 행동은 우발적인 결정의 위험을 감수해야 하므로, 어느 누구도 자신의 선택을 타자에게 강요할 권리가 없다. 이런 강요란 모든 집단적 선택은 민주주의적으로 합법화되어야 한다는 것을 의미한다. 이렇게 보면 민주주의는 올바른 선택을 보장해 주는 것이 아니라, 가능한 실패에 대응하는 일종의 기회주의적 대비책일 뿐이다. 따라서 나는 이 마지막 피난처를 포기하고 완전히 위험을 무릅써야 한다고 생각한다. 오직 하나의 적절한 입장은 루카치가

『역사와 계급의식』에서 이미 옹호한 "반본질주의적" 태도이다: 민주주의는 페티시가 되어선 안 된다. 민주주의는 하나의 투쟁의 형식이다. 따라서 민주주의가 가진 내재적인 우월한 가치에 의해서가 아니라 상황들에 대한 전 지구적인 전략적 평가에 의해서 민주주의는 선택되어야 한다.

이때 우리는 가능하다면 이 한 가지 사실은 분명히 해두어야 한다. 지구화반대 운동의 성장에 따라 '등가의 연쇄' 속에 접속하려고 노력해야 하는 다수의 특수한 투쟁들의 시대는 이제 끝났다. 지구화반대 운동은 (오늘날 유일하게 진지한 저항운동이다)—그것을 향한 비판적 우려가 무엇이든 간에—분명 지구적 체제로서의 자본주의로 집중해 있으며, 모든 여러 투쟁들(민주주의, 생태환경, 페미니즘, 반인종주의 등등)을 하위운동으로 인식하고 있다.

주

1 Sygne de Coufontaine: 프랑스 극작가 폴 클로델의 3부작 중 하나인『인질』에 나오는 인물(역주).

2 Medea: 에리피데스의 고대 그리스 비극으로, 남편이 자신을 버리고 다른 여자를 선택하자 남편의 애인과 자신의 두 아들을 죽인 그리스변방의 여왕 메데아의 이야기이다(역주).

3 이 책에 수록된 바디우의 글 참조(역주).

4 Holocaust: 나치의 유대인 대학살. 소문자로 사용될 때는 이와 유사한 대학살을 의미한다(역주).

5 gulag: 옛 소련의 교정노동수용관리국. 소문자로 사용되면 일반적인 강제노동수용소를 일컫는다(역주).

6 Ate: 그리스어로 몰락, 어리석음, 미망 등을 의미하는 이 낱말은 비극의 주인공의 행위가 그의 자만심으로 비극을 초래하는 것을 함축한다. 야심이나 복수를 상징하는 여신을 의미하기도 한다(역주).

7 법은 아무것도 모른다는 '무지', 대타자의 결여를 의미한다(역주).

존재의 결여, 선의 부인

캔디스 보글러[1]

> 공포증, 히스테리, 강박증, 그 어느 것이든
>
> 신경증은 존재가 주체에게 던지는 질문이다.
>
> 자크 라깡[2]

정신분석의 목표와 윤리

라깡은 이렇게 질문을 던진다. "[정신분석의] 행위의 이론적·실천적 목적이 심리적 조화라는 이상에만 한정되어야 하는가?"[3] 그의 대답은 부정적이다. 라깡은 정신분석의 목적이 치료라는 주장을 거부한다. 이런 주장은 정신분석을 "이성적인 도덕화라 할 만한 것을 함축하는 심리적 정상화의 형태"로 국한시키는 것이다.[4] 이 주장은 분석가를 "부르주아의 꿈을 보장해 주는 사람"으로 위치시키는데, 이들은 필경 사기꾼이다. 왜냐하면 "[피분석가의] 행복을 향한 열망은 늘 기적을 향하고 있다는 사실은 너무도 자명하기 때문이다."[5]

맞는 말이다. 라깡의 정신분석 이론은 갈망의 대상을 손에 닿지 않는 곳에, 사회적으로 구성된 주체성 이전이나 혹은 그 너머 영원히, 오로지 가정된 순간에 위치시킨다. 피분석자가 찾는 행복이 대상을 찾아서 열망을 진정시키는 것이라고 한다면, 행복은 정신분석을 포함한 일체의 인간적 과업이 성취할 수 있는 목표가 아니다. 하지만 좀 더 수준 낮은 만족의 경우는 어떤가? "기초가 잘 닦이고 합법적인 기능과 연결된, 우리가 재화의 봉사(service of goods)라고 부를 수 있는, 가령 사적인 재화, 가족 재화, 가내 재화 등 우리를 매혹시키는 재화들과 일과 직업, 도시 등등의 재화들이 제공하는 개인적인 안락은 어떤가?"[6] (대개 중산계급인) 환자들의 치료는 반복되고 심한 마비증세를 보이는 신경증이 치명적 수준에 달한 불만족자들을, 이성애를 규범으로 따르는 중산계급 삶의 재화들이 허용하는 쾌락의 척도에 따라 만족감을 느끼며 살도록 도와주는 것과 관련된다(반면 최상의 물건을 요구할 위치에 있지 않는 환자들의 경우 만족의 기준은 낮다).[7] 정상화를 목표로 하는 정신분석적 실천은 빠른 효과나 비교적 성공률이 없는 성형외과 시술만큼이나 의심스러워 보인다.[8]

상황은 점점 나빠진다. 라깡은 여타의 분석들과 같은 방식으로 훈련분석(training analysis)을 실행했다(여기서 같은 방식이란 '동일성'이란 말에 담긴 의미심장한 의미로 사용된 것이지만 물론 분석은 언제나 개별 경우에 따라 고유하다). 이때 그는 분석가가 되려는 욕구를 일종의 문제적 사례로 다룬다. 분석의 목표에 대한 라깡의 관심은 훈련분석의 목표에 대한 특유의 관심과 불가피하게 연결된다. 라깡은 어떤 불행한 사람이 수년 동안 자신의 존재의미를 찾아 해매다가 정신분석을 받아서 정상생활로 복귀하는 일이 진정 가치있는 일인지에 대해 묻지 않는다. 대신 정신분석가가 되려고 하는 일이, 직업적 수행이라는 아주 흥미로운 형태를 통해서 다른 사람을 위해 좋은 일을 함으로써 삶을 영위하려는 소망을 이루어줄 길이 될 수 있는가를 묻는다. 이 질문은 분석을 할 것인지 여부, 어떤 강좌를 들을 것인지 여부, 정신분석적 발화상황에 참여하는 경험의 개별화된 도정이 가져올 결과를 취할지 여부 등을 스스로 분석가가 되려는 생각을 해본 적 없는 사람들에게 맡겨둔다는 점에 주목하자. 그들의 관심사는 문제의 핵심이 아니다. 문제는 왜 분석가가 되려고 하는가이다. 이론적 지향성이 근본적으로 우리를 무장해제시킨다고 한다면(정신분석 시술을 구성하는 이론이 어떤 가이드를 제공할지, 즉 누구도 **정확히** 자신이 무엇을 하는지 알 수가 없다) 정신분석가로서 개업한다는 것에 어떤 종류의 책임감이 따르는가? 정신분석은 어떤 종류의 봉사를 제공하는가?

라깡은 정신분석이 하지 않는 일이 무엇인지는 확실히 밝힌다. 분석가는 다음과 같은 일을 하지 않는다.

1. 피분석가에게 신경증적 무감각(혹은 정신병의 병적인 불감증)을 그

복하기 위해서 뭔가 '자연적'이고 본능적인 자발성으로 돌아가라고 가르치지 않는다: "[본능을] 조화의 구현으로서의 자연법으로 만들 때 정신분석은 다소 불편한 알리바이, 즉 도덕자연하거나 허세의 가면을 쓴다. 이것들이 노정하는 위험을 아무리 강조한다 해도 결코 과장이 아니다."[9]

2. 피분석가의 도덕적 양심을 북돋우고 이를 통해 좀 더 윤택한 사회생활을 준비하려는 의도를 품고 초자아의 도움을 구하지 않는다: "초자아가 도덕적 양심의 지지대 역할을 할 수는 있다. 하지만 초자아의 의무적인 요구들에 대해 말하자면, 도덕적 양심과는 무관하다는 것은 누구나 아는 사실이다. 초자아의 명령은 행동의 보편적 법칙을 만들 때 우리가 옳고 정당하리라는 사실과는 아무 관련이 없다."[10]

3. 피분석가에게 일상생활을 잘 유지하기 위한 도구를 제공하지 않는다. 라깡은 정신분석적 시술을 재화의 봉사를 통한 생활지원이라고 개념화하는 일을 일상성에 묶여 있는 "권력의 도덕성"과 연결시킨다: "권력의 도덕성, 재화의 봉사에 담긴 도덕성은 다음과 같다: 욕망은 나중 문제다. 욕망을 기다리게 하라."[11]

정신분석의 목표에 대한 라깡의 긍정적 관점을 압축적으로 설명하는 일은 악명높을 정도로 어렵다. 라깡이 어떤 단일한 설명을 제공하고 있는지 내게는 분명하지 않다. 내가 라깡을 이해하는 바로는, 라깡의 정신분석 기술은 정신분석 발화에서 결코 발화되지 않는 트라우마적 핵심에 대면하기 위해 정신분석적 발화상황에서 생기는 분열적 일화들을 이용하는 것이다. 이런 트라우마적 핵심은 아주 기묘하게도 사별의 장소들을 가리킨다. 즉 상실된 어느 것도 그 자리에 있지 않았다. 분석가는 상처, 구멍과 균열 등의 분열에 귀를 기울이는데, 이때 무엇보다도 균열되기 위해 준비된 매끈한 표면이란 없다. 연상발화(몸짓, 움직임, 얼굴 표정, 침묵 등과 관련된 정신분석 치료 시간에 나타나는 것들)는 주체가 의미화 연쇄, 혹은 그 자체로 "죽은 욕망의 연쇄"[12]의 뒤틀린 고집 속에 존재하는 결여와 맺는 관계를 일부 전달하는 기표들로 구성된다. 이러한 연쇄는 텅 빈 기표, 즉 결여의 기표 주위와 그 기표를 향해서 작동한다. 이것이 일정한 상황 속에서 해석의 결절점을 제공한다. 정신분석적 발화가 구획해놓은 부정적 공간이 열려 생겨난 방해의 결과를, 욕망의 매듭 풀어주기, 주이상스와 충동으로 향하는 길찾기, 혹은 환상 가로지르기 등으로 묘사할 수는 있지만, 어떻게 묘사하든 라깡주의 분석가는 자신의 그물을 텅 빔, 즉 실재적 공허를 향해 던지는 듯이 보인다(그물 모양의 차이는 고작해야 정신분석적 발화의 교란에서 발화되지 않은 것을 해석하는 다양한 방법에 지나지 않는 것으로 보인다). 이는 어떤 종류의 봉사인가? 어떻게 이런 종류의 실천의 윤리가 가능한가?

나는 라깡주의적 시술은 진정한 윤리적 위기의 공간을 가리킨다고 제안하고 싶다. 근대성의 합법적이고 윤리적인 권위는 짐을 싸서 빠져나갔다. 활동 중이거나 잠재적인 피분석가(훈련 중이든 아니든)는 같은 배에 타고 있다는 사실, 즉 존재의 결핍 속에 있다는 사실은 다음과

같은 점도 시사한다: 윤리적 토대의 부재는 삶을 교란한다. 우리가 누릴 수 있는 특권의 일부는 윤리적 토대의 부재로 인한 단말마의 고통 속에 있는 삶이다. 따라서 라깡의 작업은 토대 부재 때문에 치르게 된 비용을 사변적으로 도표화한다. 그리고 분석가가 제공하는 어떤 서비스도 존재론적이고 규범적 공허와의 만남을 무대화하는 일을 감당해야 할 것이다.

부인(否認)

프로이트의 『문명과 불만』을 읽으면서 라깡은 정신분석적 시술의 윤리에 관한 철학적 문제를 다룬다: "선함 그 자체—윤리의 영역에서 철학적 탐색의 영원한 목적이며 모든 도덕주의자들에 대한 철학자의 시금석—, 이 선함을 프로이트는 근본적으로 부인한다."[13] "순수한 선은 … 철학적 모색의 영원한 대상이었다"는 문제를 제쳐놓는다고 해도 여전히 선함 그 자체를 어떻게 이해해야 할지 분명하지 않다. 라깡은 칸트의 저작들(선은 무조건적인 선이다), 아리스토텔레스의 텍스트(칸트식의 무조건적인 선이란 가능하지 않다), 몇몇 기독교 신학(선은—인간을 위한 선, 천사를 위한 선—조건부이거나 창조되지 않았을지도 모른다), 사드(창조되지 않은 선에 대한 사유가 성부(聖父)가 대답하는 명령으로 선회하는 것처럼 보인다)와 대체로 철학적 경향을 보이는 몇몇 유럽 작가들 사이를 왕래한다.

전통적으로 순수한 선의 개념과 거래했던 유럽 철학자들은 어느 지점에서든 몰래 신과 계시를 들여온다. 가령, 고대와 현대 사이에 놓인 기독교 윤리는 지속적인 창조를 통해 정립되는 신성법에 대한 사상과 종종 관련되었다(신이 우리 중 하나에게, 예를 들어 그의 외동아들을 희생하라고 명령했다 해도 신 조차 아들의 희생을 창조된 인간의 삶을 위한 법의 원칙으로 만들 수 없다는 경고와 함께, 신이 자연의 책에 쓸 수 있는 법에 노정된 한계가 있다). 신성법에 기초한 시각들이 윤리의 토대를 선에 대한 호소에서 찾고 있음을 주목하자. 세속 윤리가 오랫동안 신의 부재를 견뎌내서 더 이상 어떻게 그것이 작동하는지 회상하지 않아도 된다면 말이다. 기독교의 도덕철학에서 신이 인간에게 준 지나간 과거의 선물들이 구성하는 전체 구조로부터 인간행동에서의 이성에 대한 사유가 출현한다. 기독교적 관점에 따르면 우리는 서로에게 사물을 직접 빚지고 있다. 그 이유는 신의 신성한 웅장함이 가능하게 해준 사회적 삶의 형태에 모두 함께 참여하기 때문이다. 신의 웅장함은 우리가 공유하는 이 세계에 우리가 있을 자리를 내어준다. 신으로부터의 선물과 약속이 이 삶을 구성한다. 신의 손길이 함께 사는 삶이 가져오는 재화의 선함을 안정적으로 만든다. 과거, 현재, 미래로 직접 이어지는 실천적 고려들이 신이 만든 더 큰 사물들의 계획에 따라 우리가 차지하고 있는 자리로부터 마땅한 대가를 얻게 된다. 성장해 가면서 선하게 살기 위해 애쓰는 사람들에게 어떤 개인적 행복이 보장되지는 않지만, 이들의 노력은 사물의 좀 더 큰 계획에 따른 보상을 받는다. 예를 들어 아퀴나스의 철학에서는 아무리 이 생에서 덕성을 갖춘 사람의 운명이 힘들게 진행된다고 해도,

또 아무리 덕을 쌓는 일이 치러야 할 치명적 대가가 많다고 해도 데니스 브래들리가 "인간본성의 자연적 종결없음"[14]이라고 했듯이, 신의 말을 듣는 위치에 있는 모든 사람들은 (신학적으로 구성된) 윤리의 도전에 맞서 노력할 자격을 갖는다. 그렇다면 프로이트에 대한 라깡의 독해를 이해하는 한 가지 방법은 이런 종류의 신이 사라졌다고 하는 것이다.

오늘날 암묵적인 신사협정에 의해서 북대서양 지식인들은 특별히 종교적인 지적 활동(가령 신학적인 논쟁)의 한계선을 넘어서 알려져있는 진리들을 사용하지 않는다. 더 정확히 말하면, 가령 신앙인들의 활동이 미치는 영향을 한탄하거나 종교적 영향에 대한 공격이 오도된다고 주장하면서 그런 문제들을 언급할지 모르지만, 교리 자체를 사용하지는 않는다. 선함이 "윤리의 영역에서 철학적 탐색의 영원한 대상"이었는지 여부와 무관하게 북대서양의 현대 철학적 윤리학자들은 계속해서 선에 대한 사유에 기대고 있다. 선을 논하면서 교리에 관심을 돌리기를 거부하는 것에는 어떤 모순도 없다.[15] 세속주의는 창조되지 않은 선에서 윤리의 토대를 찾으려는 신학적 설명으로부터 간단히 선회한다. 나는 이것이 세속적 철학자들에게는 자명한 것이며, 문제가 안된다고 생각한다. 우리는 대체로 플라톤에 대한 학부식 표준 독해를 일반 지식으로 배우면서 윤리를 신의 손에서 가로채 왔다. 신이 선을 애지중지하기 때문에 선한 것은 아니다. 차라리 선은 선하기 때문에 신의 사랑을 받는 것이다. 그렇지 않다면 선의 정상성은 우연적이거나 임의적이다. 우리는 윤리를 변덕 위에 세울 수 없다. 심지어 그것이 신의 변덕이라고 해도 그렇다. 이런 이유로 우리는 윤리적 실천의 토대에 대하여 사유할 때 선에 대한 논의에 기대게 된다.

윤리를 선에 정초시키면 선과 결부된 윤리적 실천의 핵심을 설명해야 한다. 세속적인 윤리학자들은 선의 문제를 신성한 손으로부터 가져왔을 뿐 아니라 단순한 인간적 욕구의 손으로부터도 채왔다. 도덕성에 관한 표준적 북대서양 [신(neo) 혹은 후기(post)] 칸트주의적 설명에 따르면, 가령 원함(wanting)이 그림 속으로 들어오게 되면 우리는 도덕성의 영역을 이미 떠난 셈이 된다.[16] 올바른 행위의 원천, 즉 올바른 행위의 올바름이 원하는 것(자기 자신이거나 자신이 소중하게 생각하는 동료의 것이든)을 만족시키는 문제라고 가정할 수는 없다. 가령, 정상적 인간의 약속 지키기를 생각해 보자. "내가 A를 약속했기 때문에 A를 하는 중이야"는 왜 A를 하고 싶지 않으면서도 A를 하는지를 설명하는 것이어야 한다. 이는 마치 무의미한 약속을 지키기 위해서 뭔가 생산적이고 즐거운 일을 미룬다고 설명하는 것과 같다. 약속은 그렇게 할 분명한 '원함'이 없음에도 어떤 일을 하도록 하게 만드는데, 이때 약속을 지킴으로써 좌절되거나 지연되는 목적들이 있다. 엘리자베스 앤스컴은 다음과 같이 설명한다.

> 인간이 행동하도록 만드는 방법에는 어떤 것이 있는가. 어떤 사람을 밀어서 넘어지게 할 수 있다. 하지만 손을 밀어서 편지를 쓰거나 콘크리트를 섞게 할 수는 없다. 일반적으로 그의 손을 똑바로 밀어야 한다면 차라리 그 사람을 사용하지 않는 편이 낫다. 그에게 원하는 것을 하라고 명령할 수 있다. 당신에게 권위가 있나

> 면 그는 복종할 것이다. 만일 그가 명령을 무시하거나 복종한다고 해서 힘으로 그를 해하거나 도와준다면, 혹은 그가 당신을 사랑하기 때문에 당신의 요구에 기꺼이 응한다면, 당신은 그를 행동하게 할 방법을 갖고 있다고 볼 수 있다 … 어떤 물리적 힘을 사용하지 않고 서로 행동을 하도록 하는 것이 인간생활에 필요하고, 이는 다른 방법으로 구할 수 있는 어떤 것을 훨씬 넘어선 것이다.[17]

만일 내가 당신을 사랑하거나 혹은 두려워하면, 나는 당신이 내가 하기를 바라는 것을 하고 싶다고 원하게 될 것이다. 나에게 어떤 일을 할 것을 약속하라고 요구할 필요도 없다. 오직 내가 하기를 원하는 것이 무엇인지만 알려주면 된다. 심하게 나를 해하지 않고 할 수 있는 일이라면 내가 당신을 사랑하니 당신을 위해 기꺼이 할 것이다. 내가 당신을 두려워한다면, 그때는 나 자신을 위해서 당신이 원하는 일을 해줄 것이다. 어떤 경우이든 우리 둘 사이에서 당신은 내가 당신이 원하는 일을 하도록 만들 수 있다. 그러나 이와 달리 당신이 내가 뭔가를 하겠다는 약속을 받아내려고 한다면, 또 효과적인 기술을 사용해서 그렇게 하려 한다면, 당신의 전략은 때로 사람들이 약속을 지키는 것이 자신의 목적을 좌절시키거나 지연시키는 것과 관련될 때 약속을 지키려 한다는 가정에 기초한다(앤스컴이 지적했듯이 "사람은 늘 목적을 갖는다"는 것을 주지하라. 이 목적이란 약속을 지킴으로써 실패 혹은 지연되는 그런 종류의 것이다).[18] 세속적 윤리에서 의무를 정당화하는 문제는 의무를 이와 같은 조건 속에서 이해할 수 있게 정립하는 문제이다. 앤스컴은 약속하기와 같은 실천이 사회생활의 선을 가능하게 만드는 방식을 고려함으로써 윤리적 토대를 마련할 희망이 있다고 제안한다. 가령 사랑과 공포를 결합시켜본들 상대를 마음대로 할 수 있다고 기대할 이유가 없을 경우, 상대가 약속한 것을 이행하리라고 기대할 이유를 제공하면 가능해진다. 결과적으로 윤리적 실천의 핵심을 과업 중심으로 설명할 수 있게 되었다. 우리는 사회적 존재로서 우리 자신의 운명에 속한 과업을 달성하기 위해서 윤리가 필요하다. 윤리는 종종 공동체적 목표를 위해 개인이 비싸게 지불해야 할 수단이다.

이러한 설명에는 잠재적으로 취약한 세 가지 내재적 원천이 있다. 첫째, 논쟁적이긴 하지만 최상의 집단적 목표달성을 가능하게 해줄 실천과 인간의 자질들 중 일부는(가령 공동의 목표를 위해 모두가 조금씩 기여하는 것) 잔혹한 집단적 목표를 달성하는 일도 가능하게 할 수 있다(관료주의적 인종학살이나 부당한 전쟁도발 등 비인성적 악의 체계적 실행을 위해 개인이 일조할 경우). 둘째, 이런 설명은 공유의 형태를 띤 사회적 삶에 필요한 것만 선할 뿐이다. 따라서 만일 이 설명을 일반적인 윤리의 영역을 지원하도록 해야 할 때는 특정한 사회적 형태의 세부사항에 지나치게 세세히 맞추는 듯 보일 수 있다. 어쨌거나 세 번째는 우리가 우연성이 제거된 건전한 사회적 삶이 원칙적 설명을 제공할 의무에 따를 필요가 있는지 불확실하다는 점이다. 구체적이지 않은 위협들만으로도 사람들이 서로에게 예의를 갖추도록 하는 데 충분할 수 있다(가령 미국에서 연방 소득세를 내게 하기 위해서 무작위적으로 감사를 받게 되리라는 위협이 이성적으로 정직하게 감사를 받도록 하는 것보다 더 효과적일 수 있다).[19]

과제 이행을 중심으로 윤리적 실천을 설명할 때는 실천 행위를 사회적 재화의 봉사에 위치시킨다. 라깡은—자신의 말을 잘 지키는 [즉 '약속을 잘 지키는'] 사람으로 알려져 있다—재화에 봉사하는 삶을 비판하고, 피분석가가 분석을 통해서 만들어낼 수 있는 일반적인 재화는 그저 부수효과일 뿐이라고 지적함으로써 정신분석적 시술의 윤리를 대놓고 재화의 영역과 분리시킨다. 정신분석이 치료를 목적으로 한다는 사실을 부정하는 것은 본질적으로 정신분석이 재화의 봉사를 중심으로 삼는 삶에 유용하다는 사실을 부정하는 것에 다름 아니다. 이처럼 이상한 주장은 마치 20세기 중엽의 정치적 유행과 관련된 기이한 윤리적 입장과 연관이 있는 듯이 보인다. 아마도 라깡은 중산계급의 삶에 원칙적으로 반대했고(애매한 마르크스주의적 공감에 뿌리를 둔 이런 저항들은 당시로선 충분히 공통된 점을 갖고 있었다), 정신분석적 이론과 시술을 설명하는 와중에 마르크스주의적 공감을 켜켜이 포개놓았을지 모른다. 상황이 이렇다면 분석가들은 라깡주의적 기술과 이론적 통찰력을 받아들여서 치료에 관련된 라깡의 선언을 무시한 채 라깡주의 정신분석이 수많은 심리치료적 시술 중 하나라고 이해하게 될 것이며, 피분석가들에게 긍정적인 방식으로 삶을 회복시켜 주는 결과를 갖는다는 취지에서 그 유용성을 평가할 것이다. 이렇게 되면 라깡의 부인은 어설프게 꾸며진 윤리적 혹은 정치적 확신을 호소하는 것 못지않아 보인다. 우리는 그의 입장을 취하거나 버리거나 할 수 있다. 내가 보기에 라깡은 이런 가능성을 봉쇄했다. 정신분석이 정상화를 목표로 삼지 않는다는 주장은 정신분석 이론의 일관성에 대한 특별히 엄격한 입장과 이론적 구성이 시술을 지속적으로 규범화하는 방식에 뿌리를 두고 있다.

라깡은 정신분석에서 근본적으로 선함의 호소력이 부재한 점과 관련해서 프로이트에 동의한다.

> 최고 선의 문제는 인간이 태고시대부터 스스로 물어온 것이다. 그러나 분석가는 이 문제가 이미 끝났음을 안다. 그는 자신에게 요구되는 최고 선을 자신이 갖지 않았을 뿐만 아니라, 최고 선이란 없다는 사실을 안다. 분석을 끝까지 진행하는 일은 욕망의 문제지형이 일어나는 한계선을 마주하는 것에 다름 아니다.

> 분석의 새로움을 구성하는 것이 무엇이든 이 문제지형이 개인의 자기실현을 향한 도정에 중요하다는 것. 이 과정에서 주체는 자신에게 선한 것, 다시 말해 스스로 행할 수 있는 그 모든 선과 당연히 마주치게 된다. 하지만 우리가 삶의 일상 속에서 아주 분명하게 말할 수 있다고 해서 스스로 잘 알고 있는 어떤 것을 잊지는 말아야 한다. 즉 주체는 매순간 자신의 소망으로부터 거짓 선을 제거할 때마다, 그리고 자신의 요구에 담긴 허황됨 뿐만 아니라 (이런 요구는 퇴행적이다) 자신이 주는 선물의 허황됨도 다 고갈시킬 때, 바로 그 순간에만 선을 만나게 된다.[20]

최고 선, 그 자체로서의 선, 작은 선들[재화]과 거짓 선들[새화].[21] 라깡은 욕망의 문제지형(결여와의 관계에서)을 다양한 형태의 선과 연결시키면서 큰 부재(Big Absence)[22]는 선과 연관된 결여와 관련된다는 점을 시사한다. 이는 단지 기독교의 종교적 윤리의 신이 정신분석의 장면에서 뒷걸음질치기 때문만은 아니다. 윤리를 위한 세속적 근거 또한 쇠락했다. 우리는 교리에 호소할 수 없다는 것을 잘 알고 있을 뿐만 아니라, 사회적으로 과제에 기초해서 정신분석 시술의 선을 설명하는 방식이 결여되어 있다. 우리는 사회적 실천들의 효율성에 대한 사랑과 두려움의 그림을 물려받게 되어있다. 특히 정신분석적 시술에 대해서 그렇다. 정신분석이 어떤 효용성이 있고 따라서 '선'하다면 그것은 삶에서 큰 부재가 갖는 효과의 윤곽을 그려가는 종류가 될 것이다. 이때 만일 상황이 달랐다면 어떤 분명한 방식으로도 그런 행위가 사회적 유용성을 갖는다고는 주장하지 않게 된다.

진단들

라깡의 정신분석에서 선의 부인이 차지하는 심오함을 이해하는 가장 쉬운 방식은 윤리 세미나의 짜임새로부터 벗어나서 라깡의 진단적 범주들을 고려해 보는 것이다. 여기에는 세 가지 범주—정신병, 신경증, 도착—가 있다. 진단의 차별성을 위한 초석을 준비하면서 라깡은 근대적 주체성의 양식에 대한 정신분석의 독특한 설명을 제공한다. 이런 설명은 프로이트로부터의 결정적인 진보라 할 수 있는데, 라깡은 심리적 기능에서 병리와 정상 사이에 어떤 분명한 구별도 없다는 프로이트의 제안을 취한 뒤 근대 주체에 대한 일반적 설명을 제시한다. 라깡의 진단 범주들을 논할 방법은 많지만 특히 브루스 핑크의 세련된 요약을 보자.

> 정신병자가 그 혹은 그녀의 몸에 대한 주이상스의 침범을 경험한 뒤 고통받고, 신경증 환자는 주이상스를 피하려고(만족되지 못하거나 불가능한 욕망을 유지하려고) 노력하는 반면, 도착증 환자는 자신의 주이상스에 한계를 두려는 바로 그 시도로부터 벗어난다. 정신병에서는 대타자가 존재하지 않고(주요 정박지인 아버지의 이름이 설치되어 있지 않기 때문에), 신경증에서는 대타자가 지나치게 과중하다면(대타자를 그나 그녀가 진 등짐에서 내려놓으려는 신경증적 소망), 도착증에서는 대타자가 존재하기 위해서 먼저 대타자를 만들어야만 한다. 도착증 환자는 대타자의 존재를, 대타자의 욕망이나 위치를 자신의 것으로 지지함으로써 상연해야 한다 … 어머니 대타자, 상상계적 혹은 실재적 어머니를 생각해 보자. 정신병에서 어머니는 아버지의 이름에 의해 결코 방해받지 않는다. 정신병자는 결코 어머니로부터 분리되어 주체로 등장하지 않는다. 신경증에서 어머니는 아버지의 이름에 의해 효과적으로 방해받는다. 신경증 환자는 분리된 주체로 등장한다. 도착증에서 대타자는 어머니 대타자가 방해받을 수 있도록 존재해야 하고, 따라서 도착증자는 욕망의 상상계적 대상과는 다른 어떤 것으로 등장한다.[23]

이 세 가지 범주들은 진단증세를 거의 총망라한 것이다(라깡은 후기 저서에서 신경증 환자가 환상을 가로지름으로써 그와 그녀의 세계와 다른 관계를 유지할 수 있는 가능성이 있다고 제안하지만, 이 관계는 어떤 일반적인 의미에서도 치료적인 '순응'의 성격을 띠지 않는다). 만일 이 범주들로부터 한 걸음 물러나서 본다면(네 번째 가능성은 잠시 밀어두자. 어떤 경우에서든 성 토마스의 신이 그 장면을 떠났고 어떤 사회적 재화에 대한 설명도 그 자리에 들어서지 않았던 장소로 내가 표지하려고 했던 위반을 네 번째 가능성으로도 복구할 수는 없다) 아주 이례적인 것이 나타난다.

라깡의 진단적 범주들에서 정상적 권위의 장소(도덕적·언어적, 혹은 그 외의 다른 것)는 대타자가 차지하고 있다. 슬라보예 지젝이 상기시켜 주듯이 "'타자'라는 주제는 상상계, 상징계와 실재계의 양상을 가시화해 주는 일종의 스펙트럼적 분석을 따라야 한다 … 첫째, 상상계적 타자—즉 '나와 같은' 사람들, 경쟁과 상호 인정 등의 거울 같은 관계에 나와 함께 참여하는 동료들이 있다. 그리고 사회적 존재의 '실체'이며 우리의 존재를 조합하는 몰개성적 규칙들로서 상징계의 '큰 [대문자] 타자'가 있다. 최종적으로 실재로서의 대타자가 있다. 불가능한 사물이며 '비개인적 파트너'인 이 대타자와는 상징계적 질서에 의해 매개된 어떤 균형 잡힌 대화도 가능하지 않다."[24] 기초적 윤리의 세속적인 철학적 문제를 해결할 방법을 상상계적 타자성에서 찾을 수 없다는 점은 명백하다. 상상계적 타자성은 타자들의 길들여지고, 일관되며, 지도 그려진 타자성이다. 윤리적 토대에 대한 궁금증에서 핵심적인 것은, 타자로 하여금 그렇게 할 것이라고 말하게 만들어서 그를 행동하게 만드는 방법을 찾는 것은 아니다. 그보다 왜 누군가는 원하지도 않는데 자신이 한 말을 지켜야만 하는가를 설명하는 일이다(그가 그렇게 하기를 원하도록 기대하지 않을 때 약속을 할 필요가 있는 상황). 마찬가지로 상징계적 타자성의 한 가지 형태는 우리가 그것에 맞게 살아가게 하는 도덕적 규칙의 타자성이다. 일정한 규칙들이 있다는 사실을 지적한다고 해서 우리가 그 규칙들을 따라야 할 의무가 있는지에 관한 철학적 문제를 해결할 수는 없다. 실재적 타자성은 따라서 윤리적 토대와 같은 것을 찾았던 장소여야만 한다. 불행히도 라깡에게 실재적 타자성은 우리가 살면서 지키는 규칙들이 선하다는 허가를 주기는커녕 괴기하다. 그리고 도덕론으로 들여올 수 없는 한계를 표지한다. 진단 범주들은 욕망과 관련해서 주체적 형상에 형태를 부여하고, 결여와 관련된다. 규범적 토대의 결여는 결여의 한 양상이다.

이 그림에서 규범적 권위가 부르는 소리를 듣는 것은 무엇을 의미하는가? 권위의 부름은 이제 출현하는 주체의 형태를 구성하는 규범적 금지들이 심각할 정도로 **부적절하다는 사실**과 맞서게 된다. 라깡이 오이디푸스적 갈등을 **성공적**으로 해소하는 것에 대해 묘사하는 부분을 보자.

> 실재적 아버지는 위대한 씹쟁이의 반열로 올라선다. 비록 내 장담하건대 그는 영원과 정면으로 맞서지는 못한다. 시간의 숫자를 세지도 못한다. 하지만 이 실재적이고 신비한 아버지는 오이디푸스 콤플렉스가 소멸하는 순간에 이울게 되어 아이가 이미 나섯

살의 비교적 성숙한 시기에 발견하는 것, 즉 상상계적 아버지, 아이를 망가뜨린 그 아버지가 된다.

이것은 분석적 경험의 이론가들이 중얼거리면서 말하는 바로 그것이 아닌가? 여기서 차이를 보게 되지는 않을까? 어린 아이가 시달리는 박탈의 경험과 관련 있지 않은가? 박탈감은 아이가 어려서라기보다는 인간이기 때문에 생기며, 아이가 박탈로 경험하는 것, 즉 상상계적 아버지에 대한 애도가 꾸며진 것이라는 사실과 연결되지 않는가? 이 애도는 진정 중요했던 사람에 관한 것이다. 바로 이 순간에 탄생하는 영구적인 비난, 어쩌면 개별적인 사례에 따라 비교적 분명하고 잘 형성될 수 있는 이런 비난은 주체의 구조에 근본적으로 남아 있다. 실제 아버지가 아니라 바로 이 상상계적 아버지가 신의 섭리라는 이미지의 토대가 되는 것이다. 최종적으로 초자아가 담당하는 역할은 신에 대한 증오심, 즉 신이 일을 망쳐놓았다는 비난이다.[25]

이 아버지상들은 부분적으로 라깡이 『토템과 터부』를 독해한 후 생겨난 결과물이다. 실제 아버지는 신처럼 모든 여성들을 가질 수 있다. 그를 살해함으로써 상징계적 아버지의 이름이 근친상간 금지를 중심으로 형성된 신화적인 사회규약의 표지로서 설치된다(근친상간 금지는 여기서 사회적 질서의 뿌리에 놓인 일차적 금지의 위치를 차지한다). 실재의 아버지는 존재하지 않는 괴물과 같은 대타자이다. 상징계적 아버지는 죽은 영토를 차지하고서 (죽은) 아버지의 이름과 그 부재를 어린 아이에게 설치하고, 따라서 금지를 통해 사회적 질서 속으로 아이를 주체로 기입한다. 상상계적 아버지는 아버지의 기능을 수행하도록 임무를 맡은 개인으로서 적절한 금지를 통해서 상징계적 질서를 설치하고 아이를 엄마로부터 떼어내는 일을 하지만, 일개 사람일 뿐이어서 아버지 기능을 합법화하는 과제에는 부적당하다. 그는 아이보다 크고 강하기 때문에, 그리고 어머니가 효과적으로 그에게 대적할 수 없기 때문에 기선을 잡게 된다. 그는 자아-이상들과 초자아적 지향을 통해서 고양되고, 성소에 올려져 숭배와 동시에 증오의 대상이 된다.

이 이야기에서 권위적인 원천과 권위의 목소리 사이에 우연의 일치 따위는 없으며, 금지와 윤리적 토대 사이에도 우연의 일치는 없다. 자체의 규칙에 서명해 줄 어떤 사회적 형태는 없다. “진정 누군가인 그 사람”의 자리는 어떤 필멸의 존재로도 채울 수 없다. 요컨대 인간으로 하여금 어떤 일을 하도록 만드는 사랑과 두려움의 양식에서 떨어져 나온, 자유로운 도덕적 권위의 합법적인 원천은 없다. 앤스컴이 제공한 스케치에서 이는 도덕적 권위의 원천이 없다고 주장하는 것과 맞먹는다. 이런 관점에서는 토대로서의 도덕성에 대한 철학적 궁금증이 일관되게 정식화될 수조차 없음을 주목하라. 사랑과 증오, 그리고 공포심이 있으며, 명령과 요구가 있다. 박탈과 희생이 있다. 하지만 우리가 행위의 주체적 토대로부터 자유롭게 떨어져 나와서 기대어 살아갈 수 있는 규칙들의 힘에 대한 이야기는 가능하지 않다. 이 글의 목적을 위해 내가 이 그림에서 주목하는 중요한 사실은 중산계급의 윤리적 토대 부재는 상징질서에 진입하는 시점에 형성된 주체의 분열과 나란히 정렬해 있다는 것이다. 단지 박탈감 때문이 아니다. 박탈감은 주체를 토대 부재의 금지들과 마주한 '워너비'로 작동시킨다. 주체는 사랑과 두려움의 경제를 의무의 경제로 기괴하게 변형시키는 트라우마적 조우에서 출현한다. 왜냐하면 이 기괴스러운 변신은 고작 욕망에 뿌리를 둔 일종의 부모의 주술 같은 트릭이라서 완전하게 혹은 전적으로 성공할 수는 없기 때문이다. 피분석가의 고통은 주체로서의 출현을 가능하게 하는 바로 그 체계의 토대 부재를 지시하는 표지가 된다. "대타자의 결여, 즉 대타자가 기표들의 금고로서 갖는 기능 속에 내재적 결여[가 존재한다]. 대타자가 이 금고의 가치에 대해 대답하기 위해서 불려나오는[26] 한 그렇다."[27]

세속적인 북대서양 윤리학자들은 의문의 여지없이 라깡이 유전학적 오류에 빠졌다고 주장할 것이다. 일부 금지들은 우리가 이성적 나이에 도달하기 훨씬 전에 설치되는 것이 사실이라 해도, 또 우리의 경험 대부분에서 규범적 권위의 목소리는 부모의 목소리의 메아리에 다름 아니라 해도, 이런 사실이 규범적 권위를 결코 떨어뜨리지 않는다. 가령, 대부분의 중산계급들은 근대 하수구 처리 기술의 광범한 확산과정에서 문제가 될 어떤 종류의 선을 생각하기 훨씬 전에 화장실의 사용법을 체득했다. 오늘날 많은 사람들이 만일 상황이 전혀 달랐다면 어땠을까조차도 궁금해하지도 않지만, 기실 화장실 습관은 집단적 건강에 대한 고려에서 비롯한다. 우리는 이 관행의 핵심에 대해 과제 위주의 설명을 제공할 수도 있다. 어떤 과제 중심적 합리화도 용변훈련과 물론 관련되지 않는다. 우리는 아마도 왜 약속을 지키고, 정직해야 하며, 폭력을 휘두르지 않아야 하는 등등에 관하여 여전히 멋진 설명을 제공할 수도 있을지 모른다. 피분석가들이 왜 소파를 떠나 도덕 이론 강좌를 들어야 하는가? 출처가 수상한, 입에서 나오는 근거 없는 요구들을 윤리적 금지로 잘못 착각하는 대신에 말이다.

라깡은 결코 이러한 반박을 달가워하지 않는 듯하다. 어쨌든 나는 그의 이론 안에서 그럴듯한 설명이 구성되리라고는 생각하지 않는다. 설명이란 질문을 낳을 뿐이다. 그러나 철학적 반박에 답변하려는 목적이라면 적어도 이론을 떠날 필요가 없는 세 가지 이유가 있다. 첫째, 만일 어떤 금지 혹은 요구사항을 수락하는 것이 개별 이성에 대한 호소(혹은 과제 중심의 윤리에 대한 설명에 담긴 어설픈 상식에 대한 호소마저)에 뿌리를 두고 있다면, 단일한 메커니즘—인정하고 받아들이기—이 어떻게 우리가 건전한 원칙과 비건전한 원칙 모두를 갖고 있는지 설명해 줄 것이다(이는 칸트의 도식에 대한 헤겔의 반박을 만화처럼 만든 것으로, 라깡의 칸트에 대한 탁월한 전복적 읽기의 바탕에 깔린 것처럼 보이는 그런 반박이다). 이 사실이 강박증자(자기 봉쇄에 충실한 사람)를 움직일 순 없을지 몰라도 우리에겐 중요한 문제임은 확실하다. 금지가 우리에게 먹혀든다는 사실이 곧 금지의 단단한 토대를 확증해 주지는 않는다. 따라서 근대 주체가 그 내부에 금지를 삼고 있다는 사실은 자신이 금지에 속박되어 있음에도 금지란 건전한 것이라고 주체가 만족스럽게 받아들일 만큼 충분할 수 없다.

둘째, 규범적 권위에 대한 철학적 설명이 의무의 부름에 담긴 무게나 절박함을 설명하도록 되어 있는 조건에서 라깡은 아주 설득력 있는 대안적 설명을 제공한다. 이는 정신분석 경험의 역사에서 발견한 것이다. 가령, 전형적인 중산계급적 개인이 볼 일이 급한데 화장실을 찾을 수 없을 때 경험하는 어떤 다급함이 배설물 처리 시설을 제대로 갖추도록 하는 공공적 효과는 아니다. 그녀가 받은 훈련이 아주 성공적이었다면 아마도 어디 사막 같은 곳에 떨어져 있어도, 그리고 그녀가 덤불 뒤에서 딱 이번 한번만 볼 일을 본다고 해서 지하수면이 오염되지는 않을 것이라고 해도 밖에 나가서 볼 일을 보는 일은 어려웠을 것이다. 도덕성을 정당화한다는 시각에서 볼 때 모든 것의 토대는 흔들린다. 도덕적 고려사항들이 때때로 사람들을 냉정하게 만든다는 것은 이미 잘 알려진 사실이며, 개인적 주체가 도덕성에 대해 열정적이라고 할 때도 일정한 행동에 대해서는 최상의 설명을 제공할 수 없을지 모른다. 칸트는 자기 자신이나 혹은 다른 사람의 경우에 대해 당사자가 윤리적 동기로부터 그 동기를 위해서, 혹은 다른 원천을 통해서 행동하는지를 판별하기란 불가능하다고 지적하는 일에 결코 지치지 않는다(가령 어떤 이의 성장이 갖는 무게를 생각해 보라). 라깡이 거듭 강조하듯 중산계급 한 개인의 윤리적 실천에 대한, 최초의 그리고 결정적인 접근은 부모의 손에 달려 있기 때문에 윤리의 실체와 힘 모두 또 다른 사람을 통해서 개인에게 들어간다. 이는 윤리가 우리에게 도착하기까지 어떤 다른 곳에서 기다리고 있다는 뜻은 아니다. 우리는 양육자들의 손에 맡겨져 있다. 비록 실천에 옮기면 좀 더 정당화될 여지가 많아지겠지만, 나의 행동을 규정하는 실천의 일부가 내 행동을 규정하기 때문에 적절한 정당화는 결여된다. 다음과 같은 예를 생각해 보자. 아버지가 내게 진실은 오직 우연히 일어날 뿐이라고 말했다고 하자(그는 이 말이 사실인 줄은 몰랐다. 그는 나를 속이고 있다고 생각했다. 그리고 그것은 잔인한 농담이었다). 나는 그가 말한 것을 받아들인다. 아마도 다른 사람들은 관점의 토대를 볼 수 있을지 몰라도, 그 관점이 토대를 잘 갖추고 있다는 이유 때문에 내 것이 되는 것은 아니다. 아버지가 그렇게 말했기 때문에 내 것이 된다.

셋째로, 무엇보다 근대적이고 세속적이며 민주적인 사회적 질서에서는 삶에서 무엇이 중요한지를 결정하는 것은 개인의 과제이다. 오직 우리가 이런 문제들에 관련된, 그러나 우리 자신의 사적인 감수성들을 공유하지 않은 다른 사람들과 잘 어울릴 수 있고, 따라서 비공감적인 타자들에 대해 최소한 예의를 갖추어야만 한다는 정도만큼 이 사회는 집단적이다. 오늘날 세속적 윤리에서는 선 그 자체에 대한 이론의 여지 없이 단일한 설명이란 불가능하다. 누군가 그렇게 말하고 싶다면, 이것이 자유주의적 민주주의 철학의 윤리적 실천을 위한 합리적 근거를 설명할 때 필수조건이라고도 말할 수 있다. 세속적인 자유주의적 철학은 윤리의 토대를 개인의 어깨 위에 올려두기 때문에 기초적인 윤리적 금지와 요구사항들의 기원을 개인의 영혼에서 찾는 것이 핵심이다.

내가 라깡을 읽을 때 이런 질문부호들은 신경증의 핵심에 놓인다. 신경증이 존재에 제기하는 질문은 동시에 신경증이 규범적 권위라고 알려진 것에 제시하는 질문이기도 하다. 만일 우리가 이성적으로 잘 행동하는 사람들에게 이 문제에 대한 답변을 일관되게 맡겨둘 때, 그들이 그 문제가 적절히 대답되지 않았다고 암암리에 주장하고 있다는 사실은 우리에게 중요한 문제이다. 히스테리아가 적어도 자신에게 합당한 역할을 해낸다면 그녀는 도덕적 이론의 생산은 어설프게 위장한 요구들을 사람들에게 부여하기 위해 동원되는 많은 것들 중 한 가지 기술이라고 의심할 것이다. 이 요구들은 그 자체로 비합법적이며, 그것이 아무리 호소력 있고 또 이미 오래 전에 히스테리아 자신이 충성심을 바쳤다고 해도 마찬가지이다.

권위의 목소리들이 사람들에게 명령을 하려 들 때 히스테리아가 그것을 참아내기 어려워하는 것도 이상한 일은 아니다. 히스테리아는 대타자에게 직접 가서 고집스럽고 분열적으로 대타자가 뭔가를 결여하고 있다는 점을 드러낸다(프로이트를 유혹해서 이론과 실천으로서의 정신분석을 발전시키도록 했으나 프로이트는 결국 히스테리 환자들의 핵심을 놓쳤다는 사실을 반복해서 보여주는 히스테리아들을 생각해 보라). 공격적이며 히스테리적인 의심은 히스테리아가 자신을 동시에 다른 사람의 욕망의 대상으로 놓음으로써 스스로 타자로부터 떼어놓는 리비도적 전략을 취하게 만드는 경향이 있다. 존재의 결여를 낳는 뿌리가 합법적 권위의 결여라면, 히스테리아의 작전수행에 담긴 양면성은 어느 정도 납득이 된다. 규범적 권위에 대한(인식론적이든 윤리적이든) 어떤 주장이라도 무효화시키려는 일차적 정향은 그 밖의 어떤 다른 것이 이치에 닿을 때만 작동한다. 만일 아무 것도 이치에 닿지 않고 오직 당신을 지지할 수 있는 것만이 조리에 닿는 것이라면, 당신은 감당할 수 없는 도전을 마주한 채 무자비할 정도로 사회적인 위치에서 살아가게 된다. 당신은 결여를 교묘히 다루어 광장으로 내놓는다. 한편, 당신 자신이 갖는 워너비로서의 위치는 대타자 안에 새로 드러난 구멍에 만족하게 머물 수는 없다(대타자는 이제 그저 타자로 강등되었다). 당신은 결여의 인식을 (당신 자신의 결여를 채우는 무엇인가로 제시함으로써) 강요하는 데 성공한다. 가령, 그것을 채울 만한 대상으로서 실제 봉사하는 일이 의미가 없는 경우에 그렇다. 구멍들을 겹친다고 해서 하나의 전체가 생겨나지는 않는다.

히스테리아는 기꺼이 주체로 소멸해서 자신을 대타자의 욕망의 원인으로 위치시키려 하는 한편, 주이상스에 대해 분명 반감을 갖고 있다. 히스테리아는 대타자가 그 위에서 출발할지도 모를 대상이면서 동시에 그 대상을 제지하는 복합적인 패러디와 관계한다. 콜레트 솔레가 설명하듯 "히스테리아는 필요한 그 순간에 언제나 부재하고 또 언제나 파트너를 실패하게 만드는 사람이다."[28] 그러나 만일 여기서 문제가 되는 결여가 내가 묘사해 온 규범적 벡터에 따라 배열된다면, 히스테리아는 적합한 파트너란 없다는 사실을 알고 있고 자신의 비환원적인 파트너에 의존하면서도 어떤 파트너라도 자신을 패배시킬 것이라는 사실을 인정한다. 또 언제나 어떤 실망감이라도 매복했다가 붙잡아 버릴 유혹에 사로잡힐 것이며, 그러는 동안 타자의 결핍을 드러냄으로써 실패를 보여주는 그런 사람이다.

이와는 반대로 강박증자는 대상을 떼어내는 것에 만족하지만, 대상들이 대타자와의 관계 때문에 그렇다는 암시를 피해 도망친다. 히스테리아처럼 강박증자도 대타자의 결여를 직감한다. 그러나 히스테리아가 자신의 의존을 다채로운 드라마로 시연하면서 쾌락을 느낀다면(가령 실패는 언제나 파트너 쪽에 있다고 주장하면서), 강박증자는 (부적절한)

대타자에 자신이 의존하고 있다는 사실을 참을 수 없어 한다. 히스테리아가 담론적이고 사회적이며 본성상 타자에게 향해 있다면, 강박증자는 죄의식에 사로잡혀 있으며, 권위에 물들어 있는 반항적 독백과 같다. 강박증자는 대타자의 욕망/결여(다시 한 번 반복하건대, 심리적으로는 요구로 기록되는)와의 접촉을 피하기 위해서 대타자를 막는다. 강박증자는 고립적이고 투명한 자기 적합성이라는, 잘못 감추어진 환영을 지지대로 삼기 때문에 자신의 치명성을 언제나 달고 다닌다. 히스테리아는 분리되어 있고, 자신의 결여로부터 대타자에게 향한다. 강박증자는 솔레에 의하면 "그의 주체적 분열을 그럭저럭 봉합한다."[29]

데카르트의 중재자는 강박증적 성격을 보인다. 중재자는 자신이 어떤 인간—자신도 포함해서—의 존재도 스스로 의심할 수 있다고 생각한다. 하지만 상징질서를 지배하는 산술적인 법을 의심할 여지를 마련하려면 사악한 악마를 가정할 필요가 있다고 생각한다. 이 중재자는 아주 강력한 것에는 결여란 없다고 주장함으로써만 자신의 악마가설을 해결한다는 점에 주목하라. 만일 중재자를 속이고 싶다면 뭔가 결여되어야 하기 때문에 괴물적인 가정은 반드시 거짓이어야 한다. 히스테리아와는 달리 강박증자는 대타자의 결여 가능성으로부터 도망침으로써 대타자를 지지한다.

한편, 공포증자(신경증 환자의 세 번째 유형)는 불완전하게 수행되는 부성기능(아버지 쪽의 적합한 금지의 결여)에, 상징질서의 풍요로움이 발전해가면서 생기는 차이를 구성해서 대타자를 지지하려고 시도한다.[30] 이 풍요로운 상징질서는 법의 모든 가능한 행위주체자들을 향한 불확정적인 두려움을 통해서 작동하게 된다. 도착자의 경우 성장기 내내 세상을 유혹해서 자신이 존중할 수 있는 법을 제공할 수 있게 만들려고 한다. 이 시도는 물론 좌절될 수밖에 없다. 정신병자는 상상계적 타자가 침입해서 일으키는 소동 속에서 방향을 상실하면서 이미 합법적 권위의 문제를 봉쇄시켜 버렸다.

정신병, 신경증, 도착은 근대 주체성의 유일한 양식이다. 따라서 라깡주의적 주체 설명에서는 존재와 권위 양쪽에서 모두 일어나는(그리고 상호 보강하는) 위기들로부터 탈출할 출구는 없다. 이 문제가 삶의 주제가 되지 않고도 살아가는 우리라고 해서 특별히 피분석자들에겐 없는 뭔가를 갖고 있는 것도 아니다. 오히려 우리는 사물들의 중심에 있는 만성적 부재들을 잠시 중지시킨 채 그럭저럭 살아가고 있다. 이 때문에 우리가 더 잘 살 수 있는가의 문제는 마치 어떤 이야기에서 등장하는 소년이 벌거벗고 있으면서도 옷을 입은 척하는 왕이 더 잘 살고 있는 거냐고 묻는 것과 같다.

결론을 위하여

라깡 이론에서 근대적 주체의 모든 형태들이 존재의 결여로 고통받고 있는 것은 확실하다. 나는 이 존재의 결여가 권위의 위기와 관련된다고 주장한다.

위기를 버텨내는 심리적 전략들—가령 승화나 정신을 놓지 않도록 하는 강한 초자아의 계발[31]—은 문화적 제약들을 동원해 자신의 운명을 틀지우고 계기적으로 거주하고 더하거나 덜하게 살아가는 불연속적인 규범적 체계들의 본질적인 허망함에 대해 효과적인 스크린을 개발하는 일과 관련된다. 이런 의미에서 정신분석적 시술이 이성애규범성을 달성하려고 한다고 주장하는 것은, 시술을 통해 얻어낼 수 있는 이론적 통찰력과, 진지하게 정신분석을 추구하려고 수고를 들이는 사람의 심리적 체계에 깃든 비합리성의 날카로운 표지에 대한 부당한 처사이다. 피분석가들이 종종 그들의 어려운 상황을 과장하긴 하지만 그들이 겪는 고통은 단순히 심리적 병약 때문이 아니다. 라깡의 해석에서 피분석가들은 위기—규범적 권위의 위기—에 사로잡혀 있다. 우리 대부분은 이런 위기를 피해갈 수 있다. 라깡은 신은 죽었다는 니체의 울부짖음을 향해, 정신분석이 선 그 자체를 부인한 것에 기반하고 있는 방식을 지적함으로써 이론적 펀치를 날리는 방식으로 이 위기를 도해한 것이라고 나는 받아들인다.

이 [정신분석적] 부인은 그저 무신론적 창시자로부터 분석가 세대들이 물려받은 프로이트적 기행만은 아니다. 라깡은 부인을 그 자체로 정신분석 시술의 경험에 기초해 있는 결론으로 읽는다. 선의 부인은 정신분석 이론이 임상을 통해 얻은 긍정적인 이익이다. 쥐인간[32]은 대장에 고통을 가하면서 즐거움을 느끼고 대체물인 대타자가 너무도 인간적인 욕망을 드러내는 순간 기절한다. 꼬마 한스[33]의 말(horse)은 권력과 무능력의 양립 불가능한 드라마들 속에서 물거나 넘어지거나 상처입히거나 상처 입는다. 한스는 단호하게 그러나 두려움에 떨며 상징적 체계를 짜냄으로써 효과적인 부성기능의 부재를 보상한다. 한스의 상징체계는 법이 전부 상실되도록 내버려두지 않는다. 애나 O[34]는 프로이트와 브로이어가 그들의 "대화요법"(애나가 그들을 위해서 지어준 이름)의 효과에 대해 자화자찬하느라고 바쁠 때 브로이어의 "아이"를 가져 배가 불러온다. 슈레이버[35]는 성에 미쳐 있고 폭력적인 신의 손에 맡겨져 있다. 이 고전적인 피분석자들(치료를 통해 분석가들에게 알려지거나 혹은 그들의 텍스트적 잔여물을 통해서만 알려져 있다)—우리는 정신분석 이론을 이 사례들을 통해 배우게 된다—은 그들의 고통을 통해 규범적 권위에 내재한 시속적이고 예리한 위기를 라깡에게 증언한다. 대타자를 그들의 등짐에서 내려놓으려고 하거나 어딘가로 태워보내려는 노력은 이 위기의 심연과 잔혹함을 증명한다.

나는 이제는 규범적 권위에 대한 진지한 문제를 제기하기조차 어려워지고 있음을 깨닫는다. 선함에 대한 정신분석적 부인을 다루는 일을 시작하기조차 어려운 것은, 권위가 그 머리를 치켜들기도 전에 권위의 문제가 무의미해지는 경향이 있기 때문이다. 정신분석 작업에서 이론가들이 질문에 대답하기보다는 질문자를 진단하려는 경향이 있을 때마다 질문 자체가 논란거리가 된다(내가 읽는 바로는 라깡 역시 질문에 대답하기보다는 질문자를 진단한다. 그 이유는 질문에는 대답이 없다는 사실이 우리가 다루는 주제에 중요하다고 주장하기 위해서 정신분석적 발견의 역사에 의존하기 때문이다). 좀 더 일반적으로는 충분히 코스모폴리탄적인 세속적 지식인들은 합법적인 도덕권위에 어떤 근거노 있을 수 없다는 것을 생각하지 않거나, 혹은 윤리의 토대는 비-우연적으로 선선한 인간적 사회생활을 가져오는 조건들과 관련된다고 가정한다. 비-우연적으로 건전한 인간적 사회생활로 여겨지는 것은 관련 사회형태들이 가능하게 해주고 이용 가능한 선들[재화]에 따라 다양하기 때문에 이런 접근법은 윤리를 지방색과 같은 것에 근거를 두려고 한다. 고전적인 피분석가들은 여기서 만족할 수 없었고, 라깡은 이들에게 충실했다.

라깡의 정신분석적 시술 윤리의 첫 원칙은 주체가 출현하는 시점부터 주체를 형태화하고 피분석가들의 고통을 통해 예리하게 나타나는, 존재와 권위의 동시적인 부재들에 대한 충실성이다. 따라서 정신분석을 간심리적(intrapsychic) 조화의 증진으로 보기를 거부하는 것은 위기들의 충격완화에 대한 거부이다. 당신은 존재의 결여를 **치료**할 수 없다. 합법적인 규범적 권위의 결여도 치료할 수 없다. 피분석가들이 심연에서 경험한 부재와의 접촉을 무마시키려고 하지 않는 것은 **잘못**이 아니다. 문제는 어떻게 부재들과 살아갈 것인가이다. 나는 설령 누군가에겐 이해되지 않을지도 모를 라깡의 미, 숭고성, 희극과 비극에 대한 발언들이 '부재들과 살아가기'라는 위험한 일을 지시하고 있다고 생각한다. 이렇게 읽을 때 [정신분석] 기술에 대한 다양한 설명들에서 제시되는, 욕망에서 주이상스로, 그리고 환상으로 이어지는 릴레이는 요구가 아닌 어떤 지점, 결여의 감각, 혹은 최상의 도덕적 토대에 대한 고집적인 복종으로부터 풀려나오는 비파괴적인 인간적 활력을 위해 봉사함으로써 문제에 충실하기 위한 세 가지 전략들을 대표한다.

만일 신경증을 넘어서기 위한 신경증적인 환상 가로지르기의 가능성을 이해한다면, 가로지르기의 궤적은 대타자에 대한 신경증자의 복종을 깨고 완전한 분리를 허용할 것이다. 분리는 물론 규범적 문제에 대해 대답할 수 없다. 그렇지만 존재와 규범적 권위의 날카로운 위기들을 달래줄 수 있다. 분리는 가령, 규범적이고 존재론적 질문들을 다른 개인들에게 암시적으로 던지는 것을 멈추게 함으로써 피분석가에게 의미 없는 노력들을 그만두고 단순한 사회성이 초래하는 손상들을 치유할 수 있는 어떤 것을 불러내기 위해 필요한 공간을 허락할 수 있다. 욕망의 경제에 내재적이고 구조적인 불완전성으로부터, 충동(즐거워할 수 있는 능력으로 구성된)과 연관된 만족[36]으로 돌아서는 일은 확실히 신경증적 피분석가에게는 개인적인 이로움을 줄 것이다. 어떻게 이것이 윤리를 위해 유리할지, 또 진정 이로운 것인지는 또 다른 문제인데, 라깡은 이에 관해서 아무 대답도 하지 않았다. "이 문제는 분석을 넘어서 있고, 이제껏 누구도 결코 도달할 수 없었다."[37]

주

1 이 글의 최종 원고를 읽고 도움을 준 조너선 리어(Jonathan Lear)에게 감사의 마음을 전한다.

2 Jacques Lacan, *Écrits: A Selection*. Bruce Fink 번역(New York: Norton, 2002), 159쪽.

3 Lacan, *The Seminar of Jacques Lacan, Book VII: The Ethics of Psychoanalysis, 1959–1960*. Jacques–Alain Miller 편집, Dennis Porter 번역(New York: Norton, 1992), 302쪽.

4 같은 책.

5 같은 책, 303쪽.

6 같은 책.

7 같은 책, 303–305, 313–315, 318–319, 321, 324쪽.

8 이제 우리는 분석에 참가하는 것이 간단히 주름살 제거수술을 받는 것이라기보다는 보통 수준보다 값비싼 헬스클럽 회원권을 얻는 것과 같다고 주장할 수 있다. 하지만 라깡은 이성애규범성이 '건강'으로 간주될 수 있는지에 대해선 회의적이다. 이것이 이성애규범성이 에어로빅 운동보다는 지방제거 수술에 더 가까운 것처럼 보이는 이유이다.

9 Lacan, *The Ethics of Psychoanalysis*, 312쪽.

10 같은 책, 310쪽.

11 같은 책, 315쪽.

12 Lacan, *Écrits*, 158쪽.

13 Lacan, *The Éthics of Psychoanalysis*, 96쪽.

14 브래들리는 이렇게 말한다. "아퀴나스의 교리에 함축된 진정한 핵심은… 아포리아에 이른다: 아퀴나스가 고무시킨 어떠한 도덕적 철학도 유사–아리스토텔레스적 유디모니즘(eudaemonism: 그리스어의 행복을 가리키는 말에서 유래한 것으로 인간의 행복과 개인의 완전한 삶을 윤리적 관심사의 핵심으로 두는 윤리학을 일컫는다. 아리스토텔레스가 그 모델이며 창시자이다–역주)으로 정당하게 돌아갈 수 없다. 그러나 또한 [세속적] 철학으로서 아퀴나스의 도덕철

학은 인간의 궁극적인 초자연적 목적에 대한 신학적 긍정으로도 향하지 않는다." Denis J.M. Bradley, *Aquinas on the Twofold Human Good: Reason and Human Happiness in Aquinas's Moral Science*(Washington, D.C.: Catholic University of America Press, 1997), xiii.

15 라깡이 정신분석은 정상화를 목표로 삼지 않는다고 주장하는 것을 이해하는 한 방법은 가령, 정상화가 선 그 자체는 아니라고 주장하는 것이다. 정신분석의 중요성(즉 선함)은 그런 목적을 향하는 것이 아니다. 그보다는 한 사람의 삶의 정황에 대한 응용정신분석이 갖는 한 가지 부수효과일지 모른다.

16 나는 동기(motive)에 대한 현대 북대서양의 주류 철학적 설명과 라깡적 의미에서의 '욕망'(desire)과 구별하기 위해서 원함(wanting)이라는 표현을 사용한다. 철학자들은 원함이 다양한 의미로 이해되어서 우리를 대상으로 연결시킨다고 말할 것이다. 라깡에게서 이런 용례에 가장 가까운 것은 욕망이 아니라 요구(demand)를 설명할 때 나타나는데, 여기서도 요구가 결코 완전히 설명되지 않기 때문에 두 개념의 중첩 여부는 분명하지 않다.

17 G. E. M. Anscombe, "On Promising and its Justice, and Whether it Need be respectedin *Foro Interno*". *Ethics, Religion and Politics*, vol. 3, *The Collected Philosophical Papers of G, E, M. Anscombe*(Oxford: Basil Blackwell, 1981), 18쪽.

18 같은 글, 19쪽.

19 윤리의 토대를 마련하기 위한 가장 흔한 철학적인 기술은 과업 위주의 접근과는 무관하다. 그보다는 윤리적 실천을 개인적 합리성에 대한 호소에 토대를 두는 것이 있다. 이런 접근법의 선조는 물론 칸트이다. 당연하겠지만 수많은 신칸트주의와 신홉스주의적 접근들도 있긴 하다. 신홉스주의 접근은 자신의 장기적 복지에는 관심을 두지 않고 알 수 있는 동인 많은 사람에게 해를 입히려 하거나 혹은 무조건적인 이타주의의 경우에는 실패한다. 전자의 경우 적극적 반사회성은 동료를 정중하게 대하는 일이 자신의 이해관계에 맞는다고 호소하려는 시도를 좌절시킨다. 그녀는 하늘이 무너진다고 해도 다른 사람들을 기꺼이 희생할 것이다. 후자의 경우 동료에 대한 자기희생을 기꺼이 자처한지라 그들이 그녀를 희생시키려고 하지 않을 이유가 없어진다. 신칸트주의적 접근은 타인의

부름에 반응하는 문제, 그리고 행복은 딱 우리가 선한 만큼만 얻을 수 있다는 주장에 귀가 솔깃해지는 문제를 다루고 있다. 사회적인 참가자들로 구성된 이성적으로 건전한 사회적 구성체에서는 모두 좋고 선하다. 그렇지만 1) 칸트 역시 정의의 신성한 질서를 가정할 때 덕스럽고 의무를 다하며 사는 삶이 선한 인간에게 행복을 가져온다는 가정을 합리화할 필요가 있다고 생각했다(선한 영혼은 자연재해나 인재가 일어날 때 결국 어떤 보장도 받지 못한다). 왜냐하면 2) 어떤 인간도 자신의 행동을 통해서 충분히 질서가 잘 잡혀 신칸트주의의 이성에의 호소를 위한 적합한 컨텍스트를 제공할 수 있는 그런 사회에 살게 될 수는 없기 때문이다. 무엇보다 라깡주의의 피분석자는 어떤 개인도 정상화 체계의 건전함을 충분히 보장할 수는 없다는 사실을 예리하게 인식하기 때문에, 개인의 이성에 호소한다고 해서 그 개인을 움직일 수 없다. 어느 누구라도 혼자서는 할 수 없는 일을 그저 집단적으로 개인의 실천이성의 지점을 총합한다고 해서 가능해질 수 없으며, 행위 주체자를 그녀의 욕구가 원함 혹은 그녀와 같은 존재의 욕구나 원함에 대한 호소 없이 그저 합리성의 지점으로 벗겨낸다고 해서 이루어질 수도 없다. 라깡주의의 피분석자는 상호 주관적 의존의 헤겔적 드라마에 참여하지 않는다. 그녀는 불합리성과 결여 주변을 맴도는 관계의 체계에서 상호 주관적 의존의 릴레이에 참가한다.

20 Lacan, *The Ethics of Psychoanalysis*, 300쪽.

21 good과 goods의 이중 사용은 선의 문제가 물적 재화와 긴밀히 연결되어 있음을 시사한다(역주).

22 원문에 표기된 그대로 번역한 것으로, 정신분석적으로 '아버지 이름으로'에서의 아버지 혹은 신이 부재한 상태, 혹은 법의 부재, 즉 법은 아무것도 모른다를 의미하는 추상적 관념으로 볼 수 있다(역주).

23 Bruce Fink, *A Clinical Introduction to Lacanian Psychoanalysis: Theory and Technique*(Cambridge: Harvard University Press, 1997), 193–194쪽.

24 Slavoj Žižek, "The Real of Sexual Difference". *Reading Seminar XX: Lacan's Major Workon Love, Knowledge, and Feminine Sexuality*. Suzanne Barnard and Bruce Fink 공편(Albany: State University of New York Press, 2002).

25 Lacan, *The Ethics of Psychoanalysis*, 307–308쪽.

26 che voui: 라깡의 주체구성 도표에서 등장하는 이 표현은 주체가 동일화의 구조에서 벗어나 자신의 환상을 가로지르려면 반드시 필요한 대타자의 욕망을 묻는 질문을 가리킨다. 이 주체의 질문으로 대타자가 주체 앞으로 불러내어지는 것이다(역주).

27 Lacan, *Écrits*, 303쪽. 강조는 필자의 것.

28 Colette Soler, "Hysteria and Obsession." *Reading Seminars I and II: Lacan's Return to Freud*. Richard Feldstein, Bruce Fink, and Maire Jaanus 공편(Albany: State University of New York Press, 1996), 269쪽.

29 같은 글, 274쪽.

30 라깡의 꼬마 한스에 대한 해석을 참조하라. *Le Séminaire de Jacques Lacan, livre IV: Larelation d'object, 1956–1957*. Jacques–Alain Miller 편집(Paris: Seuil, 1994), 212, 230, 235–246, 284쪽.

31 덧붙이자면, 어떻게 삶을 가능하게 만들기 위해서 강한 초자아를 잘 다독여 집어넣을 수 있는 비–우연적 방법이 가능한지는 확실하지 않다. 라깡의 읽기에 따르면, 프로이트적 초자아—잘못된 법의 이름으로 주장하는 심리적 혼란의 양식—는 잦아들지 않을 것이다. 지젝은 이렇게 말한다. "라깡에 의하면 이러한 '죄의식'[초자아와 연결된]은 정신분석적 치료의 과정에서 쫓아버릴 수 있는 자기기만이 아니다. 우리는 정말로 유죄이다: 초자아는 주체가 그의 욕망에 충실하지 않았다는 사실, 그가 욕망을 포기했다는 사실로부터 주체에게 부여하는 압박감의 에너지를 끌어낸다. 초자아에 대한 우리의 희생, 초자아에게 우리가 치르는 대가만이 우리의 유죄를 인정해 준다. 바로 이런 이유로 우리가 초자아에게 진 빚은 돌려받을 수 없다. 우리가 지불하면 할수록 우리는 더 빚지게 된다" [*The Metastases of Enjoyment: Six essays on woman and causality*(London: Verso, 1992), 67–68쪽]. 칸트에 대한 탁월한 오독(아마도 초자아의 이론가로서 가치가 부여된 칸트주의의 도덕법에 대한 정교한 오독의 퍼포먼스)을 통해서 라깡은 칸트의 의무의 동기작용을 프로이트적 초자아의 작용으로 유추함과 동시에 프로이트의 초자아는 윤리적이거나 도덕적인 행위주체성의 능력을 갖고 있다는 점을 부정한다. 대신 초자아는 오이디푸스적 타협의 잔여물이며, 법을 세우고 금지의 사업을 즐기는 목소리의 어조를 포착하고

영구화하는 고집적이고 타협하지 않는 교란이다. 이 법은 죄의식을 위해서 종종 회상 속에서 법을 터무니없이, 명랑하게 공표한다. 따라서 초자아의 작동은 관습적 윤리의 한계와 허용에 특별히 묶여 있지는 않다. 그것의 알리바이들("너는 너 자신을 위해서 이것을 해야 한다", "너는 이것에 대해 집단에 빚지고 있다", "이것이 그보다는 너에게 더 해롭다" 등등)은 그저 알리바이일 뿐이다. 칸트주의적 정언명령은 이렇다: 즐겨라. 이 즐거움에 대한 어떤 명백한 원칙적 한계가 없다는 것이 바로 재앙이다.

32 프로이트의 임상사례 중 하나로, 강박신경증환자가 쥐에 관한 악몽같은 환상으로 고통 받는다(역주).

33 프로이트의 임상사례 중 하나로, 말 공포증을 겪는 소년의 이야기다. 거세공포증과 오이디푸스 콤플렉스를 발전시키는 데 중요한 역할을 했다(역주).

34 프로이트와 브로이어의 히스테리아 연구에 지대한 공헌을 한 여성 환자로, 후에 오스트리아 페미니스트 버사 퍼펜하임으로 밝혀졌다(연구).

35 심한 편집증과 망상증을 앓았던 독일 출신 판사로, 자신의 회고록에서 병증을 밝혔다. 프로이트가 이 회고록을 읽고 편집증 분석을 했다(역주).

36 정신분석의 충동개념에 관한 논의로는 저널 『엄브라』의 한국어 번역판으로 최근 출간된 『충동의 몽타주: 라깡의 충동이론』을 참조할 것(역주).

37 Lacan, *The seminar of Jacques Lacan, Book XI: The Four Fundamental Concepts of Psychoanalysis*. Jacques-Alain Miller 편집, Alan Sheridan 번역(New York: Norton, 1981), 273쪽.

현실의 총체성

마리나 드 까네리

"우리가 땅에 발을 대지 않고는 자유롭게 움직일 수 없듯이, 또 자유롭게 움직이지 않고는 땅에 발을 댈 수 없는 것과 마찬가지로 자유롭게 믿지 않으면 이성을 사용할 수 없고, 이성을 사용하지 않고는 믿을 수 없다."

프란츠 본 바더[1]

우리의 사유체계 속으로 윤리를 재입력하고 싶다면 우리는 종결(finality)의 문제를 다루어야 한다. 이때 제반 사건의 물질적 발생에만 연연해하는 시대와 문화 속에서 진정한 윤리적 행위는 찾아보기 어려울 뿐만 아니라, 기껏해야 오해받기 십상이라는 점을 염두에 두어야 한다. 위험한 상황이다. 윤리적 판(plane)이 오랜 기간 지속적으로 말소된다면—이는 칸트가 「모든 것들의 종말」이라는 짧은 글의 결미에서 명백히 제시했던 가능성이다—"도덕적 차원에서 볼 때 **모든 것들의** (도착적) **종말**"이 시작될 것이다.[2] 칸트는 전혀 얼버무림 없이 이를 반예수(Antichrist)의 출현이라고 부른다.

다시 칸트의 글로 돌아가 보자. 이 글은 **목적**(telos)이라는 개념, 즉 모든 것들의 종말[3]이라는 아이디어를 이성의 관점으로만 사유할 수 있는 방법을 탐색한다. 먼저 주목해야 할 것은 이 문제는 오직 윤리적 관점, 즉 이성의 필수적 기능의 하나인 아주 배타적으로 개념화된 신의 관점에서만 접근할 수 있다는 사실이다. 이것이 의미하는 바는 윤리가, 모든 개별적인 인간을 이성의 주체이며 선과 악을 구별할 능력을 내재적으로 타고난 존재로서 다루는 '종교'와 나란히 위치한다는 점이다. 칸트는 이 보편종교를 기독교로 본다. 단 기독교가 사랑을 법에 대한 존중심의 구현체로 삼는 종교라는 조건에서 그렇다. 이때 법은 "사물의 본성에 놓여 있는 변하지 않는 질서로서, 결과의 여부를 결정하는 문제에 창조주의 의지조차 관여하지 않는다."[4]

하지만 문제는 모든 것의 종말에 내재한 법을 어떻게 사유할지를 결정하는 일이다. 이 법은 과학이 정립한 법들과 공존할 수 없기 때문이다. 관찰이라는 명백한 장의 한계범위에서 설립된 과학적 법칙들은 간단히 말해 사물의 표면적 기능들에 관한 기술이다. 사물 자체의 법이라는 개념을 다루기 위해서는 종말, 즉 시간과 영원성이라는 조건에서 사유할 필요가 있다. 영원성의 아이디어가 이성 그 자체에 내재하는 개념이라는 사실이 제시될 수 있다면 윤리적 차원이 필연적인 법으로 존재한다는 사실이 철학적으로 입증될 수 있다. 이 경우 그 끝이 상대적이거나 임의적이지 않고 절대적으로 유효하며 영원히 진리인 행위의 유형을 개념화할 수 있다. 칸트의 「모든 것들의 종말」은 바로 이 영원성의 문제를 다룬다.

> 임종 직전의 사람이 자신이 **시간에서 영원**으로 향한다고 말하는 것은 일상적인 표현이며, 특히 경건하게 죽음을 말하는 방식이다.
>
> 만일 '영원'이라는 의미가 시간의 무한한 통로로 이해된다면 사실 이 표현은 별 의미가 없을지 모른다. 왜냐하면 이 경우 인간은 분명 결코 시간으로부터 나오지 못할 뿐더러, 언제나 시간의 한 순간에서 다음 순간으로 옮겨갈 뿐이기 때문이다. 따라서 이 표현은 한 사람의 방해받지 않는 생존에서 **모든 시간의 끝**을 의미한다. 물론 어쨌든 이 지속(양으로 환산된 그의 존재)은 시간에 절대적으로 비유할 수 없는 양을 의미하며, 따라서 분명 그에 대한 어떤 개념도(단지 부정적인 개념 이외에는) 우리에게는 없다. 이런 생각은 확실히 우리에게 다소 공포감을 준다. 왜냐하면 누구든 한번 떨어지면 결코 다시 돌아올 수 없는 그런 심연으로 우리를 이끌기 때문이다. … [하지만] 이런 생각은 또한 호소력이 있어서 공포에 질린 우리는 그것으로부터 눈을 뗄 수가 없다. … 이는 끔찍하리만치 두려우면서도 숭고하다. 그것은 모호한 어둠이 밝은 빛보다도

> 더 강력하게 우리의 상상력을 움직이기 때문이다. 마지막으로, 이런 사유는 보편적 인간이성으로 훌륭하게 짜나가야만 한다. 왜냐하면 시대를 거쳐 모든 이성적 민족들 사이에서 이런 종류의 사유가 이런저런 모습으로 발견되기 때문이다. 이제 우리가 시간으로부터 영원으로 향하는 통로를 따라가고 있으므로(이 개념이 객관적 실재이든 아니든 상관없이) 이론적 관점에서 보면 도덕적 맥락에서의 인지적 지식을 확장시키는 것으로 고려될 수 있다. 이는 마치 이성 그 자체가 이 통로를 만들자마자 우리가 순간적 존재[의 형식의]로서, 그리고 가능한 경험의 대상으로서 모든 사물의 끝과 대적하게 되는 것과 마찬가지이다.[5]

도대체 왜 시간의 종말을 사유하는 일이 이리도 중요해서 이 문제를 다루지 않은 장소나 문화를 찾아볼 수 없는 것일까? 그 이유는 완전한 끝이라는 의미와 최종적인 의미라는 차원에서 종말이라는 생각은 사유 그 자체에 내재하는 법이기 때문이다. 합리적인 사유가 비-모순의 원칙에 대한 개념들의 절합(切合, articulation)[6]에 토대를 두고 있는 이상 사유는 시간 속에서 일어나고 시간으로 구성된다. 그러므로 시간은 사유의 한계를 재현하며 시간을 생각함으로써 사유는 그 자체를 넘어서려고 시도한다. 이 점이 바로 칸트가 시간의 종말에 대한 사유는 "끔찍하리만치 두려우면서도 숭고하다"고 말한 이유이다. 이 사유로 다가가려면 이성보다는 상상력을 통하는 것이 더 효과적일 수 있다. 실제로 시간의 종말에 대한 사유를 추구하는 것은 이성의 자살을 초래한다. 이성이 상상력으로 대체되어야 한다면 우리는 다른 종류의 상상력을 상상해내야 한다. 즉 이미지를 형성하지 않는 상상력이어야 한다. 이미지는 그 자체로 사유의 재현물이기 때문이다. 그렇다면 시간의 종말은 이성도 상상력도 아닌 직관에 의해서 이해될 수 있다고 해보자. 하지만 어떻게 그런 직관의 가치를 포착할 수 있을까? 그것은 시간 개념의 부정으로서 논리적 직관인가 아니면 실재 사물, 즉 무한을 한순간 지각하게 해주는 것인가? 어느 쪽이든 모든 사물의 끝이라는 개념은 이 직관의 가능성 위에 정초된다. 그리고 윤리는 사물에는 끝이 있다는 생각을 통해서만 존재할 수 있다. 칸트는 이렇게 쓴다: "목적들(purposes)의 도덕적 질서에서 [시간의] 끝은 동시에 동일한 시간적 존재들의 초감각적인 생존의 시작이다. 그것은 결과적으로 시간의 조건 하에 놓이지 않는 존재로서 그들의 시작이며, 바로 그런 상황이 그들의 본성에 대한 도덕적 판단[Bestimmung] 이외엔 어느 것도 허락하지 않는 그런 존재로서의 시작이다."[7] 따라서 사물들 자체로서의 종착점은 그 내적인 법칙—궁극의 법칙—에 따라 그것들의 본성을 달성하는 것이며, 윤리는 이런 질서를 추구하는 것으로 구성된다. 문제는 정신이 무한성의 직관을 통해서 이 질서를 조망할 수 있는가이다.

『순수이성비판』에서 이 문제를 다루면서 칸트는 무한성의 직관은 사물 그 자체로서의 질서에 대한 직접적인 이해가 아니라 이성이 스스로를 이성으로 이해하는 순간이라고 결론짓는다. 칸트가 어떻게 이와 같은 결론에 도달하는지 처음부터 다시 살펴보자. 「초월적 이상에 대하여」라는 절은 이렇게 시작한다.

> 모든 **개념**은 개념 자체에 포함되어 있지 않는 것과 **관련되어** 미결정적이며, **결정성**(determinability)의 원칙에 좌우된다. 즉 서로 모순적으로 대립하는 두 개의 서술부 중 오직 하나만이 개념에 속한다. 이 원칙은 모순원칙에 기대고 있으며, 인지의 모든 내용에서 추출된, 그저 논리적인 원칙으로서 인지의 논리적 형태만을 보여준다.
>
> 그러나 모든 **사물**은 가능성이라는 견지에서 보면 **철저히 일관적인 결정**의 원칙에도 따른다. 이 원칙은 **사물**의 **모든 가능한** 서술부 중에서 이 서술부가 다른 대립물과 필적하는 경우, 한 가지는 적어도 그 사물에 속해야 한다는 것이다. 이 원칙은 모순의 원칙에만 기대지는 않는다. 서로 충돌하는 두 서술부의 관계를 고려하는 것 이외에도 이 원칙은 모든 사물을 **전체로서의 가능성**과의 관계에서도 고려한다.[8]

개념의 구성은 이성의 두 원칙을 통해서 가능하다. 첫 번째 원칙은 비-모순인데, 이 원칙에 따르면 하나의 개념은 서로 모순되는 두 서술부에 따라 규정될 수 없다. 두 번째 원칙은 사물을 모든 가능한 서술부의 관계에서 규정하는 철저히 일관적인 결정의 원칙으로, 한 사물을 완전히 이해하기 위해서는 가능한 속성에 대한 결정되지 않은 수를 가정해야 하고, 우리는 그것들을 입증해야 한다. 이 철저한 결정의 끝에 가서야 우리가 그 사물에 대해 알게 되었다고 말할 수 있다. 따라서 같은 글에서 칸트가 지적하듯 하나의 개념을 비-모순의 원칙을 통해 결정할 수 있는 것은 두 대립하는 서술부 사이에서 배제된 중간태 원칙의 보편성, 즉 대립항 사이의 중간지대를 배제하는 것의 보편성에 기초한다. 하지만 이 결정의 가능성은 다시 한 사물에 대한 모든 가능한 서술부의 총합을 미리 가정하는 것에 기초한다. 즉 사물을 미결정성의 수에 해당하는 속성들로 구성된 하나의 세트로 가정하는 것이다.[9] 다시 말하면, 무한성의 장소로서 전체라는 아이디어는 사물을 규정하는 서술부들의 결정 **이전**에 이성에 의해 설정되어야 한다. 칸트는 이 전체라는 개념을 "우리 이성의 초월적 층위"라고 부르며, 이 층위가 **현실의 총체성**(omnitudo realitatis)이라는 아이디어를 제공한다고 말한다. 칸트는 이렇게 결론짓는다. "초월적 **이상**은 존재하는 모든 것에서 필연적으로 발견할 수 있는 완전한 결정을 떠받치고 있다. 이 이상은 존재하는 모든 것의 가능성에 대한 최상의 완전한 물질적 조건이며, 사물에 대한 모든 사유, 가령 그 내용에 관련된 사유를 추적해 들어갈 때 도달하게 되는 조건이다."[10]

여기서 짚고 넘어가야 할 것은 초월적 이상—전체라는 개념의 선결조건—은 그 자체로 경험의 대상이 아니라 이성의 대상이라는 것, 즉 경험의 실재 대상을 지각하기 위한 **선험적** 조건이라는 점이다. 이런 의미에서 이는 물자체가 아니라 칸트가 **실재계**(noumenon)라고 부른 것으로, 사물을 우리가 아는 대로, 즉 **현상계**(phenomenon)로 인식할 합리적 근거를 제공하는 것이다. 초월적 이상은 그러므로 이성의 토대 없는 토대이다. 이성은 초월적 이상에 순응하는 존재의 실존을 가정하지 않는다. 결국 관념적 "이상은 이성에 대해 모든 사물의 원형(原形)이다. 이 사물들은 그 하나하나 빠짐없이 전부—불충분한 모사품들로서— 원형으로부터 재료를 취해야 가능태가 된다. 원형에 더 많이 혹은 덜하게 접근해 있으면서도 언제나 항상 완전한 성취로부터는 무한히 멀어져 있다."[11] 초월적 이상을 이렇게 정식화하면서 칸트는 이성의 능력을 그 한계까지 몰고 가서 역설에 도달하게 한다. 총체성의 이상을 통해서 이성은 스스로를 정립하지만 오직 **이성으로서** 정식화할 뿐이지 **현실로** 만드는 것은 아니다. 왜냐하면 총체성은 모든 가능한 속성들의 무한한 세트이므로 배제된 중간태의 원칙을 즉각적으로 무화시키지 않으면 직접적인 인지의 대상이 될 수 없기 때문이다. 그러므로 총체성은 개념이 아니라 단순히 이성의 통제적 개념이다. 이러한 정식에 담긴 역설은 바로 우리가 사고불가능성을 사고할 수 없는 것으로 생각하게 되고, 따라서 표현 불가능성이 이성의 핵심적인 본질이자 원천이라고 결론짓게 만든다는 사실에 있다. 그 결과—그리고 애초의 문제로 돌아가면—무한성의 직관은 칸트에 의하면 뭔가 무한히 실재적인 것, 즉 존재나 물자체로서의 신에 대한 직관이 아니라 실재계, 즉 이성의 무한한 생산성에 대한 직관이다.

그렇지만 어떻게 이런 사실이 칸트가 제시한, 사물들 자체에 내재적인 법에 기초한 그 모든 것들의 끝이라는 사고와 공존할 수 있는가? 또한 앎(지식)과 달리 윤리는 사물 자체의 직관에 기초할 수 있는가? 칸트는 실천이성의 토대를 정초하는 그 순간 다시 한 번 종말의 영역에 다다를 가능성을 배제한다. 『도덕의 형이상학에 관한 기초적 원칙들』

에서 그는 다음과 같이 말한다. "순수실천이성비판이 완전해지려면 그것이 일반원칙의 사변적 이성과 동일하다는 것을 동시에 보여줄 수 있어야 한다. 왜냐하면 이성은 궁극적으로 하나로서 동일하며, 단지 어떻게 적응하는가에 따라 구별되기 때문이다."[12] 이 동일성은 어떻게 제시되는가? 순수실천이성과 사변이성의 일치는 인간이 이성적 존재인 한, 법의 개념에 따라 행동할 능력을 가지고 있다는 사실에서 비롯된다. 즉 법의 기능을 식별할 능력과 그에 따라 행동할 의지를 의미한다. 다시 말하면 칸트에게는 법을 지각한다는 것은 법의 명령을 듣기를 원한다는 의미이고, 법에 복종하라는 명령을 함축한다. 칸트는 묻는다. "우리는 최고 선으로서의 신이라는 개념을 어디서부터 얻는가? 간단히 말해 도덕적 완성이라는 아이디어에서 얻는다. 도덕적 완성은 이성이 **선험적으로** 규정하는 것이며, 자유의지라는 개념과 분리 불가능하게 연결되어 있다."[13] 따라서 의지는 저항하지 않고 **자유롭게** 법을 실현하기만 한다면 자유롭다. 하지만 만일 법이 **말할** 필요가 있다면(명령의 형태로) 그 이유는 다른 한쪽 끝에 있는 뭔가가 **듣지 않으려고** 하기 때문임은 분명하다. 그렇다면 도덕적 완성은 결코 현실에서는 일어날 수 없는 것인지 모른다. 그러나 이성의 관점에서 볼 때 이 사실이 그것의 필연성이나 유효성을 손상하지 않는다. 왜냐하면 개념화할 수 있는 것이라면 적어도 무한히 수행할 수 있고 또 수행되어야 하기 때문이다. 여기서 중요한 점은 칸트의 신은 실천이성의 관점에서 보면 선과 동일한데, 그렇다고 곧 최고 존재와 일치하지 않는다는 사실이다. 그보다는 그 존재에 대한 사유와 일치한다. 신성하거나 성스러운 의지가 정언명령에 굴복하지 않는 의지라고 해도—그 의지가 바로 정언명령이기 때문에—신성한 의지가 절합하는 법은 존재가 아니라 이성의 법이다. 나아가 선을 신과 동일시하는 도덕적 행위는—즉 실체로서의 우주의 총체성과 동일화할 때 — 칸트가 『순수이성비판』에서 말한 대로 "초월적인 오류"(subreption)[14]일 수 있다. 이 오류는 사물 그 자체와 그 사물의 개념을 혼동하기 때문에 발생한다.

하지만 도대체 물자체란 정확히 무엇인가? 물자체란 종착지이며, 그 자체이자 동시에 자신을 넘어서는 것을 지시하는 개념이라고 말할 수 있겠다. 물자체는 한편으로는 단순히 사유가 이성의 개념 너머 반드시 전제해야 하는 통일성이면서, 이런 의미에서 우리가 세상 속의 사물들에 부여하는 서술부의 원인이다. 다른 한편 물자체는 이성으로선 완전히 도달할 수 없는 모든 가능한 서술부의 물질적 기원을 가리키며, 따라서 그것에 대해서는 아무 것도 말할 수 없다. 모든 가능한 서술부의 기원으로서의 물자체는 신으로 사유되어야 한다. 곧이어 칸트는 다음과 같이 결론짓는다. "최고의 존재는 이성을 그저 사변적으로 이용하기 위한 이상이지만, 또한 인간의 전 인지능력을 마무리하고 왕관을 부여하는 개념으로서의 이상이다. 개념의 객관적 현실이 이 사변적 길을 따라간다고 해서 입증될 수 있는 것은 아니지만 그렇다고 그 때문에 거부될 수도 없다."[15] **현상계**가 **실재계**와 물자체로 구성되어 있는 것과 마찬가지로 신의 개념은 이성의 이상이자 우리가 결코 입증할 수도 부정할 수도 없는 이상의 객관적 현실로서 두 차례 등장한다.

반복하자면, 칸트의 체계에서 우리는 세 가지 질서를 찾는다: **현상**

계: 우리가 감각적으로 경험하는 것. **실재계**: 우리가 경험하는 것을 사유하도록 **허락**해 주는 것. **물자체**: 이것에 관해선 아무 것도 말할 수 없다. 왜냐하면 우리는 언제나 물자체를 매개형태로만, 즉 **현상계**로서의 **경험**이나 **실재계**로서의 **지적인** 방식으로서만 이해하기 때문이다. 칸트가 고려하지 않은 것은 경험의 질서가 존재하려면 물자체라는 어떤 것이 현상계로 들어와야만 한다는 생각이다. 칸트는 경험에 우선적인 역할을 부여한다. 그는 개념이 경험에서 도출되거나 경험에 적용되지 않는다면 아무 가치도 없는 것임을 인정했다. 이는 이성의 기원에는 감수성이 있고, 무엇보다 감수성에 우선하지 않는 것은 이성으로 접합될 수 없다는 것을 의미한다. 그럼에도 불구하고 칸트에게 경험은 오성의 범주들의 매개를 통해서만 존재한다. "오성은 그 자체로 가능한 경험의 형태를 예견하는 것 이상으로는 절대 선험적으로 성취할 수 없다. 외관이 아닌 것은 경험의 대상이 될 수 없으므로 오성은 결코 사물들이 우리에게 주어지는 범위로서 감수성의 한계선을 넘어설 수 없다."[16]

발터 벤야민은 이 경험의 개념이 칸트 고유의 특성이 아니라 칸트 이전의 철학전통에 속한다고 지적했다. 우리는 이를 다음과 같이 다시 정리해 볼 수 있다. 철학전통에 따르면 경험과 지식은 동시에 일어난다. 사물이 따로 떨어져 나와 개념이 될 때에만 경험이 가능하다. 이성은 개념의 생산을 담당하는 사유의 기능이기 때문에 이성이 없으면 경험도 없다. 그러나 벤야민은 경험(Erfahrung)이 지식(Erkenntnis)과 동일하지 않다는 점을 지적한다.[17] 사물에 대한 어떤 지식도 주지 않는 경험은 어떤 것인가? 우리는 이 경험을 여전히 경험이라고 부를 수 있는가? 그리고 누가 무엇을 경험하는가? 칸트의 분석을 계속 따라가 보면 우리는 경험의 구성에서 중요한 순간에 도달하게 된다. 오성은 초월적 이상, 즉 사물을 단위(units)로 지각하도록 해주는 총체성의 투사 주변으로 감수성을 조직한다. 한 단위에 대한 정의는 그것이 무한히 반복한다는 사실에서 비롯되기 때문에 칸트는 감수성이란 내재적으로 시간적이며, 사물의 지각은 현재의 시간적 양식, 즉 하나의 사물에 속하는 모든 서술부들을 끌어 모으는 총체성의 매트릭스에서 매순간마다 결코 끝나지 않는 반복 안에서 일어난다고 결론내린다.

> 아무도 규모(magnitude)의 개념을 설명할 수 없다. 규모는 사물의 결정요소로서 이를 통해 한 단위가 갖는 위치의 횟수를 생각할 수 있다고 말할 수 있을지 모른다. 하지만 이 횟수의 문제는 계기적인 반복에 기초를 두며, 따라서 시간과 (동질성의) 시간 속에서의 종합에 기초한다. 부정과 대조되는 현실은 우리가 (모든 존재의 총합으로서) 채워지거나 비워지는 것으로서의 시간을 생각할 때만 설명 가능해진다. 만일 실체의 개념으로부터 내가 (모든 시간에서의 존재인) 영원을 누락시킨다면 이 개념에는 주체의 논리적 표상 이외에 남는 것이 없다. 주체의 논리적 표상이란 주체로서만 일어날 수 있는 (즉 어떤 것의 서술부가 되지 않고) 어떤 것을 제시한다는 의미이다. 하지만 나는 이러한 논리적 우월성을 갖출 수 있는 조건을 알지 못할 뿐만 아니라, 우리는 그것으로부터 뭔가를 더 만들어낼 수도 없고 추론할 수도 없다. 이러한 설명을 통해서는 어떤

> 대상도 실체의 개념을 위해 사용되도록 결정될 수 없으며, 따라서 개념이 실제로 어떤 것을 의미하는지 알 수가 없다.[18]

우리는 통일성의 관념이 실현될 수 있는 그 순간을 어떻게 사유하는가? 칸트는 이 순간은 실체로 사유될 수 없고, 개념으로서 어떤 것도 의미하지 않는다고 말한다. 우리는 그것을 감수성과 오성 사이의 불연속성으로 개념화할 수 있는데, 이는 칸트에 의하면 어떤 속성도 갖지 않지만 나타날 모든 속성들의 존재이기 때문에 주체로서만 일어나는 어떤 것이다. 칸트는 시간 내 동질성의 총합의 순간을 "주체"라고 부른다. 그 자체로서 그 순간 어떤 속성도 없고, 따라서 어떤 의미화 작용도 없기 때문이다. 아무런 속성이 없기 때문에 그 순간은 또한 실체로 사유될 수 없다. 따라서 칸트는 그것으로 무엇을 더 만들어낼 수는 없음을 시인했다. 하지만 우리는 할 수 있다.

주체는 총체성 형식의 시간적 맥박이며, 현상계와 실재계 양자의 구성을 가능하게 한다. 대상의 지식으로서 경험을 허락하는 것은 순수한 경험의 순간이다. 이런 의미에서 본다면 이 순간은 물자체라는 어떤 것이 동일한 질서에 있지 않은 어떤 것으로서의 오성과 의사소통하는 때이다. 주체는 그저 난지 논리적인 순간이 아니라 순수한 정념이기 때문에 그 자체로서 경험의 대상이 될 수 없는, 대상이 부재한 순수한 경험의 순간이라고 칸트는 생각하는 듯하다. 따라서 오성이 만들어내는 기원에는 물자체가 주체로 등장하는 순간이 있으며, 그 존재양식은 로고스(언어로서의 이성)가 아니라 정념이다. 나는 정념이라는 용어들, 대상 주변으로 조직

(즉 언어를 통해서 조직)되지 않았기 때문에 무의식 상태로 남아 있고 어떤 함축적 의미 없이 **순수한 정동**(pure affect)으로 이해되어야 하는 경험의 양태를 가리키는 것으로 사용한다. 더욱이 이렇게 정의된 주체는 무한성으로서의 시간과 동시간적이다. 왜냐하면 주체는 사유의 효과인 과거, 현재, 미래의 구별에 선행하기 때문이다. 시간이 주체이다. 정념으로서의 주체는 지금, 여기의 무한한 반복이다. 이 반복은 의미화에 선행하기 때문에 동일자나 차이, 그 어느 것의 반복으로 사유될 수 없다. 그보다는 **절대적으로 고유한** 것의 반복이다. 절대적 고유성은 내부와 외부, 언어와 경험, 에고와 대상, 과거와 미래가 공존하고 사라지는 반성 이전의 지점이다.

정념으로서의 주체는 따라서 초월적인 주체와 다르다. 초월적인 주체는 이성의 규정적 관념이다. 정념으로서의 주체는 데카르트적 코기토처럼 이성 그 자체로 정식화된 이성의 대상도 아니다. 시간성으로서의 주체는 대상과 대립해서 자신을 정초하지 않는다. 그렇다고 주체와 대상이 맺는 관계의 순간이 존재하지 않는다는 의미는 아니다. 대상과의 관계 속에 있는 주체는 시간성으로서의 실재 주체가 아니다. 그보다는 그 주체가 다가가게 된 대상으로 구성된 에고(ego)이다. 따라서 우리는 의미화 작용을 넘어서는 주체와, 대상과 맺는 관계의 유형에서 비롯되어 사유와 의식의 대상이 될 에고를 구분해야 한다. 데카르트가 코기토의 주체로서 발견한 것은 에고이다. 칸트는 코기토의 본질을 다음과 같이 설명한다. "나는 시간 속에서 결정된 내 존재를 의식한다. 모든 시간결정성은 지각에서 영원한 어떤 것을 상정한다. 하지만 이 영원한 어떤 것은 내 안에 있는 어떤 것일 수 없다. 분명 내 존재는 이 영원한 어떤 것에 의해서만 오직 시간 속에 결정될 수 있기 때문이다. 따라서 이 영원한 어떤 것에 대한 지각은 오직 내 자신의 외부에 있는 **사물**을 통해서만 가능하다 … 그러므로 시간 속의 존재는 오직 내가 외부에서 지각하는 실재 사물들의 존재를 통해서만 결정된다."[19] 그 결과 우리는 에고를 생각하는 자신을 포착해서 대상, 즉 **생각하는 실체**[20]로 만든다. 더구나 코기토의 대상으로서의 에고가 경험 대상과의 관계에 의해 형성되기 때문에 그 정체성이 대상 자체에 의존해 있으며, 본질적으로 불안성하다. 결과적으로 생각하는 실체의 상관물에 대한 자기 반성적 작용은 필수적이지만, 코기토가 결코 자아의 경험이 향하는 멈출 수 없는 탈주(flight)와 공존할 수 없다. 그리고 바로 그 이유 때문에 전체적으로 충족될 수 없다.

이제 다시 종말의 문제로 돌아가 보자. 칸트에게 모든 사물의 종말은 이성에 영원히 외재적이다. 하지만 이성은 현실의 총체성이라는 개념을 가정함으로써만 그것에 근접할 수 있다. 즉 초월적 관념을 가정해야 한다. 이는 이성이 그 구조상 종말들의 왕국으로 들어갈 수 없다는 것을 의미한다. 물론 행위가 윤리적이 되려면 취해야 할 방향을 지시하는 역할을 이성이 맡고 있긴 하다. 하지만 절대적으로 윤리적인 행위란 개연성이 없을 뿐만 아니라 실천이성의 체제 하에서 구조적으로 불가능하다. 이성은 사물들 자체의 법에 접근할 수 없기 때문이다. 그 결과 법이 인간에게 말을 건다. 그는 법을 귀찮은 명령으로 받아들이게 된다. 그의 의지가 자신에 맞서 영원히 나뉘어져 있으며, 개인적 이윤에 대한 고려로 침윤되지 않은 순수한 윤리적 행위를 수행할 수 없기 때문이다. 의지를 나누는 것은 무엇인가? 의지는 정신을 가득 메운 다양한 에고들로 나뉘어 있다. 이 다양성은 우발적인 것이 아니라 지식의 능력으로서 이성의 필연적인 효과이다. 이성의 본성은 대상들을 구별하고, 자아와 대상을 나누고 구별하는 것인데, 이 비판적 행위는 언제나 위치를 갖게 된다. 다시 말해서 상황 속에서, 에고의 관점에서부터 수행된다. 따라서 이성의 비판적 행위는 결코 "순수"할 수 없다. 왜냐하면 이성은 그것이 벌어지는 상황으로부터 결코 추상화될 수 없기 때문이다. 다른 한편, 초월적 수준에서 이성의 기능에 대한 기술, 가령 칸트가 『비판』에서 보여준 것 정도는 가능하다. 하지만 오직 이성을 그 필연적인 오류로부터 인위적으로 구별해내야만 가능한 것이어서, 이를 칸트는 **병리적**이라 부른다. 칸트는 겉보기만으로는 어떤 행위가 진정 윤리적인지를 결정할 수는 없다고 결론짓는다. 뿐만 아니라 그는 모든 윤리적 행위는 실제로 병리적인 것에 오염되어 있기 마련이라고 한다. 윤리적 차원은 현실도 가능성도 아니며, 단순히 **이성의 규정적 투사**일 뿐이다. 그리고 바로 이 때문에 메시아는 결코 오지 않고, 우리는 종말의 왕국에 결코 도달할 수 없다. 하지만 우리는 칸트에게 차라리 선한 의지의 결과로 보이는 행위들이 있기 때문에 이 행위들의 진정한 윤리적 성격이 배제되어선 안 된다고 말해야 한다. **아마 메시아는 이미 언제나 와 있지만 우리가 보지못하고 있는지 모른다.**

그렇다면 이제 분명해졌다. 만일 우리가 진정으로 윤리적인 행위의 가능성을 남겨두려고 한다면 윤리적 차원은 이성의 능력에 정초되어

선 안 된다. 그렇게 되면 윤리의 본질을 놓치게 되기 때문이다. 우리는 아마 이렇게 질문해 볼 수 있을 것이다. 도덕법 특유의 강제성은 어디서 비롯하는가. 양심은 오직 도덕법이 자아내는 진실성으로부터 그 권위를 끌어낼 수 있을 뿐이다. 하지만 이 진실성의 근원은 무엇인가? 프로이트가 제시하는 답을 따르면, 도덕법의 강제는 자아가 초자아로 내적 분리를 통해 만들어지는 죄의식 때문이다. 그렇다면 법의 권위란 부정적 감정, 즉 의무를 다하지 못해서 생기는 죄의식과 수치심의 감정에 의존한다.

감정의 본실이란 무엇인가? 칸트의 감수성과 경험의 개념을 되짚어 볼 필요가 있다. 경험은 항상 감수성, 즉 감각에 의해 형성되고 이성에 의해 조직되고 통합된 대상의 경험이다. 독자가 없다면 독서가 존재하지 않듯이 이성의 협조적 기능 없이는 감수성도 존재할 수 없다. 따라서 순수한 감수성이란 존재하지 않는다. 경험은 처음부터 오성의 범주에 의해서 구성되며, 또 그 범주들 내에서만 일어나는 것이 된다. 세상 속에 있는 한 대상을 지각할 때 뒤따르는 확실성의 감각은 감수성과 오성 사이의 조화의 결과이다. 그러면 감정이란 무엇인가? 감정은 좀 더 복잡한 질서의 감각들이다. 감정은 사물의 지각이 아니라 자아가 그런 지각들과 맺는 관계에 대한 지각을 시시한나. 이 경우 감정은 이성의 힌 기능이지만 이성이 도착이라는 의미에서 그렇다. 왜냐하면 칸드의 체계에서는 세상에 대한 지식도, 또 죄고 선에 내한 지식도 감정의 도움이 필요하지 않기 때문이다. 하지만 감정은 자아에 필요한 보조물이다. 마치 에고가 대상의 필요 보조물인 것과 같다. 순수이성의 꿈은 에고가 없는 채 성취되는 지식의 오류에 기반한다. 칸트의 윤리 개념에서 자아의 모든 정서들—쾌락의 감정이나 고통, 행복, 슬픔 등—이 도덕법의 적용에 대한 저항으로 간주되는 것을 발견하게 되는 이유는 바로 이 때문이다. 감정은 자신을 송두리째 최고 선에 희생하기를 꺼려하는 태도의 징후이다. 감정은 정언명령이 아니라 가설적 명령을 따르려는 경향을 가리키며, 절대선보다는 상대적인 선—특정한 목적에 따라 선한 것—을 추구하려는 욕망으로서, 법에 대한 복종뿐만 아니라 법 그 자체에 대한 사랑에서 비롯된다. 칸트에게 사랑은 언제나 도덕법에 대한 사랑이며, 따라서 사랑에 어떤 특정한 정서를 부여하지 않는다. 왜냐하면 사랑은 순수이성과의 완전한 동일화를 재현하기 때문이다. 하지만 우리는 이미 순수이성의 관념은 병리적인 것의 봉쇄를 통해서만 생산될 수 있다는 것을 확인했다. 만일 우리가 이 체계에 병리성을 재도입한다면 도덕법의 존재증명은 바로 부정적 감정, 즉 부적절성과 죄의 형태로 나타난다. 이로써 초자아의 목소리 역할을 하는 양심에 대한 프로이트의 가설이 증명된다. 마치 '순수한 이성'이 없듯이 '순수한 양심'이란 없기 때문에 분명 프로이트는 칸트를 보완한다. 따라서 우리는 병리적 경향과 마찬가지로 우리의 양심도 불신해야만 한다.

그러나 법의 사랑에 정서가 실려서는 안 된다고 말하는 것이 정확할까? 정서의 의미를 좀 더 분석해 볼 필요가 있다. 감정은 자아의 유지를 목적으로 삼는 법에 대한 상대적 해석의 결과라는 점을 우리는 이미 확인했다. 이런 의미에서 감정은 항상 대상 주변에 조직된다. 하지만 우리는 대상과의 관계로부터 도출되지 않는 정서의 유형과 만나게 되

홀바인의 〈대사들〉

었다. 주체가 그 자체로 어떤 속성도 없고 자아와 대상 사이의 관계를 구성하는 조건이라고 했던 부분으로 다시 돌아가 보자. 우리는 앞에서 서술부의 결여가 **주체를 대상으로서 사유할 수 없게** 만들고, 칸트는 이를 실재적 개체라기보다는 초월적 이상의 생산을 위해 필요한 논리적 장치로 본다고 했다. 우리는 또 주체는 과거에서 미래로의 논리적 진행과 대립하는 현재의 무한한 반복으로서의 시간성과 동시발생한다고 했다. 경험이 언제나 대상에 대한 경험이라고 한다면 진행과정으로서의 시간 프레임 속에서만 경험이 일어날 것이고, 그 결과 시간성으로서의 주체의 존재는 결코 경험의 대상이 될 수 없다고 했다. 그렇다면 어떤 것을 경험하는 것은 언제나 에고이지 주체가 될 수 없다. 하지만 칸트를 좇아 주체는 단순히 초월적 이상의 생산에 필요한 이성의 구성물이라고 결론짓는 것은 정당하지 않다. 우리는 대신 이성의 능력에서 중심이 되는 정신, 즉 병리적 차원이 더해진 후 정신분석이 "심리"라고 부른 것과, 현재와 그것이 없이는 정신—혹은 그것의 반대인 심리—이 전개될 수조차 없는 현존의 지속적인 정서로서의 주체 사이를 구별해야 한다. 주체는 지속적으로 현존의 현재로서 영향을 미치기 때문에 경험의 대상이 될 수 없다. 즉 주체는 정서, 즉 우리의 의지를 움직이는 대상 없는 감정이다. 주체 없이는 정신도 없고 심리도 없다. 정념 없는 감정은 없다. 정신의 후속상태를 매번 가능하게 만들면서 여전히 질적으로 다른 상태로 남아있을 일차적인 감정은 없다. 따라서 이성의 능력의 토대에서 이성의 초월적 하부층위로서의 총체성이라는 아이디어를 발견할 수 없다. 우리는 주체를 정념, 즉 현존의 무한한 정서로서 경험한다. 이성의 한계는 모든 가능한 개념들의 원형으로서의 초월적 이상의 형태를 띠는 이성의 왜곡상[21]이 아니다. 이성의 한계는 정념이고 정념은 자아와 정신의 주체이다. 다시 말해 정념은 이성 자체의 능력의 주체이다.

다시 도덕적 행위의 본질에 관한 문제로 돌아가 보자. 칸트는 실천이성이 이성의 관념으로서의 절대적 선에 대한 직관에 정박해 있다고 주장한다. 하지만 절대선은 결코 이성을 통해 도달할 수 없는데, 이성은 정신의 능력이며 최종심급에서는 자아의 능력이기 때문이다. 그 자체로서 이성은 다양하며, 불가피하게 병리성과 타협한다. 사실 이성이 도착적 구조를 갖고 있다고 말할 수 있다—이성은 언제나 불순하다. 그렇다면 진정으로 윤리적인 행위는 무엇에 기초를 둘 수 있는가? 윤리적 행위는 정념에만 토대를 둘 수 있고 이때 정념과 병리성을 신중히 구분할 필요가 있다. 병리성은 감정의 영역에 속하는 것이다. 병리성은 이성의 효과이며, 정확히 현재의 지속에 놓인 존재의 즉각적이고 비–반성적인 **열정**에서 비롯된 주체의 감정을 인식하지 못하게 막는다. 병리성은 정념을 순전히 자아의 가정으로 가장한다. 병리성은 과거나 미래에서 순간을 지워버리고 자아를 대상에, 대상을 자아에 속박한다. 이런 조건에서 진정으로 도덕적 행위란 생각할 수 없다. 윤리적 행위는 절대선의 이데아와 관련해서가 아니라, 정신으로 하여금 존재하는 모든 것과 공존하고 있다는 감각을 지각하도록 해주는 정서의 상태로서 주체와의 관계 속에서만 성취될 수 있어야 한다. 윤리적 행위는 이성의 차별적 권력을 막아야만 일어날 수 있다. 일차적인 정서로서의 주체의 현존 없이는 이성의 어떤 명령도 강제력을 갖지 못한 채 헛되이 하달될 뿐이다. 이성은 윤리적 충동의 **도구**이지 기원이 아니다.

정념으로서의 주체, 현재의 현존으로서의 주체야말로 대상의 존재가 확실하다는 것을 보장한다. 다시 말해서 **현실의 총체성**이라는 아이디어는 존재하는 모든 것들과의 지속성에 대한 정서적 경험과, 병리성이전, 그리고 인식 이전의 경험에 정박하지 않고는 우리의 이성과 상상력을 침범할 수 없다. 따라서 전체라는 개념은 이성의 관점에서 볼 때 자기 습득적이며 자기 발견적(heuristic) 장치라면, 주체의 관점에서 볼 때는 즉각적으로 현실성을 갖게 되는데, 대상에 대한 지각의 형태라기보다는 대상의 토대이며, 대상에 의해 모호해지는 정서적 저류이기 때문이다. 이성의 관점에서 볼 때 사랑이 법에 대한 직접적이고 완전한 복종이라면, 주체의 관점에서 볼 때 사랑은 법에 선행하며, 따라서 법보다 높은 위치에 있으므로 신을 사랑으로 가르치는 기독교식 교리가 생겨난다. 하지만 사랑으로서의 신은 십계명의 신과 동일하지 않다. 십계명의 신은 칸트적 신으로서 이성과 의미의 신이다. 이 신은 결코 현실적이지 않으며, 이성에 대해 외재적이면서도 내재적인 것이다. 하지만 우리가 주체를 현재의 정서로 인식하는 바로 그 순간 신성은 근본적으로 정념이지 로고스가 아니라는 사실을 깨닫게 된다. 따라서 칸트가 말하듯 신은 창조 전반을 결론짓고 왕관을 하사하는 개념이 아니다. 오히려 신은 원초적이고 영원히 현존하는 근본적인 애정이며, 적어도 귀기울여 듣는 이들에게는 삶의 모든 순간에 따라오는 소리이다.

우리는 신을 어떻게 인식하게 되는가? 가령, 니체는 「음악과 낱말에 관하여」라는 제목의 글에서 정념과 병리 사이의 차이를 구별하는 것에 대해 다루었다. 니체는 인간의 언어는 두 가지 이질적 요소, 즉 낱말과 낱말의 "어조의 토양"으로 구성되어있다고 지적한다. 단어는 개념의 상징이지만 어조의 토양은 즐거움이나 고통과 같은 감각을 제시한다. 감각은 근본적 토대로서 개념들에 동반되며, "우리가 이해할 수 없는 한 가지 원초적 원인"을 표현해 준다.[22] 언어의 원죄란 어조의 토양이 언제나 낱말의 의미에 걸려서 속박된 결과, 의사소통을 개선할 수도 있는 것이 실제로는 소통의 피폐화와 혼돈이 되는 것이다. 이로 인해 음악 그리고 부차적으로 시의 의미와 필연성이 생긴다. 니체는 이렇게 쓴다.

> 의지는 음악의 목적이지 기원이 아니다. 의지는 가장 위대한 보편성 속에서 가장 근원적인 제시이며, 일체의 생성(Becoming)으로 이해될 수 있다. 우리가 감정이라고 부르는 것은 의식적이고 무의식적인 개념들에 이미 흡수되고 침윤되어 있는 이 의지와 관계한다. 그러므로 더 이상 감정은 음악의 직접적인 대상이 아니다. 그러니 이 감정들 자체로부터 음악을 창조해낼 수 있어야 한다고 생각할 수도 없다. 가령 사랑이나 공포, 희망과 같은 감정을 생각해 보라. 음악은 이 감정들과 아무런 직접적인 관계가 없다. 이 모든 감정들 하나하나는 이미 개념들로 가득 차 있다. 반대로 이 감정들은 음악을 상징화하는 데 사용될 수 있다. 마치 자신을 스스로 개념적이고 비유적으로 도달 불가능한 의지의 영역, 음악의 순수한 내용이자 목적인 감정의 비유세계들로 번역하는 서정시인과 같다. 서정시인은 음악이 자신의 감정에 미치는 효과에 대해 의식하고 있는 음악 청취자들과 닮았다. 이들에게 음악의 요원하고 멀리 떨어진 힘은 어떤 중간 영역에 호소하며, 이 영역은 그들에게 마치 순수한 음악의 징표이자 상징적인 예비적 개념을 주며, 정서의 중간 영역에 호소한다.[23]

음악을 들을 수 있는 능력이 있는 것만으로 충분하지 않다. 음악의 음악을 들어야 하며, 바로 그때에 비로소 의지의 영역에 들어가게 된다. 그러나 우리 대부분은 낱말을 통해서 서정적으로 음악에 접근하며, 이는 일종의 입회식을 치르듯 근원적인 애정의 징표가 된다. 비록 꼭 같지는 않더라도 니체가 묘사하는 의지는 내가 여기서 설명하려고 했던 정념으로서의 주체 개념과 유사하다. 니체의 의지는 정념으로서의 주체와 양립 불가능한 활동력을 갖는다. 이 의지 개념은 그가 『비극의 탄생』에서 제시한, 아폴로와 디오니소스 사이의 대립에 고착되어있다. 아폴로가 언어와 이성의 차원이라면 디오니소스는 반이성 혹은 비이성의 형태로, 아폴로의 보조적 대립물로서 개념화되어서 폭력과 광기의 황홀경적 폭발을 통해 드러난다. 쇼펜하우어에게 영향을 받아 니체는 활동력이 있는 곳에 목적, 의미화, 이성이 있다는 사실을 보지 못한다. 이성에서 독립된 맹목적 의지, 순수한 의미란 불가능하다. 이성은 의지의 본질이다. 특히 그것이 디오니소스적 의지인 경우 그렇다.

정념으로서의 주체를 생각하기 위해선 수동성이 무엇인지에 대해 좀 더 분명한 이해가 있어야 한다. 아폴로와 디오니소스 사이의 이분법은 **수동성의 배제**에 기초한다. 두 힘들은 각각—니체의 개념에서 이성과 열정—상대적으로 작동하는데, 하나가 다른 하나에 종속될 때에만 수동적이 되며, 결국 이성은 항상 그 대립물인 열정을 지배하게 되는 일이 생긴다. 니체에게 수동성의 상태란 단순히 힘의 자연적 활동성을 강제적으로 억압하는 것이다. 하지만 정념으로서의 주체는 힘도 의지도 충동도 아니다. 그것은 정서와 고통의 어원적 의미에서 열정이다. 수동성은 하이데거가 "다스 페르모헌(Das Vermogen)"[24]이라고 부른, "가능하게 만드는 요소"로서의 존재양식이다. 수동성은 매개 없는 고통이며, 따라서 행위주체나 대상도 없다. 정념은 존재이다. 우리는 수동성의 의미를 논리적으로 아폴로와 디오니소스의 대립을 포함한 일체의 이원론을 선행하는 현존의 정서만 생각해야 하며, 행동의 대립물이거나 이성에 대한 비이성의 저항으로서는 생각할 수 없다. 따라서 진정으로 윤리적인 행위는 고삐 풀린 디오니소스에 기초하지 않으며, 선의 초월적 이상에 대한 배타적인 법적 설명만을 토대로 삼지 않는다. 실천이성은 오직 정념으로서의 주체가 단순한 병리성에서 분리되어 드러나야만 제시될 수 있다. 역설적으로 가장 활동적인—윤리적 행위—것은 절대적 수동성의 순간에만 가능하고 사유할 수 있게 된다. 그때야말로 주체가 드러나는 계시의 순간이다.

주

1 Franz von Baader, *Sämtliche Werke*(Aalen: Scientia, 1963), 1: 344쪽. 영역은 필자의 것이고, 독어원본은 다음과 같다. "Ich behaupte, daß, so wie man sich nicht frei bewegen kann ohne Grund zu fassen, und wie man nicht Grund fassen kann ohne freies Bewegen, man auch seine Vernunft nicht gebrauchen kann ohne frei zu glauben, und nicht glauben kann, ohne von seiner Vernunft Gebrauch zu machen."

2 Immauel Kant, "The End of All Things," *Perpetual Peace and Other Essays*. Ted Humphrey 번역(Indianapolis: Hackett, 1983), 103쪽.

3 영어의 end는 끝이라는 의미와 목적이라는 의미 모두를 갖는다. 따라서 기존 서양 철학에서 종결 혹은 종말은 언제나 목적과 그것의 달성이라는 의미를 담고 있다. 여기서는 문맥에 따라 종말, 끝, 혹은 목적 등으로 번역한다(역주).

4 같은 글, 102쪽.

5 같은 글, 93쪽.

6 절합은 사전적으로 분절과 접합을 의미한다. 특히 언어를 발음할 때 음절단위마다 정확히 소리를 내는 것을 의미하는데 철학적으로는 개념과 개념의 분절을 이어서 사유를 접합함으로써 구성하는 방식을 말한다(역주).

7 같은 글, 같은 쪽.

8 Immanuel Kant, *Critique of Pure Reason*. Werner S. Pluhar 번역(Hackett: Indianapolis, 1996), 563–564쪽.

9 같은 책, 564쪽의 주 27번 참조.

10 같은 책, 566–567쪽.

11 같은 책, 568쪽.

12 Kant, *Fundamental Principles of the Metaphysics of Morals*. T. K. Abbott 번역(Amherst, NY: Prometheus Books, 1988), 14쪽.

13 같은 책, 36쪽.

14 철학적으로 무지와 부주의로 인해 발생하는 허위진술이나 그것을 통한 추론을 의미한다(역주).

15 Kant, *Critique of Pure Reason*, 616쪽.

16 같은 책, 311쪽.

17 Walter Benjamin, "On Perception," *Selected Writings: 1913–1926*. Marcus Bullock과 Michael W. Jennings 편집(Cambridge: Harvard University Press, 1996), 1: 96쪽.

18 Kant, *Critique of Pure Reason*, 308쪽. 강조 부분은 필자의 것.

19 같은 책, 290쪽.

20 res cognitans: 영어로 thinking substance에 해당하는 이 표현은 '나'라는 주체가 생각하는 사물이라는 의미이며, 불어로는 une chose qui pense이다(역주).

21 anamorphosis: 보는 방식, 위치, 거리 등에 따라 이미지가 왜곡되어 보이는 현상. 17세기 수도승 프랑스와 니세롱이 이론화한 것으로, 라깡이 독일 르네상스의 거장 홀바인의 「대사들」이라는 그림에 나타난 해골 모양을 분석한 것은 유명한 사례이다(역주).

22 Friedrich Nietzsche, "On Music and Words," *The Complete Works of Friedrich Nietzsche*(New York: Russell & Russell, 1964), 2: 31쪽.

23 같은 글, 35쪽.

24 영어의 power에 해당하는 힘, 능력 등을 의미하는 독일어로 칸트는 대문자로 사용해서 인간의 선험적 능력을 나타낸다(역주).

주체[1]

에띠엔느 발리바르

니체와 번역의 불가능성

최근 들어 과거 어느 때보다 철학에서 주체 범주가 차지하는 비중이 커지고 있다. 특히 20세기에 들어와서 재구성된 철학적 경향들이 그렇다. 주체 문제의 핵심에는 주체라는 용어의 라틴어 어원과 관련된 '언어 유희'가 있다. 한편에는 스콜라 철학 이래 철학자들이 그리스어 hupokeimenon(지층 혹은 지지대라는 의미)에서 번역된 것이라고 판단한 subjectum이라는 중성 낱말이 있고, 다른 한편에는 중세어의 subditus(종속적인)라는 낱말과 같은 뜻을 가졌을 것으로 추정되는 남성형 subjectus가 있다. Subjectum은 논리-문법적이며 존재론적-초월적 의미를 낳았고, subjectus는 법적·정치적·신학적인 의미론의 전통을 낳았다. 이 두 낱말은 서로 구별되기는커녕 칸트 이후 '주체성'(subjectivity)과 '종속화'(subjcctivation)의 문제지형을 둘러싸고 중층 결정되어 왔다. 하지만 이러한 상호 결정의 관계는 주체 개념의 재구성과정에서 개별 철학자가 보이는 관심의 정도에 따라 선택적으로 강조되거나 혹은 억압된다.

현대 철학에서의 주체와 관련된 문제들을 제시해 줄 서론으로서 니체의『선악을 넘어서』중 한 대목을 다시 읽어보자.

> 철학자들은 의지가 마치 세상에서 가장 친숙한 것인 양 말하는 경향이 있다 … 의지가 있는 사람은 … 어떤 것이 복종하거나 복종한다고 믿을 때 자기 내면에서 그것을 명령한다[commande en lui-même à quelque chose qui obéit ou dont il se croit obéi; befiehlt einem Etwas in sich, das gehorcht oder von dem er glaubt, dass es gehorcht]. 하지만 우리는 이제 의지에 관해 아주 이상한 점을 발견하게 된다. 의지란 다종다기하지만 오직 하나의 낱말만 있을 뿐이다. 우리는 상황에 따라서 명령하는 사람이면서 동시에 복종하는 사람이다[à la fois celui qui com-mande et celui qui obéit; zugleich die Befehlenden und Gehorchenden]. 복종하는 입장에서[en tant que sujet obéissant; als Gehorchende] 우리에게 익숙한 강세, 힘, 압박, 저항과 움직임의 감정들은 일반적으로 의지의 행위에 이어 곧바로 생겨난다. 반면 우리는 습관적으로 "나"라는 종합적인 개념에 의해서 이러한 이중성을 무시하거나 기만한다[nous duper nous-

mêmes en escamotant cette dualité grâce au concept synthétique du "moi"; uns über diese Zweiheit vermöge des synthetischen Begriffs "ich" hinwegzusetzen, hinwegzutäu-schen]. … "의지의 자유"—이는 명령하면서 동시에 의지의 완성된 행위와 자신을 동일시하는 사람의 다층적인 쾌락상태에 관한 표현이다[le mot qui désigne ce complexe état d'euphorie du sujet voulant, qui com-mande et s'iden-tifie à la fois avec l'exécuteur de l'action; das Wort für jenen vielfachen Lust-Zustand des Wollenden, der bef-iehlt und sich zugleich mit dem Ausführenden als Eins setzt]. … 따라서 쾌락의 감정을 사령관으로 취하면서 여기에 과업을 성공적으로 달성하기 위한 도구들로부터, 또한 유용한 "하부 의지" 혹은 "하부 영혼"들로부터["sous-volontés" ou sous-âmes ; "Unterwillen" oder Unterseelen] 얻는 쾌락을 더하는 사람이다[le sujet voulant ajoute ainsi les senti-ments de plaisir issus des instruments d'exécution; Der Wollende nimmt der-gestalt die Lustgefühle der ausführenden, erfolgreichen Werkzeuge]—우리의 몸은 결국 수많은 영혼들로 구성된 하나의 사회에 불과하다[un édifice d'âmes multiples; ein Gesellschaftsbau vieler Seelen]. *L'effet c'est moi*.[2] 이때 일어나는 일은 아주 잘 구성되고 행복한 모든 공동체에서 볼 수 있는 현상으로, 지배계층이 공동체의 성공과 자신을 동일시하는 태도이다[la classe dirigeante s'identifie au succès de la collecti-vité ; dass die regierende Klasse sich mit den Erfolgen des Gemeinwesens identifizieren].[3]

나는 여기서 불어 번역을 트집잡을 생각은 없다. 그보다는 불어 번역본에서 드러나는 문제들을 살펴보고자 한다. 우리는 니체의 텍스트가 기만의 과정으로서의 번역에 대한 사색을 담고 있다는 점을 특히 유념해야 한다. 번역이 기만의 과정이라는 사색은 근본적으로 인류학적 의미를 갖는다. 의지의 통일성에 내재된 환영(幻影)을 고려한다면, 절대군주에 관한 아주 유명한 우화인 루이 14세의 "L'État, c'est moi"["짐은 곧 국가이다"]를 패러디한 불어 구절(따라서 '번역 불가능한' 것이다) *L'effet c'est moi*를 통해서 환기되는 정치적 비유(이런 것이 존재한다면)도 이상할 것이 하나 없다.

'주체'(sujet)[복종하는 주체(sujet obéissant), 의지하는 주체(sujet voulant)]라는 낱말을 체계적으로 도입하는 과정에서 불어 번역문은 명령의 행위와 복종의 효과 양쪽에 동일한 하나의 etwas[4]를 위치시킴으로써 니체의 텍스트가 '나'라는 환영을 향해 직접 내리꽂는 비판을 피해간다. 다른 한편, 독어의 'das Subjekt'가 전달하지 못하는 불어의 'sujet'가 함축한 의미들을 변주하는 과정에서 불어 번역문은 니체 철학에서 "의지"의 본질을 구성하는 "영혼의 부분들" 간의 실재적 혹은 상상적 종속관계들[지배자(arkhein)와 피지배자(arkhesthai)]의 양면성을 표현하기 위해 하나의 일반적 용어를 사용한다. "복종하는 주체"는 동어반복처럼 들리고 "의지하는 주체"는 유사-모순이다. 혹은 그 반대인가?

이 텍스트는 주체 개념의 구성과 용례에 특징적인 언어적 긴장 속으로 우리를 몰아간다. 이 긴장들은 주체의 해석이 놓인 두 가지 독립적 패러다임을 향한 경향에 따라 규정된다. 첫 번째 패러다임은 신라틴어(특히 불어)에서, 두 번째 패러다임은 독일어에서 특징적으로 나타난다. 첫 번째 경우 "주체의 종속화" 양태에 관한 체계적인 고찰에서 논리-존재론적이며 법적-정치적인 주체의 동시적 함의(subjectum과 subjectus의 의미 사이에서 언어의 역사적 유희를 통해 유지된)가 이용된다. 두 번째 패러다임인 독일어의 경우는 정치적 차원이 언어에 의해 가려지거나 혹은 차라리 번역의 내재적 체계로 강등되는데, 주체의 존재양식과 법 혹은 권력의 등기부(register) 사이의 관계는 자연에 대립하는 자유의 존재론에 의해 독점된다. 물론 이 두 패러다임이 독자적으로 발전하지는 않는다. 둘 다 모든 고전적 참조점들을 공유하며, 유럽 형이상학의 저작들을 동시 번역함으로써 주체 개념의 이러한 역사를 확인할 수 있는 자료를 제공한다. 니체의 책을 분산적으로 독해하는 방식은 이처럼 계시적일 수 있다.

"데카르트적" 주체: 칸트적 발명

"데카르트적 주체"와 "데카르트적 주체성"이라는 표현들은 아주 흔히 사용된다. 또 역사적 혹은 비교 체계들에 데카르트적 사유를 위치시키는 기능을 한다. 따라서 그것이 어떻게 발명되었는지 그 조건들을 알아볼 필요가 있다. 이는 또한 번역 과정에서 얻게 되는 보상(quid pro quo)이기도 하다. 이를 통해 언어의 중심부에 있는 (라틴어, 프랑스어, 독일어의 구문적 표에서 시작하는) 특유한 개념적 작업을 목도할 수 있다.

우리가 완전히 손을 떼기는 어려운 데카르트의 텍스트와 데카르트가 박아놓은 철학적 말뚝들에 대해서 소급적으로 접근해 보는 것은 분명 시사하는 바가 크다. 칸트가 제공한 데카르트 해석 이후의 시대를 살아가는 우리는 고작해야 칸트의 읽기로부터 초월적 문제지형에 대한 예견된 저항을 읽어낼 수 있지만, 주체성의 언어로부터 데카르트를 구해낼 수는 없다. 이런 의미에서 칸트의 개입이 가져온 효과들은 불가역적이다.

Subjektivität—사유하고 인식하고 지각력 있는 개인, 다시 말해서 외부적 대상들로부터 받은 영향의 결과물이 아니라 자체적 성향들[로크와 말브랑슈[5]가 "이차적 자질"이라고 부른]의 결과이며 개인의 내부에 존재하는 현상의 장이자 특질로서의 주체—는 이미 바움가르텐[6]의 『미학』에서 중요한 자리를 차지한다. 요하임 리터[7]는 우리에게 이 점을 상기시켜 준다. 물론 바움가르텐이 사용한 subjectum—혹은 독일의 "Subjekt"—은 추상적 개념규정에 뒤따르는 것이지 선행하는 것이 아니다. 실제로 『순수이성비판』 이후에야 Subjekt가 (조건이 달라짐에 따라 논리적 주체, 경험적 주체, 합리적 주체, 초월적 주체, 도덕적 주체로) 비로소 주체성 철학의 주요 개념이 되었다. 칸트의 철학은 사유의 문제지형을 발명한다. 여기서 사유는 윤리적이고 미학적인 가치들의 보편성 뿐 아니라 자연법의 객관성에도 접근할 통로를 본질적으로 갖게 된다. 다른 한편 그의 철학은 모든 유한한 영혼을 위해 세상을 구성하고 세상에서의 행위에 의미를 부여하는 의식의 자질들이 작동할 때 그 속에 내재하는 일반적 개인성을 "주체"(즉 대상의 타자)라고 이름 붙인다. 이 개념에 내한 다소 이례적인 예견들을 고려한다고 해도[가령 13세기 프란체스코 "영혼주의자" 피에르-장 올리우의 글에서 알랭 드 리베라[8]가 찾아낸 것처럼] —이 예견들을 칸트가 어떻게 알게 되었는지는 설명이 필요하다— Subjekt의 칸트적 발명과 subjetum이나 suppositum에 대한 스콜라적 개념 사이의 유일한 연결고리는 코페르니쿠스적 혁명이라는 아이디어로 지칭된다. 칸트의 혁명 이후 서술의 범주들은 더 이상 존재의 질서가 아니라 사유에 내재하는 규칙들이 되었다. 그리고 존재의 범주가 아니라 대상을 구성하는 데 필수적인 주체의 범주들이다[일반적인 경험이라는 의미에서 선험적이다].

자신의 발견을 데카르트에게 반성적으로 투사함으로써 데카르트적 주체의 발명에 신뢰성을 부여하고, 사실상 데카르트가 결코 사용하지 않은 용어들의 의미론적 변주들이 남긴 흔적들을 찾으려 했던 칸트의 저 위대한 노력은 왜 필요했는가? 대답은 칸트의 텍스트 속에 있다. 『순수이성비판』에서 세 가지 구절을 병렬해 보겠다. 고백하건대 이 구절들을 번역하는 일은 쉽지 않다.

1) Das: *Ich denke*, muss alle meine Vorstellungen begleiten können; denn sonst würde etwas in mir vorgestellt werden, was garnicht gedacht werden könnte ··· Also hat alles Mannigfaltige der Anschauung eine notwendige Beziehung auf das: *Ich denke*, in demselben Subjekt, darin dieses Mannigfaltige angetroffen wird. Diese Vorstellung aber ist ein Aktus der Spontaneität, sie kann

nicht als zur Sinnlichkeit gehörig angesehen werden. Ich nenne sie die reine Apperzeption … weil sie dasjenige Selbstbewusstsein ist, was, indem es die Vorstellung *Ich denke* hervorbringt, die alle anderen muss begleiten können, und in allem Bewusstsein ein und dasselbe ist … von keiner weiter begleitet werden kann.

나는 생각한다는 나의 모든 표상들을 동반할 수 있어야 한다. 그렇지 않으면 전혀 사유할 수 없는 어떤 것이 내게 제시될 수 있다 … 따라서 직관의 다양체들은 모두 동일한 주체의 나는 생각한다에 필히 관련되며, 이 주체에서 다양성이 발견된다. 그러나 이 표상[나는 생각한다]은 자발성의 행동이다. 즉 감수성에 속한다고 볼 수 없다. 나는 이를 순수한 통각이라 부른다 … 왜냐하면 다른 표상들을 동반할 수 있어야 하는 나는 생각한다라는 표상을 생산하기 때문에, 동시에 모든 의식에 존재해야 하기 때문에 더 이상의 표상을 동반할 수 없는 그런 자의식이다.[9]

2) *Ich*, als denkend, bin ein Gegenstand des inneren Sinnes, und heisse Seele … Demnach bedeutet der Ausdruck: Ich, als ein denkend Wesen, schon den Gegenstand der Psychologie … Ich denke, ist also der alleinige Text der rationalen Psychologie, aus welchem sie ihre ganze Weisheit auswickeln soll. Man sieht leicht, dass dieser Gedanke, wenn er auf einen Gegenstand (mich selbst)

> bezogen werden soll, nichts ande–res, als transzendentale Prädikate desselben, enthalten könne … Zum Grunde derselben können wir aber nichts anderes legen, als die einfache und für sich selbst an Inhalt gänzlich leere Vorstellung: *Ich*; von der man nicht einmal sagen kann, dass sie ein Begriff sei, sondern ein blosses Bewusstsein, das alle Begriffe begleitet. Durch dieses Ich, oder Er, oder Es (das Ding), welches denkt, wird nun nichts weiter, als ein trans–zendentales Subjekt der Gedanken vorgestellt = x, welches nur durch die Gedanken, die seine Prädikate sind, erkannt wird.

사유하는 나는 내적 감각의 대상이며, 영혼이라 불린다 … 따라서 사유하는 존재로서의 나라는 표현은 이미 심리학적 대상을 의미한다 … 따라서 **나는 생각한다**는 합리적 심리학의 유일한 텍스트이며, 이로부터 이 학문의 지혜 전체가 펼쳐지게 된다. 만일 이 사유가 대상(나 자신)에게 언급된다면 이 대상의 선험적 서술부만 사유에 담길 수 있다는 것을 우리는 쉽게 알 수 있다 … 그러나 우리는 이 과학[합리적 심리학]의 토대에 단순하고 그 자체로 상당히 공허한 나라는 표상을 두게 되는데, 이 나는 개념이라고 부를 수 없으며, 오직 모든 개념들에 동반되는 의식일 뿐이라고 말할 수 있다. 이 사유하는 나 혹은 그 또는 **그것**(사물)을 통해서 초월적인 사유의 주체 = x가 제시될 뿐이다. 이 주체는 그것의 서술부인 사유들을 통해서만 인식된다(383–385쪽).

3) Der Satz: *Ich denke*, wird aber hierbei nur problematisch genom–men ; nicht sofern er eine Wahrnehmung von einem Dasein enthalten mag, (das Cartesianishce *cogito, ergo sum*) sondern seiner blossen Mög–lichkeit nach, um zu sehen, welche Eigenschaften aus diesem so einfachen Satze auf das Subjekt desselben(es mag dergleichen nun existieren oder nicht) fliessen mögen. Läge unserer reinen Vernunftserkenntnis von denkenden Wesen überhaupt mehr, als das *cogito* zum Grunde … so würde eine empirische Psychologie entspringen.

그러나 이 과정에서 **나는 생각한다**는 명제는 문제적일 뿐이다. 즉 존재하는 것[데카르트의 **나는 생각한다 고로 존재한다**(cogito, ergo sum)]에 대한 지각을 포함하는 한, 이 명제는 채택되지 않는다. 차라리 이 명제는 그 가능성의 조건에 따라 속성들이 단순한 명제에서부터 그 주체로 흘러가는 것을 보기 위해서 (그런 주체의 존재 여부와 무관하게) 채택된다. 우리의 순수한 합리적 사유존재의 인식은 코기토[나는 생각한다] 이상의 것에 기초한다 … 그때 바로 경험적 심리학이 출현할 것이나(386쪽).

대명사들(Ich, Er, Es)을 선택하는 데 뛰어나다는 점을 잠시 접어두면 우리는 칸트가 또 하나의 가면을 쓰고 작업을 하고 있음을 알 수 있다. 칸트는 코기토를 사유가 그 자체로 대상에 대해 취하는 자동참소

작용을 일컫는 이름으로 만들기 위해서 "코기토" 혹은 "나는 생각한다"라는 진술의 규범화를 데카르트에게 귀속시키는데, 이렇게 완성된 공식은 다음과 같을 것이다: "나는 내가 생각한다고 내가 생각하고 있다는 사실을 인식한다." 그는 고전적 형이상학의 의미에서 (서술부들이 귀속되는 한쪽 극 혹은 지지대로서) 사유를 목표로 삼고 동시에 사유에 의해 목표로 설정되는 "어떤 것" 혹은 "존재"를 "주체"(그가 Subjekt라고 번역한 Subjectum)로 지칭한다. 따라서 칸트는 자신의 후계자들(피히테와 헤겔)에게 개념화할 수 있는 유일한 주체(hupokeimenon)는 주체 자신과 주체의 사유인 서술부들을 사유하는 주체라고 제안한다. 데카르트적인 시각에서 볼 때 이 두 작용은 모순된다. 『명상들』을 다시 읽어보면 이 점은 분명해질 것이다. 엄격히 말해서 데카르트는 간단한 문구인 "코기토"를 규범화하지 않는다. 물론 데카르트가 자신이 하고 있는 진술의 속성들을 사색하는 방식으로 규범화를 예견할 가능성도 있다. 한편 형이상학적 주체로 향해 가는 움직임은 코기토와 양립 불가능하다고 말해야 한다. 『명상들』에서 코기토는 실존적 명제 "나는 있다, 나는 존재한다"로 환원된다. 코기토는 데카르트가 신의 대문자 "그"(Il, Ille)와 몸의 "그것"(ceci, hoc)에 대립시킨 일인칭대명사의 발화(에고)와 불가분하다. "나는 생각한다"는 "나는 있다"에 대한 등가물로서 "나는 내가 있는 대로 있다", 즉 나는 나의 영혼(mens)이지 대문자 그(신)나 이것(내 몸)이 아니라는 것으로 발전된다. 확실히 우리는 좀 더 심각한 결과들을 초래한 오독을 만나게 된다. 왜냐하면 후설과 하이데거에 이르는 초월철학 전체는 데카르트를 칸트의 시선을 통해 읽으면서 끊임없이 주체를 발견하는 순간 "주체를 실체화했다"는 이유로 데카르트를 비난하기 때문이다.

그러나 이런 오독은 근본적으로 칸트가 그의 "초월적 변증법"이 담지한 독창성 일체를 집중시킨 혁명적인 아이디어, 즉 데카르트의 "사유하는 사물"이 갖는 "개별성"과 다르면서 동시에 아리스토텔레스적 형이상학의 "주체성"과도 다른 개념을 위치지우려고 노력할 때 봉착했던 어려움의 결과이다. 이 아이디어는 사유에 본질적인 지각적 외관의 진실에 관한 것이다. 칸트에 의하면 사유 그 자체로부터 영향받은 내적 감각과 그에 따른 "내적 실재"(그 자체로 사유의 대상)라는 환영이 출현하지 않고는 우리는 사유할 수가 없다. 따라서 사유하는 '나'는 현상, 말 그대로 재현의 장면에서 '나타나는 것'이며, 그것을 알 수 있다는 믿음을 통해서 자신을 오인하지 않을 수 없다는 조건 하에서만 정확히 논리적인 방식으로 스스로를 인식한다. 칸트에게 실체는 더 이상 존재의 질서나 '물자체'에 속하는 것이 아니라 영원히 현상계에 남아 있는 것에 대한 개념에 불과해진다. 논리의 힘 혹은 자질로서의 주체는 현상적이지 않기 때문에 실체적이지 않다. 그러나 주체가 (스스로를) 사유할 수 있는 한, 주체는 실체의 양식으로 나타난다.「초월적 연역」이라는 절에서 칸트는 이렇게 말한다: "따라서 나는 존재하는 그대로의 나 자신에 대한 인식을 갖지 않는다. 내가 나에게 나타나는 대로만 인식할 뿐이다"(wie ich mich selbst erscheine)(196쪽). "나"—"나는 생각한다"는 분리 불가능한 진술의 형태로만 주어지며, 또 그 자체로 순수한, 말하자면 통칭으로서의 "이름"으로 기능한다—는 오직 나 자신을 환영적 방식으로 이해할 수 있을 뿐이다(또 그렇게 해서 나 자신에게 "영향을 미칠" 수 있다). 그러나 이러한 환영 혹은 초월적 외관(Schein)만이 본래의 진리를 전달해 준다. 이것이 유일하게 가능한 토대이다. 어떤 의미에서 그것은 진리 그 자체이다. "주체"는 이제 이 놀라운 대립물들의 통일성을 표시하는 말이 되었다. 자신은 이제 자유롭게 벗어났다고 주장하면서 칸트는 이 형이상학적 환영을 데카르트에게로 돌린다. 이 '실수'를 통해서 데카르트는 진리가 환영의 핵심에 놓여 있음을 입증한 셈이다.

이 모든 것—발화와 번역 혹은 전치(transpositions)의 구문적 형태들이 맡는 중요한 역할—을 통해 우리는 이제 사유의 인식론적 명제들과 경험들만을 다루어야 할 것처럼 보인다. 주체의 문제에 노정된 이런 조건 때문에 "실천적인" 정치적 차원은 결코 다루어질 수 없다. 그럼에도 불구하고 내가 강조하는 두 가지 특징에 집중함으로써 이러한 관찰의 확실성 자체를 문제삼을 수 있다. 첫째, 칸트의 주체[나(Ich) 혹은 나는 생각한다(Ich den-ke)]는 근본적으로 반성적 관계에 놓여 있다. 이는 주체에게—그리고 주체가 자신에게 귀속시키는 것으로—동시에 진리이면서 실수이고 인식이면서 오인으로서의 재현을 제공한다. 둘째, 주체는 명령에 따르도록 유혹당하면서 동시에 정언명령의 형태를 통해 명령에 접근하도록 요구받는다. 이 과정에서 의식적 지각의 원이 열리게 된다. 이 명령은 주체의 재현을 현상주의(혹은 실체주의이기도 한데, 궁극적으로 이 둘은 동일하다)로부터 자유롭게 해준다. 이로써 "순수한" 사유의 활동이라는 개념에 주체를 부착시키게 된다. 이런 종류의 개념은 자연의 지평 속에서는 아무런 의미도 없고, 오직 자유의 상관물로서만 의미를 가질 뿐이다. 바로 이 지점에서 "순수 이성의 오류" 논의가 진행되는 방식—초월적 "주체"(혹은 "나"[Selbst]라는 반성적 동일성)를 도덕적 인간성과 동일시함으로써 인간존재를 "자신이 생각하는 것보다 더 나은 세계 시민이 되도록" 만드는 것—은 완전한 의미를 얻게 된다.

역사적으로 말하면, 우리는 칸트적 사유의 이러한 하부층위를 혁명과 후기 혁명기 시민의 "주체되기", 그리고 더 중요하게는 "권리 주체"(Rechtssubjekt)의 범주 구성과 관련지을 수 있을 것이다. 최근의 연구에서 이브-샤를 자르카는 각 주체가 다른 모든 타자들의 장소에 자신을 위치시키도록 요구하는 정의와 평등의 차원을 반박하면서 Subjectum juris라는 표현이 출현하게 된 근원으로 라이프니쯔를 지목한다. 이 표현은 이 주체의 담지자가 보유한 보편적인 "도덕적 자질"을 가리킨다.[10] 그러나 우리는 칸트가 헤겔처럼 권리의 분리에 대한 규정에 가장 가까이 다가간 듯이 보인다 해도 결코 "권리 주체"라는 표현을 쓴 적이 없음을 알고 있다. 왜냐하면 그럴 경우 권리역사학파[사비니[11], 휴고[12], 푸흐타[13]] 쪽으로 향해야 되기 때문이다. 이러한 주체(Subjekt)는 우리가 "의무"라고 생각하는 것과의 관계에서 주권(국가의 형식 그 자체로 국민이 될 그런 주권)에 복종하는 정치적 "주체들"(Untertan: 칸트의 라틴어 Subditus와 동의어)과는 아무 관계가 없다. 주권과 법의 주제를 다루다보면 은연중 주체의 해방과 "스스로 해방하는" 주체라는 관념을 발동시키게 되기 때문에 결과적으로 이런 주제는 억압된다.

Subjectus/Subjectum: 낱말의 역사적 유희

프랑스어의 su(b)jet와 영어의 subject, 스페인어의 sujeto, 이탈리아어의 soggetto는 주체에 담긴 이중적 어원을 가리키므로, 독일어에서 Untertan[14]과 구별되는 Subjekt가 환기시킬 수 없는 의미를 즉시 드러낸다. 한편으로 이 낱말들은 Subjectum, 즉 개별 속성들의 행위주체를 가리키며 다른 한편으로는 Subjectus, 즉 법이나 권력에 종속한다는 의미를 가리킨다. 말하자면 우리는 가정(假定)과 종속의 문제들을 다루는 것인데, "누구?"라는 질문이 향해 있는 용어와 "무엇?"이라는 질문이 향해 있는 것 사이에 벌어진 틈새에서 타협하는 것이다. 우리는 이 언어학적 차이가 서구 철학의 형성에 중요한 역할을 했으며 말들의 역사적 유희로서 주체(하이데거의 프랑스어 번역물들을 패러디)를 제시했고, 이 주체의 효과를 홉스에서 푸코까지(루소, 헤겔, 니체와 바타이유를 거쳐서) 추적해 갈 수 있다고 주장한다.

"주체"는 본래 프로이트를 매혹시킨 "대립적 의미의 낱말들"에 포함되진 않았지만 자유와 강제가 이제는 동전의 양면으로 보이는 것과 같은 차원에서 결국 그런 종류의 낱말이 되었다. 이러한 중층결정의 기원들은 그리스어에서는 찾아볼 수 없다. hupokeimenon (지지의 하부층위), hypostasis(삼위일체의 사람들을 지칭하는 기술적인 용어가 되기 전의 토대 혹은 실체)와 hypèkoos("발화에 복종하는 그": 하인, 제자, 조공을 바치는 사신)라는 용어들의 구성 방식을 유추해 본다고 해도 사정은 마찬가지이다. 우리는 대신 라틴어로 방향을 틀어서—즉 기독교 로마제국—구원에 이르는 길로서의 복종을 중심으로 한 신학적 정치와 도덕적 인류학의 역사를 살펴봐야 한다.

법리학적인 형상으로서의 subjectus는 로마법에서 절대왕정에 이르는 17세기에 걸쳐 발전한다. 여기서 첫 번째 질문이 제기된다. 우리는 어떻게 다른 개인의 권력에 복종하는 개인들을 일일이 열거하는 것으로부터 인간 종을 "주체"의 공동체로서 대표하는 것으로 이동해 가는가? 독립적인 사람과 의존적인 사람 사이의 구별은 로마법의 토대였다. 여기서는 가이우스[15]의 텍스트를 떠올리는 것으로 만족하자: "다음은 법에서의 개인들에 대한 또 다른 구분이다. 어떤 사람들은 sui iuris(독립적)이고 어떤 사람들은 alieni iuris(다른 사람에게 의존적)이다. 또 의존적인 사람들 중 일부는 potestas[권력]에 놓여 있고, 다른 사람은 manus[손에, 즉 다른 사람의 사법권에]에 있으며, 어떤 사람들은 manicipium[노예상태]에 있다. 첫 번째 의존적인 사람들을 살펴보자. 이들을 잘 이해하면 우리는 동시에 독립적인 사람들에 대해서도 알 수 있다."[16] 잘 알려져 있듯이 종속[17]의 형태들에 대한 변증법적 구분에 의해서 우리는 자유인, 즉 주인의 정의를 얻게 된다. 그러나 이 구별이 주체들을 연결시키기에는 potestas, manus, manicipium의 개념들만으로는 충분하지 않고 imperium(절대권위)이 필요하다. 보편적 종속의 개념은 제국과 함께, 즉 시민과 수많은 비-시민들이 "봉사"해야 하는 왕세라는 사람과의 관계에서만 등장한다. 그러나 이 조건은 여전히 충분치 않다. 정복당한 사람들, 즉 소위 "로마민족의 주체들"과 (가능하다면) 같은 방식으로 로마인들이 imperium에 굴복할 수 있어야 한다. "로마민족의 주체들"이라는 표현은 혼동을 일으킨다. 왜냐하면 제국 내 개인적 지위를 갖는 일반화된 로마 시민권의 지평을 가리키게 되어 모순을 낳기 때문이다. 따라서 무엇보다도 imperium은 신학적으로 기독교적 imperium, 즉 신으로부터 나오고 신에 의해 보존되는 영적 권력으로 육신 뿐만 아니라 영혼 위에(그리고 그 속에) 군림하는 것으로 설립되어야 할 필요가 있다.

이런 의미에서 택한 주체["법 주체"(sujet du droit)]는 나중에 "권리 주체"(sujet de droit, Rechtssubjekt)라고 불리는 것과는 정반대이다. 이 주체의 주된 특성은 subditus(종속된)이지만 servus(노예)는 아니라는 점이다. 주체를 subditus라고 부르면 복종의 관계에 진입했음을 의미한다. 복종은 통제할 권리를 가진 지배자와 이 권력에 굴복하는 이들 사이에서만 세워지는 것이 아니라 sublimis(명령하도록 "선출된" 사람)와 subditi 혹은 subjecti(법을 받아들이기 위해서 그에게 향하는 사람들) 사이에서도 생긴다. 통제하는 권력은 권력들의 위계질서에 따라 분배된다. 복종은 복종하는 사람들을 동일한 육신의 구성원들로 만드는 원칙이다. 복종 그 자체는 시초/군주의 형상을 통해서 최상에 집중되는 것인데, 근본적으로는 여전히 아래에서 올라온다. subditi로서 주체는 그들 자신의 적절한 복종이 창조와 구원의 경제로 기입되기를 원한다. 따라서 모든 권력이 신에서 비롯한다는 것을 안다면 **우연히 주체가 되어 있는 충실한 자**는 또한 필연적으로 **충실한 주체**이다.

이러한 복종은 그 원칙이 통일되어 있으며, 이루 헤아릴 수 없게 많은 형태를 갖는다. 고대 시기에는 미지상태였거나 적어도 정치적 관계를 사유하는 것과 동일한 방식으로는 사용되지 않았던 영혼의 개념을 함축한다. 고대 그리스인의 경우 복종하는 것은 영혼이 아니다. 복종은 명령자와의 관계에 놓인 자신을 발견하게 되는 우발적인 상황이지만, 또한 [적어도 민주적인 국가에서] 스스로 명령자가 되는 것이다. 이는 아리스토텔레스적 의미에서 시민이다. 이런 복종의 개념은 가내적(domestic) 유형을 띠는 자연적 의존을 담고 있다. 이런 관점에서 "자유로운 복종"의 개념은 그 용어상 모순이다. 노예도 자유로울 수 있다는 생각은 (스토아주의와 함께) 좀 더 나중에 생겨났다. 다른 차원에서 ("영혼들"의 도시인 "우수적" 노시에서) 노예인 사람들은 여기서 주인일 수 있고 (그들 자신들에 대해서, 그들의 열정에 대해서) 또한 상호적 연결고리(애정)에 의해서 타자들에 묶여 있는 시민일 수도 있다. 여기에는 복종 속에 깃든 해방이라는 아이디어에 가장 근접하면서 복종 그 자체의 결과가 될 만한 것은 아무 것도 없다. 이를 개념화하기 위해서 복종의 아이디어는 영혼 쪽으로 전이되어야 하고 더 이상 자연적인 것으로 사유되어서는 안 된다. 복종 개념은 질서의 신성함을 이해하는 개인의 초자연적인 부분에 이름을 붙여주어야 한다.

군주의 주권인 sublimes가 말 그대로 노예주의 권위 형태인 독재와 구별되는 것과 같은 방식으로 Subditus-subjectus는 노예로부터 지속적으로 구별된다. 그러나 이러한 근본적인 구별은 다른 방식으로 정식화되었다. 신학적 전통 내에서 주체는 믿는 자로서 기독교도이며, 그의 영혼이 복종하는 것이므로 주권은 결코 소유하는 "사물"이 될 수 없다. 그의 복종은 군주의 책임감이나 의무와 일치한다. 하지만 이런 식으로 주체의 자유를 사유하는 방식은 특이하게도 실천에서는 양면성을 띤다. 주체는 자기 자신을 복종에 대한 자신의 의지를 긍정하고 적극적으로 기여한다고 이해하거나 (기독교도가 자신의 일을 통해서 "그의 구원에 협조하는" 것처럼) 의지의 파멸로 이해한다. 이는 바로 신비주의자가 오직 절대주권인 신을 명상하면서 스스로를 파멸시키려고 하는 이유이다. 자율성은 무와, "격식"(propriety)은 "탈-격화"(de-propriation)와 동거한다.

그럼에도 불구하고 중세와 르네상스 시대의 마을 공동체에서 "시민"의 복귀가 진행될 때, 시민은 자신을 zoion politikon으로 환원시키지 않는다. 이 표현을 "사회적 동물"이라고 번역한 토마스 아퀴나스는 인간의 christianitas(초자연적 자질)를 그의 humanitas(자연적인 어떤 것)와 구별한다. 즉 그는 "믿는 자"와 "시민"을 구별한다. 이때 "주체"에게 무슨 일이 일어나는가? 제한적 의미에서 복종이 "시민성"과 "정치"를 통합하고 그 자체를 자연으로 기입하는 정치적 질서의 효과라면, 주체는 더 자율적이다. 그러나 이 주체를 subditus로서 개념화하기란 좀 더 어렵다. 이 낱말이 함축한 본질적인 복종의 개념이 위협받기 때문이다. 이러한 모순은 **주권의** 한시적이면서도 영적인 "두 몸" 사이의 신비로운 통합을 그 최종적 극단으로까지 몰아가는 절대군주 왕정에서 돌출한다. 마찬가지 상황이 주체의 해방에도 일어난다. 그 의지가 법인 군주, 즉 "신민의 아버지"이며 그들에게 절대권위를 가진 군주는 유일하다. "짐은 곧 국가이다"라는 루이 14세의 말처럼. 그러나 절대군주는 정확히 국가의 권력, 즉 법과 행정을 통해 스스로를 설립하고 행사하는 권력이다. 따라서 그의 신민들은 "권리 주체"가 아니라 해도 적어도 "권리 속의" 주체들로서, 공화국[홉스는 공화정이라고 부른다]의 구성원이다. 주체는 시민이다. 혹은 장 보댕은 이렇게 말한다. "우리는 모든 시민이 주체라고 말할 수 있다. 왜냐하면 그의 자유는 그가 복종하는 지배권력에 의해 제한받기 때문이다. 우리는 모든 주체가 시민이라고 말할 수 있다. 노예의 경우를 보라."[18] 하지만 어떤 상황에서는 "다른 사람의 주권에 의존하는 자유주체"[19]로서의 시민의 조건을 지지하는 일을 못하게 할 수는 없다. 용어를 전복시켜서 보에티우스[20]는 이러한 이론들과 관련해서 일자(the One)의 주권을 "자발적 종속"으로 정의한다. 국가의 이성은 초자연적 자유의 의미를 여기에 부여하지 않는다. 절대주의와 독재권력 사이의 (비)차이에 대한 논쟁은 절대군주의 역사 내내 지속되었다. 새로운 시민과 (또 시민적 이상화를 위한 본질적인 원천이 될) 시민의 혁명이라는 관점에서 돌이켜 보건대 주체의 조건은 노예의 조건, 즉 노예상태로의 주체화 혹은 종속화(subjection)와 동일해질 것이다.

프랑스어에서의 주체성

이제 현대 철학—특히 프랑스어로 쓰인 것—이 어떻게 주체성의 문제를, 존재를 진리와 외관에 연결시키는 본질의 문제도 아니고, 형이상학 전통에서처럼 자유와 자연을 대립시키는 것도 아닌, 그들 자신의 갈등에 "내재적인" 생성이자 힘들의 관계, 즉 정치적 문제로 이해하는

가를 해석할 수 있게 되었다.

사상사와 낱말의 역사라는 관점에서 보면, 여기서 우리가 그저 슬쩍 언급하고 지나가는 것들의 중간적 고리들을 우리 식대로 사용하면 도움이 될 것이다. 무엇보다 가장 중요한 것은 루소의 걸작 『사회계약론』과 그 이후 여기저기 흔적을 남겨놓은 그의 글들에 나타나는 두 가지 얼굴이다. 『사회계약론』에서 시민(주권의 일부, 즉 법의 저자)과 주체(동일한 법에 대한 절대복종을 통해서 해방을 찾는다)가 일반적 의지의 원천인 개인 의지의 "총체적 소외"에 따르는 엄격한 상관물로 제시되는 방식을 생각해 보라. 이 일반적 의지는 순서에 따라 모든 개인적 의식에 반영되는 "공동체적 나"를 구성하게 될 것이다. 헤겔은 『정신현상학』에서 (루소를 염두에 두면서) "우리인 나와 나인 우리"라고 쓴다. 그러나 루소의 자서전적 글쓰기는 나의 진정성이라는 주제를 주체화의 주제와 연결시키고 있음을 기억하자. "단 하루라도 내 삶의 이 고유하고 짧은 시간, 내가 완전히 나 자신이 되어 어떤 것과 섞이지도 않고 어떤 장애도 없이, 진정으로 내가 살아 있다고 말할 수 있는 이 순간을 즐겁고 감미롭게 떠올리지 않는 날은 없으리 … 나는 종속을 참을 수 없었다. 나는 완전하게 자유로웠고, 자유로운 상태 그 이상이었다. 내 자신의 애착에만 종속된 채 나는 내가 하고 싶은 것만 할 수 있었다."[21]

나아가 단지 (정치적 권리가 부여된) 시민에 의한 주체(subjectus, subditus)의 '지양'으로만 한정될 수는 없는 혁명적인 단절의 효과들을 고려해야만 한다. 이런 단절이 시민을 주체(subjectum)로 생성시키기 때문이다. 이 과정은 그 혹은 그녀의 인간성이 자연화 되어가는 과정과 관련된다. 여기에는 모든 인류학적 차이들(나이, 성, 문화, 건강, 능력, 도덕성 등등)이 사회적 인식을 결정하고 (대체로) 교육의 과정에서 스스로 동일시하게 되는 '개인적 성격'을 기입한다. 이러한 변화는 주권과 주체성 사이의 관계가 전복될 수 있는 역사적이고 정치적인 조건들을 형성한다. 이것이 (적어도 우리의 가설에 따르면) **주체성의 문제와 종속의 문제** 사이의 동일화에 대한 계보를 형성하게 되고, 철학에서의 주체 논의에 담긴 함의를 (동시에 그 역사에 대한 우리의 인식까지도) 완전히 변화시킨다.

끝으로 주체의 문제를 현재의 순간으로 소환해 온 두 사상가를 살펴보자. 라깡과 푸코는 아주 다른 방식이지만, 종속화(subjection)과정으로서 주체성의 유령을 가장 체계적으로 사용한 이론가들이다. 라깡은 역설적이지만 완전히 일상용어가 된 두 가지 프랑스의 구문, "나는 역겹다"(파스칼: Le moi est haissable)와 "나는 타자이다"(랭보: Je est un autre)를 언급하면서 이 오래된 유산을 회고한다. 그에게 주체란 무엇인가? 살아 있는 개인이 '기표의 법'으로부터 소외되는 효과들의 계기에 다름 아니다. 만일 주체가 비환원적이어야 한다면, 주체는 절대 본원적이지 않고 언제나 이미 '의존적'이다. 주체는 개념적으로 결코 정복하기 불가능한 담론과 제도의 상징계적 우주에서 그것을 구성하는(그리고 무엇보다 그것에 이름을 부여하는) 담론의 회귀적 효과로서만 존재할 뿐이다. 라깡은 무의식을 구성하는 "앎의 결핍"을 정확히 이런 용어들로 해석한다. 주체는 스스로를 분리시키는 기표에 회복 불가능하게 종속되기 때문에 무한히 정체성의 환영("나"라는 형상으로 요약된 상상적 인기전술의 나르시시즘적 신념들)과, 이 갈등 속에 참여하는 미지의 요소(어쨌든 가장 적절히 그 자체가 되는 타자[아마도 타자의 성]로부터 생겨나는 문제의 인식) 사이를 오락가락한다. 이 진자운동은 분명 주체를 구성하는 선택이다. "만일 주체의 욕구가 기표의 연쇄를 지나갈 때, 담론의 존재 때문에 주체에게 부과되는 조건 속에서 나타나는 주체의 효과가 욕망이라면 … 주체는 그의 요구가 종속되어 있는 한, 자신을 위해 대타자를 재현하러 온 사람들 속에서 기표들의 효과에 의해 열리는 동일한 틈새에서 구성된 욕망의 구조를 발견해야 한다."[22] 기껏해야 분석은 주체를 "존재의 결여"의 발화로 되돌리는 욕망의 구성과정을 전도시킬 뿐이다. 라깡이 지적하듯이 "욕망은 분석이 주체로 만드는 것을 주체화한다."[23]

푸코의 경우 주체성, 외양, 진실 사이의 관계 유형을, 고백을 얻어내고 제공하는 방법(종교와 심문에서 심리학과 정신과로 넘어가는)에서 찾는다. 나아가 벤담의 패넙티시즘(panopticism)[24]에서 푸코는 모든 "허구적 관계들"의 관념적 도표를 발견하는데, 이는 사회적 정상화를 위한 제도적 기관들의 작동방식으로 구체화되어있다. 이런 기관들로부터 "진짜 종속화가 기계적으로 탄생한다."[25] 여기서 출발한 푸코는 인간존재를 주체로 변형시키는 객관화 양식, 좀 더 분명하게는 권력관계를 연구하는 프로그램을 만든다. 그러나 권력은 없다. 자아와 타자에 공히 작용하는 일정한 지식의 구성을 통해 행사되는 권력은 존재하지 않는다. 그러므로 이 지식은 단순한 이론적 활동이 아니라 사회적 실천으로서의 객관성을 생산한다. 주체와 대상의 문제들—주체화와 객체화의 이중적 과정으로 이해되는 이 문제는 원칙에 따라 개인이 주체화되고 다른 종류의 실천적 양식에 따라 "자아와 자아의 관계"를 구성하는 것에 관련된다—은 서로 대립하기보다는 동일한 현실의 두 측면이다. "여전히 동일한 일반 프로젝트의 틀 속에서 미셸 푸코는 주체가 스스로에게 대상이 되는 구성 방식, 즉 주체가 스스로를 가능한 지식의 영역으로서 관찰하고 분석하고 해석하고 인식하도록 매진하게 만드는 그런 절차들의 형상을 연구하려고 시도한다. 간단히 말해 그는 주체성의 역사를 다룬다. 만일 이 주체성이라는 낱말로 주체가 스스로를 진리의 게임, 즉 자신이 스스로와 관계를 맺는 바로 그곳에서 경험하는 방식으로 이해한다면 말이다."[26] "초월적인 변증법"이라는 낱말은 그 본래의 의미에 저항한다! 우리는 여기서 가정들의 원환구조를 포착하게 된다. 주체는 개인의 '주체성'에 객관적으로 작용하는 종속 혹은 주체화 장치들의 총합이다. 즉 그들은 이 주체성을 그 자체로 향하게 하기 위해서 주체의 '자유' 혹은 저항의 능력을 가정한다. 다시 말해서 우리는 동시에 (개인을 일정한 양식의 훈육과 일정한 유형의 개인성으로부터 해방시키려고 시도하는) 정치의 가능성과 함께 (자의식이라기보다는 접근의 양식인 '자유의 실천들'과 권력의 새로운 관계들을 발명해내는) 윤리의 가능성을 열어주는 권력의 차등장치를 다루는 것이다.

이러한 가정들은 서로 충돌하는 분산 속에서 유럽 역사에 대한 우리의 독해를 변형시킨다. 이 가정들은 니체의 텍스트에 깔려 있는 연상들과 비유들에 증명의 빛을 부여함으로써 『순수이성비판』에 의해 규정되는 주체성을 다르게 전용할 수 있게 해준다. 주체(subjectum, Subjekt이면서 또한 subjectus)가 개인적 종속, 그리고 정치적·사법적·신학적 권력(주체는 그것의 효과이자 전도된 이미지)과의 내재적 관계에 위치하지 않는다면, 우리는 「순수이성의 오류」에서 논의된 진리와 초월적 외양의 역설적 결합으로부터 정신의 형이상학과 "자의식"의 심리학이 아닌, 우리를 내재적 복종과 금욕의 윤리로 다시 이끌어 가는 본래적 차이[혹은 차연(différance)[27]]의 기호를 찾아낼 수 없을 것이다. 결국 이러한 가정들은 데카르트적 주체(혹은 비-주체)를 규정하는 적극적인 유한성의 문제를 다시 열어준다. 다만 그 주체는 "자연" 혹은 사유하는 "실체", 즉 재현된 표상이 아니라 "무한과 무 사이" 혹은 신과 육신 사이에서 "나"를 말하기 위한 힘[캉길렘[28]의 표현을 따서]을 재입증하고 옹호하기 위한 것이다.

(영역: 롤렌 벡소)

주

1 여기 실린 글은 바바라 까생(Barbara Cassin)이 감수하고 Editions du Seuil과 Le Robert에서 출간될 *Vocabulaire Europeen des Philosophies*에 실릴 에띠엔느 발리바르의 〈주체〉라는 항목의 일부를 발췌·번역한 것이다.

2 니체의 원문에는 이 불어 표현이 번역되지 않고 그대로 사용된다. 뜻은 "내가 곧 결과이다"로, 루이 14세의 '짐은 곧 국가이다'라는 말을 따서 만든 것이다(역주).

3 Friedrich Nietzsche, *Beyond Good and Evil: Prelude to a Philosophy of the Future*. Rolf-Peter Horstmann and Judith Norman 편집, Judith Normann 영역(Cambridge: Cambridge University Press, 2002), 18-20쪽. [발리바르가 사용한 불어 번역본은 *Par delà bien et mal, Oeuvres Philosophiques complètes*. vol. 7, Giorgio Colli and Mazzino Montinari 편집, C. Heim, I. Hildenbrandt와 J. Gratien 공역(Paris: Gallimard, 1971). 니체의 글은 최근 영역본을 참고했으며, 필요에 따라 불어와 독어 원본을 함께 싣는다(영역자 주).] [니체 글 인용문은 원문에 영어 번역을 중심으로 독어 원본과 불어 번역이 첨부되어 수록되어있다. 이 책에서는 영역 부분을 한국어로 옮기고 독어와 불어 부분은 번역 없이 그대로 병기했다. 발리바르의 애초 의도가 불어번역을 독어 원본과 비교하는 것이므로 영어 번역은 발리바르의 논문을 영역하는 과정에서 불가피하게 더해졌기 때문이다. 한국어 번역에서는 그에 따라 영어 번역 부분만 번역의 대상으로 삼았다(역주)].

4 독어에서 영어의 부정명사 something, 부정관사 a에 가까운 것을 의미한다(역주).

5 John Locke: 영국의 경험론을 대표하는 철학자(역주).
Nicolas Malebranche: 기회원인론을 주창한 영국 철학자(역주).

6 Alexander Gottlieb Baumgarten: 미학이라는 용어를 창시한 독일 철학자(역주).

7 Joachim Ritter: 자유주의적 보수주의를 대표하는 독일 철학자(역주).

8 Alain de Libera: 프랑스 출신 중세 철학자(역주).

9 Immanuel Kant, *Critique of Pure Reason*. Werner S. Pluhar 번역(Indianapolis: Hackett, 1996), 177쪽. 괄호는 원문. 앞으로 인용 쪽수는 본문에서 괄호 안에 표기함. 독일어본은 Kant, *Kritik der reinen Vernunft*(Hamburg: Felix Meiner, 1956) 참조.

10 Yves–Charles Zarka, "L'invention du sujet de droit," *Archives de philosophie* 60(1997), 531–550쪽.

11 Savigny: 독일의 역사법학 수립자. 로마법의 체계를 연구했다(역주).

12 Hugo: 네덜란드 법철학자 휴고 그로티우스. 『전쟁과 평화의 법』을 써서 근대 국제법에 큰 기여를 했다(역주).

13 Puchta: 독일법학자로 역사법학을 대표한다(역주).

14 군주제의 신민을 의미한다(역주).

15 로마의 법학자로 『법학제요』를 썼다(역주).

16 Gaius, *The Institutes of Gaius*, part I. Francis de Zulueta 번역(Oxford: Clarendon, 1946), 17쪽.

17 불어로 예속화 또는 종속을 의미한다(역주).

18 Jean Bodin, *Six Books of the Commonwealth*. M. J. Tooley 번역(New York: Barnes and Noble, 1967), 19쪽.

19 같은 책.

20 로마시대 정치가이자 철학자(역주).

21 Jean–Jacques Rousseau, *The Reveries of a Solitary*. John Gould Fletcher 번역(New York:Brentano, 1927), 194–195쪽.

22 Jacques Lacan, *Écrits: A Selection*. Alan Sheridan 번역(New York: Norton, 1977), 264쪽.

23 같은 책, 260쪽.

24 공리주의를 대표하는 사상가 벤덤이 구상한 원형감옥으로, 원형공간이 가운데 놓인 복층 형식이다. 중앙의 감시탑에서 바깥쪽 감옥수를 감시할 수 있어 최소한의 감시원으로 최소의 비용을 들여 최대의 감옥수를 통제할 수 있는 시스템이다. 프랑스 철학자 미셸 푸코는 이 원형감옥으로부터 근대국가의 지배권

력체계를 착안해낸다(역주).

25 Michel Foucault, *Discipline and Punish: The Birth of Prison*. Alan Sheridan 번역(New York: Pantheon, 1979), 202쪽.

26 Foucault, "Foucault," *Dits et écrits 1954–1988*(Paris: Éditions Gallimard, 1994), 4: 633[편집자 번역].

27 프랑스 철학자 자크 데리다의 해체철학을 대표하는 개념으로, 차이에 해당하는 불어단어를 의도적으로 잘못 표기함으로써 동일한 소리에 철자가 다른 단어를 창안해낸 것이다. 텍스트와 발화 사이에 암묵적으로 작용하는 음성중심주의를 비판하는 개념이다(역주).

28 프랑스 과학철학자이다. 저서로 『정상과 병리』가 있다. 미셸 푸코의 스승으로 알려져 있다(역주).

결여와 파괴

알랭 바디우

주체는 자신을 앞서간다

1977년 4월 18일

파괴—초과실재와 반복 가능성의 방해—치료와 재교육—두 개의 주관적 힘의 배치: 불안과 초자아

파괴는 주체의 접붙이기에 대한 수사이다. 주체에서의 상실은 결여를 원인으로 바꾸고 과잉으로부터 일관성을 구축한다. 파괴를 통해서 주체는 결여의 내부에 남아 있는 것에 자신을 부착시킨다. 따라서 주체는 원인의 현존에 따른 결과를 반복적으로 봉쇄하지 않는다.

모순(분리)의 **구조적** 개념이 결여의 존재를 암시하고 법의 지평을 가리킨다면, 모순의 역사적 개념은 파괴의 현존에서 발생한다. 파괴의 행동반경은 법이 없는 곳(non-law)이다. 지니의 요술램프 속 악동요정 같은 탈-장소(ex-place)[1]의 법을 구성하는 모순의 한 축은 자체적인 부재와 유희한다. 여기서 부재는 반복 가능성의 설립을 통해서 세계가 영구적으로 보존되도록 보장한다. 적대적 인물이 등장해서 반복에 복종할 때 외에는 결코 현존하지 않는다는 의미에서 부재는 지배계급에 대한 정의에 해당한다. 우리는 이러한 부재를 '사회'라고 불러야 하고—예를 들면 프랑스 제국주의 사회—이로써 주관화의 함정에 빠지지 않게 된다. '사적' 주체에 관해 말하자면 욕망의 법 속에서, 좀 더 구체적으로는 도착/신경증의 이분법에서 주체의 명명하는 정체성과 그 이유를 찾아야 한다. 신경증과 도착은 원초적인 주관적 요소들이며, 우리는 이 요소들을 통해서 사회로 입문하게 된다.

그러나 주체를 생산하는 모순의 다른 한 축은 **파괴적**이라고 볼 수 있다. 하지만 이런 사실이 주체의 변증법을 신경증, 즉 사회화된 반복의 질서로 환원되도록 허용하지 않는다. 사회가 정치의 신경증인 것은 사실이다. 노동조합주의[2]가 국가와 제국주의적 반복을 향해 비통에 잠긴 강박적인 충성심을 가지고 구현해내는 것이 바로 이 정치의 신경증이다. 조합은 오직 한 가지 결여, 즉 법의 결여만을 인식하며, 따라서 법에 대한 모든 옹호는 본실직으로 '합법적'이 된다.

정치적인 것은 같은 방식으로 구조화된다 해도 바로 그 합법성에 대해 스스로 부여한 파괴 속에서 사라져 간다. 파괴적 요소는 반복의 탈-장소적 토대 위에 기입될 수 없으며, 오로지 자리를 유지하게 만드는 것의 과잉을 통해서만 기입될 뿐이다. 우리가 주체라고 부르는 것이 바로 이 파괴적 요소이다. 주체를 '존재의 결여에 대한 환유'라고 규정하게 되면 주체의 본질을 오직 반쪽만 확인할 뿐이다. 다른 반쪽은 **결여를 존재하게 하는 것**, 즉 순수한 대체의 행위로 환원 불가능한 **파괴**이다.

이런 식으로 결여의 법에서 나와 자리를 차지하게 되면 주체는 파괴의 공격을 따라 '초과실재'를 들여와서 결여 그 자체가 결여되게 된다. 바로 이 '초과실재'를 나는 '힘'(force)이라고 부른다. 하지만 이 부분을 조금 수정할 필요가 있다. 내가 2년 전에 쓴『모순의 이론』이라는 책에서 '힘'의 개념은 제대로 변증(辨証)되지 않았다. 그 책에서 힘은 "자리 잡은 힘"으로 개념화되어 자리를 보충하거나 심지어 자리에 경의를 표한다. 이런 의미에서 힘은 자릿수 체계(place system)를 전복시키는 토대를 제공하는 작업의 속성 이외에는 아무 것도 아니다.

나는 아무리 정당하고 교육적으로 올바르다고 해도 구조의 질적 완성을 목표로 삼는 것은 여전히 시기상조라고 생각한다. 모순의 두 항이 힘의 관계로 바뀌는 것은 각 항의 질적 이질성 때문만은 아니다. 우리가 이 수준에만 머물러 있다면 종국에 가서는 티격태격할 뿐이다. 보수적인 항은 결여의 법과 동일화되고 타자를 반복으로 종속시킨다. 힘이란 자리에서 일탈해서 스스로 반복에 위임된 항에 집중하는 것에 다름 아니다. 이런 방식으로 힘은 반복의 작동방식을 막히게 하고 그 법의 파괴를 가능하도록 작용한다. 낡은 일관성의 처방에 따라 그저 미끄러져가던 자리에서 우리는 그 자리를 초과하는 순수함을 통해서 방해가 일어나는 것을 발견하게 된다. 이것이 힘의 역사이다.

이런 관점에서 오직 하나의 주체가 있듯이 오직 하나의 힘이 있고, 그 힘의 존재는 언제나 사건으로 표면화된다. 이 사건, 즉 주체의 흔적은 결여와 파괴를 가로질러 잘라낸다. 혁명이 호밀가격의 상승곡선을 잘라내거나 죽음이 전쟁의 관례들을 방해하거나 군중이 바스티유 감옥으로 몰려가거나 볼셰비키 정치질서가 나타나는 시점에 바로 이 주체의 가로지르기가 일어난다.

주체-지지대는 반복에 종속된 일부(자리매겨진 결과)와, 반복을 방해하고 막아서 비-반복적인 것을 가져오는 부분으로 불가피하게 나누어져 있다. 우리는 지금 힘과 장소의 단순한 구분 너머 좀 더 복잡한 어떤 것에 대해 말하고 있다. 힘과 장소는 동일한 과정에 대한 두 가지 개념이 아니라 그보다는 한 개념(주체)의 두 가지 과정(반복/방해와 결여/파괴)이다. 힘은 반복 가능한 것으로부터 분리되어 비-반복되는 것으로 존재한다. 이 점을 좀 더 명확히 하려면 정신분석적 치료와 정치적 재교육의 목표 사이에 평행선을 그려보는 것이 도움이 될 것이다. 치료와 목표, 각각의 명백하고 보편적인 단점이 무엇이든 간에 중요한 것은 의도이다.

우리는 진료소파가 집단수용소만큼 심각한 것이 아니라고 주장하는 사람들에겐 관심 없다. 그들에게 우리는 주저 없이 이렇게 말할 것이다. 두고 보라고. 신(新)철학(nouveaux philosophes)의 교리인 "수용소는 수용소이다"는 시카고 정신치료의들이 라깡을 파문시킴으로써 주장하려고 했던 것, 즉 "소파는 소파이다"만큼이나 거짓이다. 정신분석

치료는 주체를 그의 반복에 재적응시키는 것 이외에 어떤 다른 실재적인 목표를 갖지 않는다. 따라서 라깡은 분석가로서 자신이 갖게 되는 권력과 관련해서 극단적인 중용을 보인다. "분석시 지나치게 밀어붙여서는 안 된다. 피분석가가 자신이 살아 있는 것이 행복하다고 느낀다면 그것으로 충분하다."[3]

그렇다면 정치적 재교육의 목표는 무엇인가? 그것은 다름 아닌 한 사람의 주체 위치를 전복하는 것, 다시 말해 주체의 과거 계급 정체성에서 도출된 반복을 방해하는 것이다. 이 과정에서 행복과 '건전한 생활'은 아무런 역할도 하지 않는다. 정신분석적 치료는 결여의 법을 극복하라고 주장하지 않는다. 실제로는 정반대이다. 진실의 노동은 징후—라깡에 의하면 "대다수 사람들에게 가장 실재적인 것"[4]—의 해소를 통해서 진실 자체를 망각시켜 원인에의 종속을 재창조하는 것을 목적으로 한다. 왜냐하면 "[모든] 성공한 상징적 통합은 일종의 정상적인 망각과 관련된다." 그리고 "역사로의 통합은 그와 함께 상징적 존재로 변형될 수 없는 그림자의 세계를 망각시킨다. 이 상징적 존재가 성공하고 주체에게 완전히 전취된다면 그 뒤에 아무런 무게도 남기지 않는다."[5] 정신분석적 치료는 결여의 효과가 다소간 부드러워지는 작용이다.

정치적 재교육 혹은 혁명화 과정은 완전히 "사람들을 바꾸려고 한다", "세뇌작용", "개인성의 파괴" 혹은 마오의 표현대로 "인간의 가장 내면적 존재를 바꾸려고" 한다는 빗발친 비난을 받아 마땅하다. 마오의 표현은 문화혁명의 공인된 목표였다. 문화혁명은 늙은이는 죽을 수 있다는 확신을 전제로 삼는다. 그러면 이런 비난들의 이면을 보자. 결국

'나'라는 주체를 구성하는 상실을 영원히 망각하기 위한 핑계에 다름 아니다. 이 비난들은 그저 반복할 권리에 대한 옹호에 불과하다. 이런 옹호에 담긴 역설은 자명하다. 분석에서 무엇을 기대해야 하는가라는 질문에 대해 라깡은 자신의 징후를 없애려고 해야 한다고 대답한다. "징후는 치료될 수 있다."[6] 그렇지만 징후란 무엇인가? "소위 신경증적 징후란 간단히 말해서 계속 살아갈 수 있게 해주는 것이다."[7] 우리에게 가장 실재적인 것, 우리를 계속해서 살아 있게 하는 것으로부터 탈피해야만 하는가? 자신의 진실과 함께 살아가기란 징후를 유발한다. 왜냐하면 부재해야만 할 것이 과잉되기 때문이다.

이런 이유로 치료는 전부(All) 진실로 조율하려고 하지 않는다. 진실추구가 지나치게 엄격하면 정신병을 낳는다. "우리가 피분석자들을 정신병자가 될 정도로 정상화하지 않는다는 것은 천만다행이다. 그래서 아주 조심해야 한다."[8] 핵심은 다른 곳에 있다. 즉 실재를 그 망각의 망각, 다시 말해 원인적 힘이 결여로 순화되어 우리가 진실을 전부(All) 조율하게 될 곳으로 옮기는 것이며, 이런 종류의 일은 중용을 요한다.

혁명의 과정은 역사를 요구하지 않는다. 사실 혁명과정은 역사를 속이고 진실을 조각내어 온전히 분열시킨다. 혁명의 과정은 낡은 질서를 징후로 바꾸어서 징후의 전체적 진실을 보여줌으로써 위기를 가져오려는 야심이나. 혁명은 우리를 가장 엄격한 의미에서 윤리의 영역으로 이끈다. 주체의 자기 동일성이 반복 가능한 것과 결여의 법으로부터 도출된다면 저항의식을 갖는 일은 가능할까? 상실을 통제할 가능성과 새로운 것을 위한 공간을 열어주는 파괴의 가치를 평가하는 일이 가능할까?

분석적 치료, 혁명화 과정 … 늘 그렇듯이 사실 그 자체는 어느 쪽으로도 증거를 제시하지 않는다. 진료용 소파의 베테랑들과 좌파 프롤레타리아[9] 사이에서 벌어진 1970년대의 논쟁이 야기한 수많은 결과가 유의미했다고 말할 수 없다. 우선 주체의 두 순간 사이에 분열을 유지해 놓고—이 둘을 절합하는 일은 어렵기 때문에—그 분열을 가능한 실패의 축복이기도 한 최초의 파괴의 순간에 접붙여 보자.

만일 라깡이 변증법자라면 자신이 하지 않고 있는 일이 무엇인지 깨달을 수 있어야 한다. 그는 결여의 법이 갖는 구조적 우선성을 반대쪽 극단으로 가져갈 수 있는 조건, 그리고 그곳에서 법이 파괴와 힘의 실제보다 더한 것으로 바뀌는 조건에서만 헤겔에게 대응할 것이다. 하지만 '힘'은 라깡이 지독히 싫어한 용어이다. 라깡 자신 미국 경제학자들의 자부심에 맞서 바쁘게 싸우고 있지만 말이다. "정신적 에너지", 양과 흐름, 이 모든 것들은 무지의 피난처[10]이다. 라깡은 인식론적인 불신(여기서 라깡은 말을 늦치지 않는다)에서 출발한다. "역사 속에서 얼마나 자주 에너지와 힘이라는 개념이 갈수록 전체주의화되어 가는 현실로 포섭되고 반복해서 사용되어 왔는가!"[11]—곧장 의미심장한 판결로 넘어간다—"힘은 불투명한 장소를 가리키기 위해서 사용된다."[12] 우리는 여기서 만족할 수 없다. 라깡 이론에서 파괴의 '초과실재'와 주체의 대수학을 위반할 때 일어나는 상황을 지칭하는 두 가지 주제가 있다는 점을 제안한다. 바로 불안과 초자아이다.

초자아에 대한 주요한 언급을 보자.

> 초자아는 법과 관련되어있으며, 동시에 무감각한 법이다. 따라서 법을 인식하는 데 실패하게 된다. 우리는 늘 신경증 환자에서 초자아의 활동을 이런 방식으로 목격하게 된다. 신경증 환자의 도덕성이 무감각하고, 파괴적이며, 순수하게 억압적이고, 언제나 거의 항상 반-법적이기 때문에 분석 중 초자아의 기능을 설명하는 일이 필요한 것이 아닐까?
>
> 초자아는 동시에 법이며 법의 파괴이다. 초자아는 발화 그 자체로서 법의 명령이다. 적어도 그 뿌리 이상의 것이 남아 있지 않다는 점에서 그렇다. 법은 전적으로 표현될 수 없는, 가령 너는 반드시 해야 한다와 같이 그 의미를 박탈당한 발언과 같은 것으로 환원된다. 이런 의미에서 초자아는 주체의 원시적 경험들 중 가장 파괴적이고 가장 매혹적인 것으로서만 동일화된다. 초자아는 격렬한 수사라고 내가 부르는 것, 즉 그것이 무엇이든 어린 아이가 겪는 원초적 트라우마들과 연결시킬 수 있는 그런 비유들과 동일화되기에 이른다.[13]

초자아는 법의 힘이 솟아나는 곳으로 가는 통로를 제공한다. 그곳은 더 이상 언어의 질서가 아니다. 그보다는 법이 갖는 명령적 성격의 핵심부에 놓여있다. 만일 법이 파괴—법 자체가 결합하는 반복의 과잉—에 저항할 수 있다면 그것은 바로 법의 질서, 즉 명령의 형태를 취하는 것이 그 자체로 초과이며 파괴이기 때문이다.

이것이 주체가 자신보다 영원히 앞서 가는 주체의 선행성이라고 내가 묘사하게 될 것의 첫 신호탄이다. 법은 주체가 스스로를 유지하고 동시에 자신을 규정하는 분리(splitting)를 수행하기 위해 자신으로부터 떨어져 나와야 한다는 사실을 드러낸다. 이런 의미에서 라깡은 초자아가 비록 음산하기는 해도 어떤 입구로 기능한다고 말한다. 비-법은 법의 긍정태로서 스스로를 드러낸다. 이런 이유 때문에 초자아는 동시에 법의 신호이면서 파괴의 신호가 될 수 있다. 초자아는 모든 장소에 관한 명령의 이탈 장소, 즉 반복처방의 비-반복이 있는 곳에서 기원한다. 바로 정확히 그곳에서, 가령 강박신경증의 모순성에서 볼 수 있는 것 같은 초자아의 마비적 (따라서 파괴적인) 기능이 드러난다. 또 정치적 주체의 경우에는 국가의 현존이 취하는 안락함에서 이러한 기능이 나타난다. 신경증과 비이성적 법제정의 영역에서 초자아는 파괴적 도덕성의 벌거벗은 명령을 유지시키고, 모든 상징적 절합은 잠깐 기절하게 된다. 이 모든 일이 부정적으로(가령 모순 등등) 묘사되었다는 사실은 잠시 덮어두자. 중요한 것은 어떤 방해가 일어난다는 것이다.

불안은 과잉의 실재라는 관점에서 나오는 것이지 결여의 법칙에 따른 관점은 아니다. 불안은 방해이며, 따라서 계시적이다. "불안은 중요한 참조용어이다. 궁극적으로 불안은 속이지 않는다. 하지만 불안이 결핍될 수 있기 때문에 경험에서 불안의 경로를 만드는 일이 필수적이다. 불안에 압도당하지 않도록 불안을 소량 복용하라고 말할 수도 있다. 이는 주체를 실재와 접촉하게 하는 것만큼이나 어려운 일이다. 이 실재에 관해서는 다음 기회에 정의할 것이다."[14] 불안은 실재에 의한 침잠의 결과이며, 실재가 결여를 근본적으로 초과한 것이다. 불안은 상징적 네트워크가 스스로를 드러냄으로써 파괴되는 것으로, 이는 발화될 수 없는 만남의 입구이다. 불안의 효과를 여러 경로로 나누는 일이 필요하다. 왜냐하면 불안이 반복 가능한 것들에 대한 적응을 파괴하기 때문이다. 불안은 주체의 실재라는 램프를 누전시킨다. 이렇게 볼 때 불안은 주체에서 법을 자리 밖으로 밀어내는 힘의 신호이다. 라깡이 근사하게 표현한 대로 불안은 결여의 결여에 다름 아니다. 그러나 결여가 결여될 때 그 환유적 효과는 방해받고, 진정한 상실에 대한 정복이 시작되며, 참조의 상징적 지점들을 약탈할 경우에는 그 대가를 치르게 된다. 불안은 결코 거짓말을 하지 않는다. 파괴는 위선, 유사, 망각의 망각을 깨끗이 치워버리기 위해서 결여의 법과 만나야만 한다.

불안과 초자아는 따라서 주체의 두 가지 근본적 개념이며(물론 다른 두 가지 개념도 있다), 무기력하고 문명화된 결여의 법과 파괴의 야만적 방해의 교차로에 놓여 있는 것의 양면성이다. 이 두 개념은 라깡에 의해서 하나는 강박의 마비적 공포심으로, 또 하나는 실재로의 도약이 갖는 약탈적 진실을 통해서 인식되었다. 비록 이 두 개념이 라깡의 이론적 설괴 조율되진 않았지만 라깡은 자신이 시도한 엄청한 실험의 결과 이 둘을 인정하지 않을 수 없었다. 그는 변증법의 달인이었던 것이다.

비틂[15]

1977년 5월 2일

수학적 텍스트의 변증법적 사용법—비틂—주체의 공식들—정의와 용기에 대한 첫 노트들

수학을 수사적이라고 생각하는 수학자들이나 혹은 수학에 압도되는 사람들 중 어디에도 속하지 않는 나만의 수학 사용법을 이제 말하려고 한다. 이 사용법의 핵심은 엄정함과 해석적 가치를 유지하면서 낱말을 다루는 수학적 방식을 통해 변증법적 분석을 누전시키는 것이다. 이는 진정한 해석의 문제 혹은 연극적 의미에서 재현의 문제이다.

가정은 이렇다. 어떤 기표의 자리도 수학적 텍스트에서는 무작위적이지 않다. 따라서 만일 기표의 수학적 성격이 예제(demonstration)의 구조에서 담당하는 기능으로부터 도출된다면 그 구조 자체의 무작위성을 소급적으로 분석해서 이 예제의 구조를 중층결정 속에서 고려해야 한다. 이는 우리가 수학적 기표를 자동분석(auto-analysis)을 시도하는 연역적 텍스트의 징후로 고려한다는 것을 의미한다. 즉 우리는 수학적 텍스트를 징후적인 자체 기표들을 가진 분석자로 구성한다. 우리는 이런 종류의 분석을 다른 이론, 가령 주체에 대한 변증법적이고 유물론적인 이론에서 도출된 분석과 비교함으로써 사변의 결과를 점검할 필요가 있다. 이 모든 것은 형식주의의 수학적 위치가 언어와 만날 때 탈주체화가 일어나서 주체를 봉합하는 기표들을 제거한다는 가정에 토대

를 둔다. 마르크스와 엥겔스가 미분학에 매혹되었던 것과 그 속에서 "변증법적 법칙"의 매트릭스를 찾으려고 했던 욕망을 떠올려 보라. 혹은 마르크스가 가졌던 확신—수학에 관한 그의 숱한 글들에서 증명된 것으로—, 즉 그가 변증법자이기 때문에 수학자라는 확신의 오류를 떠올려 보라. 마르크스의 글에 담긴 수수께끼 같은 성격은 형식화된 변증법이라는 환상과 결부되어있다. 이러한 수학은 전문적인 응용이지만 그 보편적 원칙을 제시하는 특권적 영토이다.

우리는 이런 유혹에 빠지려는 것을 경계하면서 내가 앞으로 보여줄, 낱말이 순수한 추론을 넘어서는 예세를 통해 공명한다는 사실을 주시해야 한다. 이때 오직 설명의 연쇄를 실제적으로 이해하는 순간에만 낱말의 메아리가 울린다. 예를 하나 들어보자. 우리는 비틂이라는 용어가 진리의 세 가지 고전적 결정요소, 즉 전체성, 일관성, 반복 사이에서 주체의 수렴점을 지시한다는 것을 이미 확인했다. 위상학적 사용(라깡이 이 용어를 매듭의 비틂처럼 사용하는 방식) 이외에도 비틂이란 낱말은 아주 간단한 방식으로 대수에서도 사용된다는 사실이 내게 떠올랐다. 하나의 집합을 상정해 보자. 기억해야 할 것은 이 집합은 원소들의 관계가 내가 "+"라고 표시할 구성법칙에 따르며 (x+(y+z))=((x+y)+z)라는 결합법칙을 기본 연산법칙으로 갖는다. (x+0)=x에서처럼 '0'이라는 항등원이 있고, 각 원소마다 역원, 즉 (x+(−x))=0)에서의 −x를 갖는다. 우리는 이 집합에서 원소 x의 비틂을 가장 작은 완전수 n이라고 부른다. 만일 x가 n번 반복해서 더해지는 경우가 존재한다면 이는 영값과 같아질 것이다.

$$\underbrace{x+x+x+\cdots\cdots+x}_{n번}=0$$

표기하기 위해서 다음의 계열을 "nx"라고 표기하자.

$$\underbrace{x+x+\cdots\cdots+x}_{n번}$$

비틂을 갖는 원소는 비틂원소, 즉 비틀어진 원소이다. 모든 요소가 비틂을 갖는 집합을 비틂집합이라고 한다. 이 집합의 매 원소 x마다 nx=0인 완전수 n이 있다. 이 "비틂"은 내가 만들어낸 것이 아니라 줄잡아 50년 동안 수학에 존재했던 것이다(애석하게도 이 [비틂]기표의 역사를 확인해보진 못했다).

수학자들이 이 낱말의 선택을 분석하는 방식, 즉 수학적 연쇄가 이 비틂을 재현하는 방식을 주목하라.

1. 개념을 살펴보자. 비틂이 반복, 즉 동일한 요소에 n번 적용된 집합의 반복적 구성과 관련된 것은 분명하다. 그 요소는 x+x+x+ … +x+ …라는 덧셈에서 **고집스럽게** 존재하는데, 그 이유는 **계열화**되어

있기 때문이다. 모든 부분 덧셈은 특수하지만 비틂이 생길 때만, 즉 반복의 정해진 숫자에 도달할 때마다 그 총합은 0이 된다. 이런 의미에서 우리는 **비틂은 반복을 방해**하며, 따라서 변증법적 지위를 갖게 된다고 말할 수 있다.

비틂은 서로 다른 덧셈연산의 질적 성격에서 반복을 방해한다. 비틂을 넘어서려면 다시 한 번 앞선 부분적 총합을 발견하면 된다. 만일 nx=0이라면 우리는 nx + x=0 + x=x와 nx + 2x=x + x, 그리고 마지막으로 nx + nx=0 + 0=0을 갖게 된다. 이 경우 부분연산이 되돌아와서 비틂이 0을 가져오기 전에 이전의 항들을 능가하는 '0의 괴잉'이 된다. 이는 대수학적 비틂이 원소가 자신을 고집하는 과거의 연산 모두를 지워버린다는 것을 의미한다.

2. 비틂이 한 집합의 일반적 법칙을 변형시킨다고 결론내릴 필요가 있을까? 새로운 유형의 일관성을 발견해야 법칙의 변형이 가능하기 때문에 비틂은 전부의 구조를 구성하는 다양한 반복적 계열들과 중첩되지 않는다고 예상해야 한다. 이 점은 비틂이 갖는 중요한 방해기능이다. 마르크스주의의 용어에서 정당이 갖는 역설적 지위가 이 비틂에 해당한다. 수학에서 이 지점은 아주 간단한 정리(定理)로 분석되는데, 이는 비틂집합들의 공리적 이론이 제1급의 논리로 제시될 수 없다는 것을 진술한다.

제1급의 논리란 한정어들('그것은 존재한다'인 ∃와 '전부를 위한'의 ∀)이 오직 개별 변수들에만 적용되는 것이다. 이런 유형의 논리에서 가령 우리는 이렇게 써볼 수 있다: '속성 P를 갖는 요소가 있다.' 혹은 ∃x(P(x)). 하지만 이렇게는 쓸 수는 없다: 'A라는 특성을 갖는 속성 P가 있다.' 1급의 논리는 통상적인 목적을 일반적으로 충족시킨다. 물론 이 논리는 개별 이론마다 무한한 수의 공리를 사용한다.

유독 우리의 흥미를 끄는 사례가 하나 있다. 이 사례는 비틂과 관련되지 않기 때문에 더 흥미롭다. 0과 또 다른 어떤 요소도 비틂에 종속되지 않는 집단이 있고 이를 **비틂이 없는 집합**이라고 부른다. 다시 말해서 완전히 '곧은', 비틂이 절대 없는 집단들을 일컫는다. '곧음'의 사례는 변증법자를 불편하게 한다. 이 집단에서는 x가 반복의 과정을 방해하지 않으면서 스스로 더해간다. 비틂이 없는 집합의 이론, 즉 대수학적 곧음의 이론은 쉽게 제1급의 논리로 제시될 수 있다. 0과는 다른 매 원소 x마다 자신을 반복 덧셈하는 결과가 0이 아닌 그런 공리의 무한한 목록을 생각해 보자.

Ax. 1:$(\forall x)(x + x \neq 0)$

Ax. 2:$(\forall x)(x + x + x \neq 0)$ 한정기호의 영역을 0과는

………………………… 다른 모든 x라고 정하자.

Ax.(n−1): $(\forall x)(nx \neq 0)$

…………………………

이것을 집합의 세 가지 기본공리에 더해보면 비틂이 없는 집합의 첫 번째 질서 이론을 갖게 된다. 왜 그런가? 우리는 각 수에 대해 어떤

완전수가 그 비틂을 재현하는지 알 수 없다. 오직 그 수가 존재한다는 것만 알 뿐이다. 따라서 이렇게 쓸 수 있어야 한다: '모든 원소 x마다 적어도 하나의 완전수 n이 있다. nx = 0' 또는 $(\forall x)(\exists n)(nx = 0)$.

$(\exists n)$은 한정기호를 개별 변수가 아니라 '완전수'라는 속성, 즉 서술부에 적용한다. 이런 방식으로 우리는 제1급의 논리를 초과한다. 따라서 비틂 이론의 논리는 곧음 이론의 논리보다 질적으로 더 복잡하다.

그 결과 변증법자는 자신의 문제를 해결한다. 실제 그는 비틂의 효과성 위로 떠도는 실존적 불확실성이 1급 논리의 기능을 방해한다는 사실을 행복하게 발견하게 될 것이다. 만일 대수학적 곧음의 공리가 불완전하면 그 이유는 공리들이 모두 보편적이며 ∀, 즉 '모든 것에 대해'에 따라 결정되기 때문이다. 이 '모든 것에 대해'가 갖는 논리적 단순성과 남성적 성격은 우리가 익히 아는 바이다. 공리가 모두 보편적이라는 이론은 지속적인 속성들의 집합을 갖는다. 특히 이 이론의 모델이 갖는 모든 하부구조는 그 자체로 이론의 모델이 된다.

그러나 비틂 이론의 한계를 표지하는 실존은 보편을 유지하는 논리적 판을 초과하며, 그 결과 모든 반복 안에서 미지의 양과 모든 균열 속의 미결정의 비유로 나타난다. 이런 경우 수학은 성공한 혁명의 백지 상태를 정당화한다.

3. 무한한 비틂집합—유한집합은 모두 비틂집합이지만 유한성은 우리의 관심사가 아니다—은 모든 것에도 불구하고 교환 가능한 경우 지속적인 대수학적 속성을 가질 수 있다. 집합은 x와 y의 가치와 무관하

게 우리가 다음과 같은 공식을 가지면 교환 가능하다: x + y = y + x.

이 경우 결론은 다음과 같다.

– 동일한 비틂 n을 갖는 원소들은 하나의 부분집합을 구성한다.

– 집합은 부분집합들의 직접적인 생산물로 구성되며, 각 부분집합들은 비틂이 P^q인 원소들로 구성된다. 이때 P는 완전수이다.

나는 위의 진술들을 설명하는 일에 시간을 낭비하고 싶진 않다. 이 진술들이 말하는 바는 의사소통과 가역성의 우주에서 비틂은 규제받는 부분집합의 묶음을 결정하고 초기 집합을 동일성의 원칙이 분명한 하부 구성체들로 나눈다는 것이다.

비틂의 전복적인 가치는 분석적 법칙으로, 전부에 대한 합리적인 부분화를 허락하는 개념적 벡터로 한풀 꺾이게 된다. 다시 말하면 비틂은 전체를, 반복이 극소화된 국지적 일관성으로 부분화시키는 경향이 있다. 이는 마치 가역적인 역사적 공간이라는 관점에서 볼 때 혁명이 더 이상 사건들을 계열화하고, 시대를 구별하고, 이질성을 연계시키고 재집단화하는 것 이상의 다른 기능을 갖지 않는 것과 같다. 혹은 마치 정당이—가령 정당이 국가와 혼동되던 시기에—우리가 "자본주의의 회복"이라고 부른 초대형 교체 원소를 통해서 일어나는 역사의 반복적인 부분화를 가져오는 것 이상의 다른 기능이 없는 것과 같다.

그러나 최종분석에서 역사는 교체되지 않는다. 이는 역사가 존재하지 않는다는 원칙과 다름없으며, 그 내부에 비틂의 법칙이 놓여 있다. 그렇다면 대수학자가 우리에게 비틂의 비-교체적 무한집합들에 대해 말해주는 바는 무엇인가? 글쎄, 별로 말해주는 게 없다. 그는 이 문제를 우리에게 남겨둔다.

4. 유일한 희망은 원소들의 유한수로 생성되는 비-교체 비틂집합이 그 자체로 유한할 것이라는 사실이다. 이것은 왜 반-변증법적 희망인가? 이런 방식으로 우리는 두 가지 유한성의 가치를 연결시키는 것이 가능했을지도 모른다. 반복 가능한 것의 무한성을 가로막는 비틂의 유한성과 집합을 낳고, 비틂의 유한한 미지의 양을 집합의 비-교체적 무한성 속에 두는 비틀어진 변증법을 통제하는 유한성.

유한생성의 집합은 그 구성원소가 한정된 비품에서 골라낸 원소들의 (가능한 반복들의) 총합으로 제시될 수 있는 것이다. 가령 만일 세 가지 원소 a, b, c가 있다면 집합의 원소들은 (a + a), (a + b + a + c), (c + b + a)로 나타날 것이다. 하지만 이들은 단지 임의적인 예들일 뿐이다. 분명한 것은 두 개의 조합들이 동일할 수 있다는 것이다(즉 이들은 동일한 원소를 만들어낼 수 있다). 따라서 유한생성 집합이 반드시 무한할 필요는 없다.

비틂집합에서 한 원소가 스스로 더해지는 일체의 반복이 방해받기 때문에(즉 0으로 돌아간다), 또 특히 집합을 만들어내는 원소들이 유한한 경우 그렇기 때문에 서로 다른 덧셈연산의 조합들에서 무한을 갖는 것이 가능하지 않다는 인상을 받을 수도 있다. 직관적으로 우리는 유한생성 비틂집합은 그 자체로 유한할 가능성이 있다는 것을 알 수 있다. 변증법적 관점에서 는 이 지점에서 문제가 발생할 가능성이 있다.

마르크스주의의 연산의 장은 세 가지 유추적 속성을 갖는다. 이 장은 무한하고, 비틂을 갖고 있으며, 유한생성이다. 왜 그런가? 무엇보다 첫째, 사건–원소는 대중정치의 원자재로서 무한하다. 매순간 무한한 이 원소는 그 이론적인 성격상 정치적 관점에서는 단지 허구적이다. 둘째, 반복이 전부(All)로부터 다른 종류의 비틂점의 일관성을 생산하기 위해서 사건에 의해서 방해받는다. 셋째, 모든 정치의 대표요소—계급—는 명확히 유한수이다.

대수학적 관점에서의 '비틂'이란 용어에 대한 연역 분석은 유한생성 비틂집합이 유한한 경우 어떤 분기점, 즉 일종의 설명적 재난을 보인다. 이 경우 변증법적 관점에서는 이 용어에 대한 수학적인 해석은 과잉을 통제하는 위치에 놓일 것이다. 하지만 이런 일은 일어나지 않는데, 사파레비치[16]의 정리(定理)가 보여주듯이 모든 유한생성 비틂집합이 유한하다는 것은 사실이 아니기 때문이다. 이 정리는 반례를 통해서 이를 증명한다. 즉 세 가지 비틂요소에 의해 생성된 집합이라도 여전히 무한한 집합이 존재한다는 사실이 '비틂'이라는 용어의 분석을 변증법의 진영으로 다시 돌려준다. 그 결과 비–교체적 무한 비틂집단들은 오직 예외적인 속성만을 갖는다. 대수학이 보여주듯 대수학적 명명 불가능성의 한계 속에 이 집합들이 놓인다.

비틂은 대수의 한계이다. 비틂은 도착적이다—비틂은 주체이다. 우리가 여기서 아직 모델을 제시하지도 않았고 또 어떤 것도 '수학화' 하려고 시도하지 않고 있음에 주목하라. 우리는 오직 표현의 유일한 수단이 수학적 텍스트로 남아 있는 어떤 종류의 잉여적 탁월성을 제시하려고 했을 뿐이다. 이 경우 수학적 텍스트는 징후를 객관적으로 명료하게 만든 것이다. 그러나 우리가 따로 떼어낸 수학적 기표에 대한 연역적 분석이 그 변증법적 해석에서 분산되어 나올 때 무슨 일이 일어날까? 이 경우 우리는 새로운 수학적 가설이 그 분산을 해결해야만 한다고 대담하게 말할 수 있을 것이다. 우리는 어떤 용어도 우연히 사용되지는 않는다고 주장한다. 이 주장은 물론 정통수학과는 거리가 있지만 현재 수학적 이론이 새로운 정리를 구성하도록 고무할 수 있을 것이다. 수학은 실재의 과학이고 수학적 기표들은 무수히 많다고 해도 여전히 셀 수 있다.

초자아와 불안을 지시하려고 할 때 어떤 대수학적 표시를 사용하게 될 것인가? 이 두 개념은 주관적 경험이나 주체의 일부 어느 것도 지시하지 않으며, 그보다는 두 가지 과정으로서, 이 둘의 조합이 우리가 '주체-효과'라고 불러야 할 실제적 물질성의 영역을 규정하게 된다는 사실을 고려해 보자. 어떤 주체도 불안에 앞서 존재하지 않으며, 초자아 너머에 없다. 주관적 불안과 초자아가 주체효과의 일관성의 양식이라고 한다면 말이다. 여기서 우리는 좀 더 일반적인 변증법적 범주들에서 출발하는 주체 개념을 구성한다: 힘(F), 공간(S), 진실(T), 장소(P), 파괴(d), 그리고 결여(l).

불안은 특정한 질서(장소)에 상징화될 수 있는 어떤 것에 대한 실재의 과잉(힘)이다. 이 질서로부터 주체는 이미 분열된 채 등장하고, 탄생부터 그 자신의 진실—결여의 법을 따르고 그렇기 때문에 스스로 결여에 이르는 그런 진실—에 의해 붕괴된다. 만일 $\pitchfork$ 가 과잉을 지시한다면 불안을 나타내는 표는 다음과 같다:

$$F \pitchfork S = \frac{T + 1(l)}{\not{S}}$$

기호 '='는 주체화의 차별적 형태 속에서 과잉의 기준에 따른 것이며, 주체는 분열된 것으로 존재한다는 사실을 지시한다.

초자아의 경우, 만일 우리가 파괴적으로 법 그 자체에 매달리는 비–법의 양상에 이름을 붙여서 L = 법(혹은 장소 또는 외부–장소)이라고 정식화한다면 다음과 같은 표를 얻게 된다.

$$F \pitchfork S \rightarrow \frac{L + d}{\not{S}}$$

이때 '→'는 꽉 차 있고 비–차별적인 일관성의 효과(주체화 과정의 효과) 속에서 주체가 법의 공포를 자아내는 호명의 내재적 잔혹함에 굴복하는 한편 자신 속에서 소멸해 가는 것을 의미한다. 잘 알고 있듯이 이것은 오이디푸스와 소포클레스의 질문이다. 불안이 진실로 이르는 길을 보여준다고 말하는 것은—장소의 논리가 아닌—비–공간적 힘의 형태 속에 주체효과의 충분한 양이 분열되고 새로운 지식을 생산한다는 것을 의미한다. 이는 비틂의 발화로서(바로 이를 통해서만 진리의 다른 세 가지 이름들, 즉 일관성, 전체성과 반복이 생성된다), 마오가 문화혁명의 절정에서 "모든 고난은 훌륭하다"라고 다시 번역한 것이었다. 훌륭할 것이나. 난시 우리가 명백하게 보기를 원할 때만.

그렇다면 불안의 개념은 필경 보기의 어려움이다. 이는 동시에 용기의 정의이기도 한데, 이것을 보기 위해선 우리는 그리스 비극이 그리고 있는 불화를 통해서 길을 찾아가야 한다. 불안이 기록하는 진실은 그것이 본질적으로 결여와 연결되어 있기 때문에 살아 있을 수 없는 것이다. 불안의 내재적 구조를 밝힌 이는 말라르메이다. 불안은 살아낼 수 없다. 상징계의 효과를 방해하는 일종의 구멍을 구성함으로써 결코 말해진 것(said)의 총체성으로 환원될 수 없다는 의미에서 그렇다. 반만 말해짐으로써 진실은 저주받았다. 이것이 왜 진실—오이디푸스의 것이자 소포클레스의 것으로 응시의 폭력적 희생을 요구하는 진실—이 비극의 효과가 되는지를 설명해 준다.

그러나 또 다른 진실과 비극이 있다. 오레스테스와 에스킬러스의 것이다. 이들의 비극에서 파괴는 상실을 다루는 법을 아는 주체의 존재를 가능하게 해준다. 더 이상 T/S̸ 가 아니라 S/T̸ 이다. 이것이 장소의 통일성과 상징계의 고착성이라는 난공불락이 초래한 근본적인 궁지로부터 우리가 빠져나올 수 있는 방법이 아니라면 무슨 의미이겠는가? 외부–장소는 분리 가능하다는, 변증법적으로 비–재현 가능한 가정(진실의 단일 목소리의 토대이면서도 그것 자체로는 거의 표현할 수 없는 그런 가정) 속에서, 파괴는 상실과 연결된다. 주체는 불안의 형태로 과잉 성장한 저항으로서 법의 폭력적인 내적 분열에서 자라나며, 주체가 진실 속에서 유지하고 있는 질서가 주체 아닌 타자로서 구성되는 과정이 바로 주체이다.

라깡의 소타자 혹은 대타자는 이런 종류의 타자성을 개념화할 수 없다. 이 타자성은 우리가 혁명의 출현을 생각할 수 있도록 해주며, 공산주의 혁명은 모든 전통적 사유들과 근본적으로 단절시키는 것이라고 했던 마르크스의 말을 이해할 수 있게 해주는 유일한 개념이다. 이런 종류의 타자성은 또한 정치의 타율성에 이름을 부여하는 유일한 개념이다. 이런 분열된 법과 무너진 상징계 속에서 우리는 초(超)타자를 다룬다. 이 초타자는 타자와 동일자의 결정을 위한 토대의 기원에 놓여 있다.

이런 의미에서 우리는 역사적으로 결여와 파괴의 교차로에서, 불안의 지점에서, 그러나 진실의 전도 속에서 주체의 출현을 목격한다고 말해야 한다. 그리고 이 주체는 무엇인가로부터 라깡이 부정한 존재—대타자의 타자, 첫 대타자를 지시하는 것이 더 이상 변장한 동일성의 양태가 아닌 그곳, 바로 그 타자—를 끌어낸다.

이것은 정확히 아테나가 에스킬러스의 『오레스테이아』의 마지막에서 한 일이다. 이 극의 마지막에서 가족복수극을 방해하기 위해서 아테나는 새 법이 구법을 전복하게 될 심판을 지명한다. 법을 분리시키는 용기, 불투명한 판결의 불안, 피에 굶주린 에리니에스의 초자아, 최종적으로는 새로움의 지속성에 따른 정의—이 네 가지 개념이 주체를 절합한다.

1954년 라깡은 자신의 학제[정신분석]에 윤리적 범위를 세우기 시작하면서 이 네 가지 개념의 필요성을 암묵적으로 지적한다.

> 주체의 대상들이 나타나기 위해 필요한 원환의 수에 도달하고 그의 상상계적 역사가 완성되고 나면, 긴장되고 중지되고 불안으로 자극된, 계기적인 주체의 욕망들이 이름을 얻고 재통합되고 나면, 모든 것은 무조건 이름짓기에 동원된다. O에서 최초에 그곳에 있었던 것, 그리고 여기 O'에, 그리고 다시 O에 있었던 것은 상징의 완전한 체계로 참조되어야 한다. 분석의 결과가 바로 이를 요구한다.
>
> 이러한 휴정은 어디서 멈출 수 있을까? 우리는 위대한 변증법적 전통에서 정의와 용기에 대한 근본적인 대화들 중 하나가 되는 지점까지 분석적 개입을 확장해야 할까?
>
> 이것이 바로 우리에게 주어진 문제이며 해결은 쉽지 않다. 왜냐하면 진실로 현대인은 이 거대한 주제들을 하나하나 다루는 일에 익숙하지 않기 때문이다. 그는 사물을 행위와 적응[17], 집단적 사기와 여타 객담에 따라 해결하기를 더 선호한다.[18]

불안은 거짓을 말하지 않으며, 초자아는 파괴를 법적 질서의 일관성으로 바꾼다. 그러나 "정의와 용기에 대한 근본적인 대화들"은 전혀 다른 실재의 방해에 대한 이해라는 측면에서 힘으로서의 주체가 장소 위에 과잉을 강요하는 변증법적 전통의 양상으로 가는 길을 연다.

주체의 이론: 소포클레스/에스킬러스

1977년 5월 9일

정의와 초자아: 법으로서의 비-법과 비-법으로서의 법 — 조셉 콘라드 — 용기와 불안 — 횔더린을 통한 소포클레스 — 에스킬러스에서의 아테나의 포고령 — 태생지의 역전과 귀양의 역전

"긴장되고 중지되고 불안으로 자극된, 계기적인 주체의 욕망들이 이름을 얻고 재통합되고 나면"[19] 정신분석은 실재의 과잉을 축소시키는 작용을 한다. 정신분석은 상징화의 외부-장소 내에 주체가 불안에 시달리도록 붙들어놓은 것을 재통합한다. 따라서 힘은 그 장소에 되돌려진다. 그러나 라깡에 따르면 이로써 모든 일이 해결되지는 않는다. 왜 그러한가? 주체 이론의 변증법적 확장이 관건이라면 이 문제는 중요하다. 다시 말하면 구조적 효과의 단단한 토대 위에서 역사가 주체적 새로움으로 돌아오게 되는 이 과도한 역방향을 인식하는 것이 중요하다. 실재의 과잉은 단순히 장소 이탈로 기능하는 것을 대체하는 정도가 아니라, 불안의 진실 속에서 해독 가능성의 모호성으로부터 탈피해서 상징질서를 확장할 수 있어야 한다.

여기서 라깡은 장대한 시각을 제공한다: "주체의 드라마가 신화로 통합되어 하나의 확장되고 거의 보편적인 인간적 가치를 띠게 되면 곧 주체가 존재로 태어난다."[20] 결과적으로 '주체적 드라마'의 확장되고 보편화된 생산성이 있어야 정신분석적 작업이 "정의와 용기에 대한 근본적인 대화"를 통해서 암호를 풀 수 있는 듯이 보인다. 왜 정의와 용기인가? 정의는 주체가 장소와 맺는 유대감, 즉 법에 대한 결속의 기능이며, 변화의 분리 가능한 비유이다. 반면, 초자아는 법의 고정성에 대한 격렬한 의도주의의 재현물이다. 만일 상징계가 나뉠 수 없다면, 그리고 주체가 공포와 강박적 반복에 토대를 두고 있다면, 정의는 주체의 구성적 범주로서 아무 의미가 없다. 정의는 법이 변증법적으로 위태로운 상태에서 흔들려서 궁극적으로 균열을 일으키기를 요구한다. 이는 어떤 특정한 법칙의 위태로움이 아니라 법 그 자체의 명령적 성격에 따른 위태로움이다. 보다 근본적으로 주체-효과의 구성이라는 관점에서 정의는 비-법이 법으로 기능하게 될 가능성이다.

마르크스주의자들은 이런 사실을 잘 알고 있다. 초자아의 결과는 국가—계급지배—의 본질적이고 구성적인 핵심이 언제나 독재적이라는 것이다. 법과 의회민주주의를 옹호한다는 미명 하에 국가는 모든 법제성의 가장 핵심적인 비합법적 행동주체이며, 권리의 폭력과 비-법으로서의 법의 주체이다. 한편 공산주의의 기획은 정의이며, 비-법이 프롤레타리아 정치의 최후 법이 된다고 주장한다. 공산주의는 혁명의 유일한 근대적 이론으로서 정의의 보편적인 원칙, 즉 법으로서의 비-법을 유지할 수 있는 종류의 주체성을 현실화한다. 이런 이유로 확장되는 것(라캉의 "확장적이고 기의 보편적" 가치)은 과잉된 것(장소, 위치, 상징계, 법의 과잉)으로부터 자라나야 한다.

우리는 시에서 한 예를 찾아볼 수 있다. 가령 의사소통 가능성의 한계를 확장시키고 결코 도달할 수 없는 모국어[21]의 변경을 열어줄 산

문의 파편화를 담은 시를 생각해 보라. 불안과 초자아의 작가 조셉 콘라드—『암흑의 핵심』과 『로드 짐』이 보여주듯이—가 "가시적 우주에 최상의 정의를 부여하"는 전략적 과업을 예술의 임무로 부여한 것도 우연이 아니다.[22] 이런 이유로 콘라드는 용기의 작가가 된다. 남성의 경우는 『로버』를, 여성의 경우는 『황금화살』을 보라.

용기는 실재가 내리는 무절제적 명령의 촉구 앞에서 상징질서로부터 비-종속되는 것이다. 실재의 초과에 대한 응답에서 시작된 용기는 불안과 닮았지만 탈-장소 속에 있는 교란적 힘으로서의 용기는 불안의 전도 형태이다. 의사소통의 교란을 통해서 용기는 상징계에 무질서를 가져오지만, 불안은 간단히 말해 죽음의 청원이다. 용기가 주체의 속성이 아니라 그 내재적 실존의 분리 가능한 과정이므로 용기를 담대함(audacia)보다는 굳건함(fortitudo)에 비유하는 게 더 적합하다. 왜냐하면 용기의 대립물은 공포가 아니라 불안이기 때문이다. 이 점에 대해 스피노자의 『윤리학』(59번째 정리로 시작하는 3부)을 보자. 담대함은 전적으로 타자의 개입에 의해서 규정된다. 굳건함은 "자신과 동류인 사람들은 감히 맞설 엄두도 내지 않는 위험과 마주하려는 욕망"이다.[23] 담대함은 내재적이다. 굳건함은 참(the true)을 가리키는데, 여기서 참이란 "정신이 활동적이거나 이해력이 있는 상황에서 정신을 참조점으로 삼는 정서에서 비롯된 모든 행동"을 의미한다.[24] 참은 실재의 침입이 만든 상징계 내부의 부족감에 따른 결과이다. 이 부족감으로부터 주체는 힘을 끌어오며, 이 힘은 어떤 안정감이 근본적으로 부재하는 것에 맞서 갖게 되는 용기의 척도에 비례한다. 이 상황에서 주체는 이름을 잃어버린다. 스피노자의 정리들 중 하나에 따르면 안전성은 탈주체화한다. 이것이 의미하는 바는 안전성은 덕목이 아니라 주체의 무능함을 나타내는 기호라는 사실이다.

불안은 장소의 부족에서 기인하며, 용기는 그 장소를 교란시키는 실재의 가정이다. 불안과 용기는 상실이 도달하는 지점의 가역적인 절합에서 동일한 인과성을 공유한다. 불안과 초자아를 필수적 토대로 삼아서 용기와 정의는 과잉에 의한 상징질서의 분리, 즉 과잉이 그 안에 위치하는 탈-장소로서의 주체효과를 절합한다. 따라서 정치적 주체는 오직 반란에 혁명적 가치를 부여함으로써만, 파괴를 재건설과 묶어줌으로써만 존재하게 된다. 이는 모든 질서와 법적 명령이 아무리 안정적으로 보여도 결국은 내적으로 분열되어 있는 실재에서 분명히 드러나게 된다. 대타자는 스스로를 자신이 결코 되어보지 않았던 미지의 대타자로 분리되어야 하고, 결코 대타자 자신이 처방하지 않았던 정체성의 동일자로 나뉘어져야 한다.

소포클레스형 주체 이론과 에스킬러스형 주체 이론이 있다. 에스킬러스(역사적으로는 앞서지만 프로이트에게는 두 번째 유형이다)의 이론은 전적으로 [주체의] 타자를 변증법화한다. 이 이론은 불안과 초자아의 성체성을 딛고 있는 것과는 별개로 용기와 정의가 주체효과의 필수적인 작동체라고 가정한다. 소포클레스와 에스킬러스는 명백히 기표들이다. 즉 이들은 이름이나 문학작품이 아니라 개념이다. 이들은 텍스트이고, 상연을 전제로 한다는 점에서 차별화된다.

우리는 주체 이론에 대한 정신분석의 기여가 노정한 한계를 다음과 같은 질문을 던짐으로써 가늠할 수 있다. 왜 이 주체 이론이 본질적으로 소포클레스, 다시 말해 오이디푸스 콤플렉스에 기반하는가? 나는 대신 에스킬러스를 참조하자고 제안한다. 라깡은 소포클레스 쪽에 있지만 에스킬러스를 목표로 삼는다. 이곳은 우리가 도달하기를 원하는 바로 그 지점이다. 횔더린은「안티고네에 대하여」에서 논쟁을 시작한다. 그는 다음과 같이 소포클레스를 묘사한다.

1. 그리스 비극이 다루는 모순의 유형은 기원 대 형식, 태생 대 학습이다[횔더린에 따르면 "그리스 태생"(natively Greek)은 "태생적 형식"(native form)과 대립한다]. 이것은 태생지의 분리이며, 법의 기본 토대가 법 그 자체와 대립하는 내적인 모순이다. 탈-장소의 입장에서 볼 때 비극은 탈-장소의 일자(the One)를 그 기능, 즉 다양성에 대한 통제로부터 분리시키는 내재적 분리의 재림이다. 비극은 일자와 전부 사이의 모순에 대한 아바타(avatar)이다. 이 모순이 주체를 생산한다.

2. 그리스인들에게 이 모순은 대립으로 구성된다. 첫째 근본적 일자의 관점에서 무한하고, 집단 성교적이며, "아시아적인" 일관성이다. 둘째 일자의 기원인 통제된(문명화된) 탈-장소의 견지에서 보면 그리스 예술, 수학, 건축과 정치의 형식적 완벽함에서 발견할 수 있는 재현적 봉합의 힘이다.

이렇게 재규정해 보자. 만일 그리스 법이 유한하고 봉합되어있다면, 이 법의 토대인 비-법은 아시아의 유연성이다. 따라서 비-법으로서의 법, 주체의 일관성으로서 그리스적 초자아의 현실화가 비극에서 명료해진다.

3. 소포클레스의『안티고네』에서 비극을 형태짓고 명료하게 만드는 모순은 봉기를 통해서 작동한다. 형제 살해를 범한 반란자가 도시를 향하고, 그 결과 그는 도시에 의해 철저히 배제된다(그는 죽고 시체는 매장되지 않은 채 버려진다). 하지만 이 배제의 시도는 실패한다. 폴리스는 위기에 처한다. 정치적 봉기 때문이 아니라 내생적 형태 내부에 존재하는 한계의 무한한 부재로 인해서.

4. 한계의 무한한 부재는 역전을 낳는다. 이는 주체화 과정이며, 이 때문에 통제의 확장된 틀 안에서 장소가 모순적 기원과 무법적인 통일성을 드러낸다.

5. 이 역전은 적대주의의 연극적 형상을 취한다.

- 태생적 형태 내 한계의 무한한 부재는 형태-과잉을 초래한다(크레온). 법은 그 자체의 회복기능을 초과함으로써 그 존재를 드러낸다. 크레온은 초과 법이다.
- 이 형태의 과잉에 대한 반동인 무정형은 폴리스의 유한한 법에 대항해서 하늘의 무한성을 향한 호소를 통해 불이 붙는다(안티고네).

'크레온'은 초자아의 이름이다. 탈통제화된 법으로 파괴된 후, 본질상 자신이 구획하고 통제한 공간의 과잉이 되어 귀환한다. '안티고네'는 불안, 즉 장소의 통제된 유한성에서 고집스럽게 버티는 실재의 무한성의 원칙인 불안이다. 이 관점에서 안티고네와 크레온은 극 속에서는 서로 대립하지만 동일한 과정, 즉 소포클레스적 비극 주체의 형성에 기여한다. 이것이 바로 일자-텍스트로서 이 비극이 보유한 토대이다. 즉 불안과 초자아의 절합을 통해 주체의 형성과정을 제시한다.

우리는 이제 횔더린의 두 가지 핵심 주제를 따로 구별해서 문제를 세워보자.

- 봉기의 효과(역학)는 새 것의 출현을 금지시킨다는 역전이다.
- 비극의 내적 추동력은 법 자체에 대한 법의 과잉, 즉 크레온이라는 인물이다. 무정형은 무대 후반부에 반동이 되어서만 불이 붙는다. 반역자의 인물은 행동의 여지가 없다. 이 인물은 단순한 대수학의 항으로서 폴리스에서 추출된 부재한 원인이다. 서로에게 대항하는 것들은 형태의 과잉과 무정형, 초자아와 불안이다. 원시적인 일자, 역전의 일자는 서로 얽힌 형태이다.

그렇다면 이렇게 묻자. 이 두 주제를 연결하는 고리는 무엇인가? 횔더린의 시학을 떠받치는 정치는 무엇인가? 주체의 이론이라는 문제와 마찬가지로 가능한 비극의 근대성은 정치적 문제이다.

횔더린에게 모순은 비극적이다. 죽음 이외엔 어떤 출구도 남기지 않기 때문이다. 왜 그런가? 그것을 절합할 수 있는 어떤 새로운 권리도 존재하지 않는다. 두 가지 항목(크레온과 안티고네)에서 모든 것에 퍼져 있는 무한한 형식, 즉 상징계와 태생적 힘을 침잠하는 실재가 장소를 해체한다. 대립물의 통합이 그들 간 분리를 넘어서 그 과정의 본질이 이미 존재하는 기원 속에 내재하게 된다. 따라서 모든 주체과정의 소포클레스적 이름은 역전이다. 장님 상태의 혜안을 갖는 오이디푸스는 이런 사상을 육화하는 인물이다. 그리고 나는 이 주체적 형상을 믿는다. 이 형상의 변증법은 불안과 초자아 위에서 세워지며, 부패와 혼란의 시대에 역사와 삶에서 언제나 우세하다. 이런 이유로 에스킬러스와 소포클레스의 차이를 절합하는 일이 필요하다.

에스킬러스의 『오레스테이아』[25]에서 비극은 아가멤논의 살인으로 시작된다. 오레스테스는 복수와 맞복수의 복잡한 논리에 의해서 (아버지를 죽인) 어머니를 죽여야 한다. 이 반복의 공간은 살인이 또 다른 살인으로 처벌당하는 곳이다. 여기서 무제한적인 것은 피의 빚이다. (미래의) 소포클레스적 범주들이 여기 명백히 나타난다. 이들은 탈-공간 그 자체와 연결되어 있는데, 이 탈-공간은 오레스테스가 저지르는 살인이 불안을 통해 그를 주체화하고 난 후 봄을 피해 숨어들고, 나중에 에리네스 일당(이들은 초자아의 경찰견이며 가족복수극을 시작하는 반복의 잔인한 관리자들)에게 추격을 당하는 궁전이다.

하지만 삼부극이 진정으로 지향하는 곳은 새로운 것의 출현을 허락하는 균열이다. 중요한 것은 무한한 빚, 살인의 반복적 연쇄에 대한 아테나의 탈-중심적 간섭이 부여한 비틂에 의한 방해이다. 결정의 논리를 완전히 재규정할 수 있는 것은 바로 새로운 권리의 출현이다. 아테나가 시작한 판결 덕택으로 기존의 질서를 만들 일련의 반복이 중단되고 새로운 일관성이 구축된다. 갑자기 두 대립적 위치는 더 이상 소포클레스/횔더린의 경우에서처럼 태생지의 통합에 의해 절합될 수 없게 된다. 그 대신 대립을 구성했던 것 내부에 분리로 자리 잡는다. 바로 법적 가치를 가질 수 있는 법을 넘어선 분리이다. 바로 이 장소는 본질적으로 하나가 아니라 둘로 드러난다. 이 변증법적 과정에서 새로움이 낡음을 넘어선다. 횔더린의 언어로 표현하면 우리는 이를 역전이 아니라 태생적 형태의 출현이라고 부를 수 있다.

이 두 가지 입장은 삼부극에서 명백하다. 우리는 에리네스의 합창에서 첫 번째 것을 볼 수 있다.

> 만일 정의를 해하는 어떤 정의가 여기 이 남자에게 우세해진다면 이제 새로운 법령으로부터 재앙이 닥치리라. 이 남자의 정의는 바로 모친살해. 이 날의 사건은 동시에 모든 남성들에게 자격을 부여할 것이다 … 정의의 집은 무너졌다. 공포가 선이 되는 장소가 있다. 두려움 때문에 높은 곳에 앉아 정신을 망보고 슬픔을 통해 지혜에 도달하는 것은 좋은 일이다. 인간의 마음 속 선명한 빛에 공포를 일으키지 않는다면-인간과 도시 모두 마찬가지로-정의를 여전히 숭배할 수 있는가? … 겁 없이 대드는 사람, 그의 거대한 뱃짐을 [운반하면서도] 위반하는 사람, 그럴 권한도 없으면서 무작위

로 폭력을 행사하는 사람은 시간이 지남에 따라 항해의 돛을 내리리라. 고난이 닥쳐오고 그의 무기는 박살이 나리니. 듣지 않는 사람들을 그는 부르리라. 소용돌이의 중심에서 고군분투하면서. 성급히 덤비는 인간을 신은 비웃을 것이다. 결코 무기력하게 만드는 고통 속에서, 아무 짓도 못하고 붙잡혀 있지 않으리라 확신하면서 파도의 꼭대기를 넘어서지 못하는 사람을 본다면. 그의 영광이 이 생에서 내내 이어져도 정의의 곶에 부딪혀 산산이 부서지리니. 그는 아무도 그를 위해 우는 이 없고 누구의 눈에도 띄지 않은 채 죽으리라.[26]

따라서 불안과 초자아의 변증법은 복수의 연쇄 과정에서 측정을 위한 유일한 토대이다. 정의는 초자아가 내리는 처벌의 구조적 규칙성에 복종한다. 그 결과 불안을 통해서, 그리고 죽음의 기호 아래에서 주체화가 일어난다.

두 번째 입장은 새 법의 창시자 아테나에 의해 발언된다.

아테나: 자 내 법령을 들어라, 아테네 시민이여. 첫 심판에서 피의 살육에 대한 변호를 판단할 사람들이여. 미래를 위해서 이 심판관들의 위원회는 언제나 에게우스의 사람들을 위해 존재하리니 … 이익을 위한 욕망에 좌우되지 않고 존경받으며 분노할 줄 아는, 잠든 이들을 위해 보초를 서는 이 땅의 보호자들이여, 나는 지금 위원회를

소집하노라. 미래를 위해서 나의 시민들에게 길게 간청을 하노니. 그대들은 일어나서 투표를 함으로써 서약에 따라 이 사건을 결정해야 한다. 내 연설은 이제 이루어졌다 … 오레스테스는 판결에서 동일한 표를 받아도 이긴다. 항아리에서 즉시 표를 끄집어내라, 심판관들이여. 그대들의 의무가 주어졌으니 ….

아폴로: 꺼내온 투표지를 정확히 세라, 이방인들이여. 잘못된 결정을 하지 않도록 신심을 다해 주의하라. 옳은 심판이 사라지면 큰 재앙이 따르리니. 한 표라도 행사되면 이 집을 바로 세울 수 있으리라.

아테나: 여기 있는 이 자는 피의 살육에 대해 무죄이다. 표의 결과는 동수이다.[27]

따라서 낡은 권리는 한계를 결여했기 때문에 새로운 권리가 세워져서 복수극을 종결해야 한다. 이를 위해 위원회는 용기가 필요하고, 그들의 용기는 나눌 수 있는 것이다. 위원회는 내재적으로 수의 정치를 의미한다. 모두가 말할 동등한 권리를 가졌다는 사실은 결정을 내리는 일의 의미에 대한 이해과정에서 일어난 근본적인 변화를 의미한다. 이는 권리의 본질에 놓여있는 분리이다. 아테나의 포고령은 새로운 법적 일관성을 세우는 데 평등주의적 비틂을 제공한다. 즉 일단 적용되고 실행되고 나면 복수의 기계적 반복을 방해할, 항소할 수 없는 다수결의 심사숙고이다. 이로써 그리스 드라마에는 비극의 두 범주가 존재한다: 정의의 출현에 기반하고 새로운 것의 용기를 통해 세워진 에스킬러스적인 비극과 초자아적 기원을 향한 탐색이 불러일으키는 불안에 토대를 두고 역전을 통해 이루어지는 소포클레스적인 비극.

횔더린은 뭐라고 했나? "소포클레스의 언어에 담긴 진정성은 에스킬러스와 유리피데스가 고통과 분노를 묘사하는 법은 잘 알았지만 사유 불가능성 밑으로 떠도는 인간의 이해를 묘사하는 방법은 알지 못했다는 사실에 있다."[28] 여기서 나는 우선 에스킬러스와 유리피데스를 한데 묶어서 처리하는 방식에 이의를 제기한다. 이런 주장은 좀 더 심오한 왜곡의 기호일 뿐으로, 소포클레스에 대해서 부분적으로 설명되지 않은 편향성을 나타낸다. 이는 프로이트에게도 찾아볼 수 있는 것인데, 무의식의 태생적 논리도 절대 역전으로부터 면제될 수 없다는 사실을 누가 부인할 수 있겠는가?

하지만 에스킬러스는 초자아의 토대에서 구성적 교란의 순간을 이해할 수 있는 능력을 갖고 있다. 그의 극에는 질서로의 복귀란 절대 일어나지 않지만 다른 질서의 구성이 존재한다. 에스킬러스는 기원의 통일성에 대한 가정을 배제한다. 이런 이유로 에스킬러스의 인간은 사유할 수 없는 것 쪽에서 행진하지 않는다. 에스킬러스는 사유 가능한 것 쪽에 서 있다. 그의 넉복은 역진을 피헤가는 능력, 혹은 그보다는 비-태생적 역전을 폭로하는 능력에 있다. 이런 방식으로 더 이상 형식적 과잉이 지배하지는 않지만 용기의 기호에서 역전이 생겨난다. 불안에 사로잡힘에도 불구하고, 또 실은 바로 그 이유 때문에 오레스테스는 피의 빚이라는 법을 내면화하지 않고 또한 맹목적인 격분 속에서 저항하지도 않는다. 대신 그는 사실에 기초한 토론을 요구한다. 그는 저항한다. 그리고 에리네스의 살인적 유혹에 굴복하지 않는다. '오레스테스'는 불안의 이름이고 용기의 이름이며, '아테나'는 정의의 이름이다.

안티고네, 크레온, 오레스테스와 아테나는 그리스 비극 내에 존재하는 주체효과의 범위 전체를 일컫는 이름들이다: 무정형, 형식적 초과, 개입과 재구성. 에스킬러스의 비극에서 봉기의 역학은 휠더린이 말하듯 죽음의 증식과 일치하지 않는다. 에스킬러스는 내적 분리와 낡은 권리의 붕괴를 통한 정의의 설립자이다. 부재한 원인의 배제 속에 중지된 채 머무는 대신 반역자—오레스테스 혹은 프로메테우스—는 역학의 행위주체자가 된다. 휠더린은 확실히 소포클레스의 비극, 즉 주체 이론의 구조적 양상을 선택한다.

분리의 선은 역전에 내재한 태생적 제한성이다. 이 한계 때문에 소포클레스의 비극은 일자의 힘에 적대주의를 각인한다. 소포클레스/휠더린의 핵심은 이중적 양상, 즉 형식적 과잉과 무정형의 분산 속에서 기원을 향한 퇴보이다. 이 경우 비극적 영웅은 그의 주체화를 불안에, 그의 일관성을 초자아에 빚지게 되며, 죽음의 지점까지 탈-장소의 복잡한 휘몰이를 따라가게 된다. 에스킬러스의 핵심은 완전히 다르다. 그것은 기원의 힘의 방해이며 일자의 분리이다. 이 방해는 두 가지 양상을 보인다. 우선 실재의 과잉이라는 효과 아래에서 법에 질문을 던지고 **논쟁**의 형태를 선택함으로써 불안을 해소하는, 용기 있는 거부로서의 방해이다(오레스테스가 그가 옳은지 그른지에 대한 문제를 결정하라고 요구할 때 생긴다). 다른 측면은 새로운 정의의 질서로서 방해이자 구성이다. 어느 경우에도 새로운 질서 속에 기원은 재기입되지 않는다. 양 측면 모두 주체가 법을 통해 항상 현실화되지만(불안과 초자아), 동시에 그것의 과잉 속에 있고 또 스스로를 새롭게 구성하도록 하는 주체의 차원에 이름을 부여한다. 에스킬러스의 경우 이는 법의 새로운 주체이다.

모든 위대한 변증법자들이 그렇듯 횔더린도 이따금 에스킬러스의 가치를 인정한다: "사물의 전 형식이 변화하고, 언제나 남아 있는 자연과 필연성이 다른 형식으로 기우는 애국적인 역전에서, 그들이 혼돈이나 새로운 형식으로 초월하게 하라."[29] 하지만 비극을 낳는 이 새로운 형식은 오직 죽음을 통해서만 실현될 수 있다. 왜 그런가? 이 새로운 형태는 분명 형식적 과잉이며 공포의 소용돌이 속에 붙잡힌 법 그 자체이기 때문이다. 혼돈은 무정형의 확산으로서 무제한성에 다름 아니다. 실제로 만일 우리가 원인의 절대적 통일성 속에서 태생(the native)의 양식에 이미 녹아들어가 있다면 어떻게 결과의 새로움을 이해할 수 있는가? 횔더린은 또한 제한의 원칙을 허용해야만 한다. 그는 총체적인 역전은 인간에게 부여되지 않았다고 말한다. 총체적인 역전은 분명 태생적이지 않다. 이런 일이 일어나려면 우리는 초자아적 완고성에서 풀려나야 한다. 용기와 정의가 불안과 초자아를 변증하는 에스킬러스의 노넬은 분리가능성을 허락하고 빗이남의 기능성을 분명히 한다. 이는 우리가 "역전"이란 말을 뒤에 남겨두어야 한다는 뜻이 아니다. 그보다 나는 주체의 이론 내에서 일어나는 역전의 두 형태를 구별하려고 한다. 첫째, 태생적 역전이 있다. 불안에서 일어나며 공포와 그 대립물인 신비적 무감각을 통해 치료되는 두 번째는 귀양의 역전으로, 낡은 법의 부정과 그 내적 분리가 실재(새로움의 형태를 취하는)에 부과되는 비틂의 계시를 생산한다. 귀양의 역전은 원본이 충분히 실재적이지 않아서 취소한 뒤, 정의를 통해서 실재를 복구시킨다. 이런 이유로 이는 완전한 역전이고, 과거를 백지상태로 만든다.

이는 단순한 것이 아니다. 귀양의 역전과정이 태생의 구조적 지원 없이 일어나리라고 기대하는 것은 헛되다. 왜냐하면 태생의 유물론적인 곤궁으로부터 귀양의 실제적 존재가 진행되기 때문이다. 주체를 비극적이라고 선언하는 것은 일방적이다. 그렇지만 비극은 존재한다.

귀양을 유지하기, 혹은 랭보가 『지옥에서 보낸 한 철』에서 말하듯 "자신의 기반을 유지하기"는 횔더린이 할 수 없었던 일이다. 그에게 귀양이란 회귀의 십자가 고행을 위한 매개가 되기를 멈추지 않는 것이다. 용기에 대한 또 다른 정의란 없다. 용기는 회귀 없는 귀양이며, 이름의 상실이다. 그러나 횔더린은 가까이 있는 것을 지명하려고 한다: "그러니 놀라지 마라! 네가 태어난 고향과 네가 걷는 그 토양을. 네가 찾는 것은 가까이 있고, 이제 너를 만나러 다가오니."[30] 우리는 향수를 극복하고 회귀의 창조적 형상인 용기를 탁월히 발휘하는 것이 필요하다고 주장한다.

소포클레스에게 탐색은 멀리 떨어져 있는 것 속에서 가까운 것의 회귀이며, 순수한 근접성의 무한한 애국주의이고, 아주 친밀한 진실이기 때문에 그것을 스스로 들추어내기 위해 죽을 수밖에 없는 것임을 알게 된다. 에스킬러스에게 우리는 가까운 것에서 먼 것, 근접한 것에서 귀양을 발견한다. 행위는 우리에게 아주 낯선 논리, 즉 적대주의의 주체에 기반해서 수행된다. 우리가 돌아가야만 하더라도—주체를 만드는 귀환으로서—우리에게는 더 이상 귀환하려 하지 않는 것을 자유롭게 풀어줄 기회가 있다.

(영역: 마리나 드 까네리)

주

1 '탈-장소'는 바디우의 해방을 향한 새로운 정치투쟁에서 중요한 개념이다. 현재의 고정된 장소로서의 세상, 즉 외적으로 주어지고 강요된 장소를 바꾸기 위해서 장소바깥을 사유하고 창조해야 한다는 의미에서 '탈-장소'를 만들어나가야 하고, 그곳에서 주체성을 바꿀 수 있다(역주).

2 trade unionism: 영국에서 시작된 노동조합주의로 노동자의 처우개선과 경제적 지위향상을 자본주의사회 내에서 추구하는 노동조합운동을 체계화한 개념이다(역주).

3 여기 번역된 글은 바디우의 *Théorie du Sujet*(Paris: Edition du Seuil, 1982)의 3부 "Manque et destruction"에서 발췌한 것이다. Jacques Lacan, "Conférences et entretiens dans des universités nord-américaines," *Scilicet* 6/7(1976): 15. [이 글에 수록된 모든 인용문의 영역은 영역자의 것].

4 같은 글.

5 Lacan, *The Seminar of Jacques Lacan, Book I: Freud's Papers on Technique, 1953-1954*. Jacques-Alain Miller 편집, John Forrester 번역(New York: Norton, 1988), 192쪽.

6 Lacan, "Conférences et entretiens dans des universités nord-américaines," 32쪽.

7 같은 글, 15쪽.

8 같은 글.

9 Gauche Prolétarienne: 1969년에 설립되어 1973년까지 유지된 프랑스의 마오주의 정당(역주).

10 ignorantiae asylum: 철학에서 어떤 대상에 대해 깊이 있는 사유를 할 수 없어서 판단을 내릴 수 없으면서도 사용할 수밖에 없는 것에 대한 다소 조롱적인 라틴어 표현이다. 가령, 스피노자는 인간중심주의의 환상이 무지의 피난처라고 한 바 있다(역주).

11 Lacan, *The Seminar of Jacques Lacan, Book XI: The Four Fundamental Concepts of Psychoanalysis*. Jacques Alain-Miller 편집, Alan Sheridan 번역(New York:

Norton, 1981), 163쪽.

12 같은 책, 21쪽.

13 Lacan, *Freud's Papers on Technique*, 102쪽.

14 Lacan, *The Four Fundamental Concepts of Psychoanalysis*, 41쪽.

15 영어로 torsion에 해당하는 우리말 '비틂'은 사전적으로 "부재를 부재의 축 방향으로 회전하여 세우려는 힘"이다(역주).

16 러시아의 수학자로 대수학에서 수이론과 기하학을 발전시켰다. 대수학 중 하나인 유체론(Class Field Theory)과 관련된 수학적 공리를 세웠다(역주).

17 환경에의 적응이라는 의미로 사용됨(역주).

18 Lacan, *Freud's Papers on Technique*, 198–199쪽.

19 같은 책.

20 같은 책, 190–191쪽.

21 라랑그(lalangue): 라깡이 『세미나 20』에서 발전시킨 개념으로 기존 소쉬르의 랑그와 파롤의 구분을 넘어서 여성적 윤리 차원에 놓인 발화 혹은 그 행위를 일컫는다(역주).

22 Joseph Conrad, *The Nigger of the "Narcissus"* (New York: Norton, 1979), 145쪽.

23 Baruch Spinoza, *Ethics* (New York: E.P. Dutton, 1938), 137쪽.

24 같은 책, 126쪽.

25 고대 그리스 비극작가인 에스킬러스의 삼부작. 1부 『아가멤논』, 2부 『코이포로이』, 3부 『에우메니데스』로 구성되어, 트로이전쟁에서 이기고 돌아온 왕을 왕비가 살해하자 아들 오레스테스는 아버지의 복수를 위해 어머니 왕비와 그녀의 정부를 살해한다. 오레스테스가 이유불문 모친살해의 범죄를 저질렀기 때문에 신들이 분노를 사 복수의 여신 에리네스(또는 퓨리)의 추격을 받는 이야기다(역주).

26 Aeschylus, *Eumenides*. Christopher Collard 번역(Oxford: Oxford University Press, 2002), 98–100쪽.

27 같은 책, 103–105쪽.

28 Friedrich Hölderlin, "Remarks on 'Antigone'." *Essays and Letters on Theory*, Thomas Pfau 편집·번역(Albany: State University of New York Press, 1988),

110쪽.

29 같은 글, 115쪽.

30 Hölderin, "Homecoming(To His Relatives)". *Poems and Fragments*. Michael Hamburger 번역(London: Anvil Press Poetry, 1994), 277쪽.

인간됨: 수간, 식인, 그리고 법

캘파나 세샤드리-크룩스

무릇 산 동물은 너희 음식이 될지라.
지난날 녹색식물을 주었듯이 이것을 다 너희에게 주노라.
그러나 육고기는 그 생명의 피와 함께 먹지 말 것이니라.
내가 반드시 너희 피, 곧 너희 생명의 피를 찾으리니
짐승이면 그 짐승에게서,
사람이나 사람의 형제면 그에게서
생명을 찾으리라.

「창세기」 9장 3–5절

남자가 짐승과 교합하면 반드시 죽이고
그 짐승도 죽일 것이며,

여자가 짐승에게 가까이 하여 교합하거든
여자와 짐승을 반드시 모두 죽이라. 그들은 죽게 될 것이고
그 피가 다시 돌아가리라.

「레위기」 20장 15–16절

너희가 이같이 될지라도 내게 귀 기울이지 아니하고
내게 대항할진대, 나의 분노로 너희에게 대항하되
너희 죄로 인하여 일곱 배나 더 징책하리니,
너희가 아들의 고기를 먹을 것이요,
딸의 고기를 먹을 것이다.

「레위기」 26장 27–30절

욕망의 대상은 이성이지만 인간이 아닌 경우 세 번째 자연에 위배된 육욕의 죄가 생긴다.
이는 소도미(sodomy) 혹은 동물과의 성교이다.
이 죄는 또 인간성의 목적을 위배하고 우리의 자연적 본능을 거스르는 것이다. 이로써 인간은 동물 이하로 떨어진다.
어떤 동물도 이런 방식으로 자신의 종족으로부터 등을 돌리지 않는다 … 이런 종류의 악덕은 우리가 인간이라서 그런 악을 저지를 수 있다는 사실 때문에 우리를 수치스럽게 한다.
동물은 자연에 위배된 육욕의 죄를 저지를 수 없기 때문이다.

– 임마누엘 칸트[1]

> 동물은 낱말이며, 인간이 정한 명칭이다. 인간은 다른 생명체에 대해 이름을 붙일 권리와 권위를 스스로에게 부여했다.
>
> – 자크 데리다[2]

라깡의 윤리학이 기표의 논리와 징후 사이의 변증법에 관한 것으로 주체 이론에 토대를 두고 있다는 것은 기본적인 사실이다. 주체의 특수성(주이상스)과 재현성(발화와 욕망)이 주체가 법과의 관계에서 놓인 위치로부터 도출되는 것이라면, 주체와 법 사이의 관계를 개념화하는 과정에서 윤리가 존재한다. 나는 윤리를 간단히 세상을 향한 인간적 지향으로 정의한다. 이는 세계 속의 우리 존재와 타자성과의 불가분한 관계에 대한 쉼 없는 반성을 의미한다. 윤리를 이렇게 정의하고 나면 주체의 구성적 기능으로서 법 그 자체를 질문하기 위해서 (결코 우리의 욕망을 포기하지 말라는 등의) 정식화된 선언들을 넘어설 것이 요구된다. 다시 말해 법은 어떻게 인간적 차이를 생산하는가? 이런 차이는 법의 기능에 얼마나 필수적인가? 법은 인간적 차이를 생산하고 보장하기 위한 능력과 아주 동일한 그 도덕적·사법적 권위를 어떻게 설립하는가? 나아가 법은 어떻게 비인간적 타자성, 구체적으로 우리가 보유하고 있는 종족 간의 개념화를 규제하는가? 법에 대한 정신분석적 읽기는 우리를 도덕적·법적 담론의 가장자리에 위치시킴으로써 인간의 존재론적 한계에서 출현하는 것을 엿볼 기회를 준다. 나는 이 글에서 읽기의 새로운 프로토콜, 즉 우리가 동물—인간적 담론들의 한계이면서 동시에 그 한계에 위치한 동물—과 함께 사유하도록 해주는 새로운 규약을 발전시키자고 제안하는 바이다. 이를 통해 우리가 타자성과 맺은 약속을 재활성화하려는 것이 목적이다.

정신분석을 통해 우리는 인간다움의 기원과 그에 따르는 비인간적 생물체의 절대적 타자성을 탐색할 수 있다. 정신분석은 또한 우리로 하여금 인간과 동물 사이를 가르는 경계를 설정하는 도덕법의 법적인 변형을 밝히는 데 도움을 줄 수 있다. 도덕법을 탐색하는 과정에서 정신분석은 인류학 또는 철학과는 다르다. 인류학과 철학은 도덕법에 대한 특권적 접근을 가진 학문으로 간주되어 왔다. 이 두 학문과 정신분석은 적어도 한 가지 중요한 점에서 다르다. 정신분석은 금지와 위반을 철저히 비기능주의적 방식으로, 즉 사회적 조직의 요소들이나 이성의 적합 혹은 부적합한 작용방식이 아니라 우리를 인간 주체로 구성해 주는 것에 대한 **징후들**로서 사유한다. 정신분석은 도덕법을 옹호 혹은 비난하지 않는 것처럼 인간의 주체화의 핵심에 놓인 오류를 치료하기 위해 어떠한 윤리적 혹은 사회학적인 처방을 제시할 수도 없다. 도덕법에 대한 담론으로서 정신분석은 인간적 차이가 기초해 있는 배제들을 이해하도록 해준다. 배제를 이해하면 거의 자동적인 인간중심주의, 인간적 주권과 초월에 대한 사회법적 찬양이나 주장들은 무력화될 것이다.

도덕법을 통해 동물의 문제에 접근하는 데 있어 나는 최근 문화연구 분야에서 생태비평[3]으로 불리는 것의 변이형태를 위해 정신분석을 사용하지 않을 것이며, 또한 사회문화적 혹은 사법적 의미에서 동물권의 대의명분을 제시하려는 의도가 없음을 글을 시작하는 지금 좀 더 분명히 해두어야겠다. 내가 동물의 문제가 정신분석에서 중요하다고 믿는 이유는 주체 구성, 섹슈얼리티, 그리고 도덕적·사법적 법의 핵심에 이 동물 문제가 놓여 있기 때문이다. 인간이 구성되기 위해 필요한 배제들을 점검하는 일은 동물에 대한 우리의 동시대적 문화, 윤리, 사법적 태도들을 밝히는 데 일조할 것이다. 그러나 이 프로젝트가 단지 동물 **그 자체**에 대한 것만은 아니다. 그보다는 법이 주체를 인간으로 생산해내는 방식에 관한 것이다. 인간성을 구성하는 배제들을 이해함으로써 타자에 대한 우리의 책임감, 그리고 타자의 자율성과 고유성에 대한 우리의 사유가 활성될 방식을 고찰할 것이다. 이때 나의 일차적 관심은 동물이 등장하는 바로 그 시점에 동물을 사라지게 함으로써 주체 구성의 담론으로서 법의 권위가 세워지는 방식이다. 동물과 **함께** 사유하기란 동물을 법의 권위를 위해 동원하는 **반복적 장치**로 인식하기를 요구한다. 이는 라깡의 주체구성 이론들에 대한 교조적 사용을 막아준다. 실제로 이러한 고찰은 라깡 윤리에 깊이 뿌리내린 심도 있는 반인간주의적 성격에 대한 나 자신의 투자로부터 비롯되었다. 라깡 윤리의 급진적인 비판적 칼날은 라깡주의가 엄격한 정통 교리가 되는 것을 막아준다. 의심할 여지없이 라깡의 동물에 대한 가정과 태도들을 점검하는 과정에서 동물적 한계의 문제를 접근할 때 자크 데리다처럼 우리도 실망할지 모른다. 데리다의 주장에 따르면 라깡의 인간 대 동물의 이분법적 구분에 관한 고집스러운 주장은 동물적 본질과 인간적 초월과 관련해서 답습되어 온 인간주의적 지혜의 범위 안에 놓여 있다. 나는 라깡에 대한 데리다의 비판에 전적으로 동의하는 바이지만, 만일 우리가 동물 대신 인간적 한계의 생산에 초점을 둔다면 라깡의 이론이 불가피하다는 점을 보여줄 것이다.

데리다에 의하면 라깡은 종족 차이에 대한 관습적 가정들을 재생산한다. 그리고 인간 주체 구성에 필요한 교조적 진리들로 진술한다. 데리다는 라깡의 『에크리』를 정독하면서 동물과 종족 차이에 대한 라깡의 언급을 추적한다. 이로써 이제껏 검증되지 않은 동물에 대한 라깡의 개념들이 어떻게 그의 이론의 핵심들과 모순되며 또 전복시키는지를 보여준다(데리다는 animot라는 낱말을 만들어낸다. 이 낱말은 불어의 동물을 의미하는 복수형 animaux와 '낱말'을 의미하는 le mot를 가지고 만든 것으로, 모든 동물, 즉 창조의 나머지 부분들을 이분법적 논리에 대응하는 기표로서 언급하는 방식을 지적하기 위해 사용된다). 라깡의 거울단계에 관한 글에서 다루어진 동물의 섹슈얼리티가 갖는 거울상적[4] 본성 때문에, 동물은 상상계에 한정되고 상징계, 즉 언어, 법, 욕망, 행위주체성과 무의식 등에 대한 통로를 결여한 채 통상적으로 인간과 다른 것으로 간주되어있다. 데리다에 의하면 라깡은 주체에 대한 데카르트적 경제에 지나치게 의존하고 있다. 데카르트적 주체의 발화는 기호와 현실 사이의 자동적인 반동이나 약호화된 고정적 상호관계(동물-기계와 구별되는)가 아니라 바로 타자에 대한 반응이기 때문에 인간적인 것으로 따로 규정된다. 데리다는 이렇게 쓴다: "내가 주저하는 이유는 반동과 반응을—이미 '우리 인간들'이라는 관점에서—나누는 변경의 순수성, 엄밀함과 나눌 수 없음, 그리고 특히 그 결과 따라오는 책임감의 순수성, 엄격함, 나눌 수 없음 때문이다."[5] 데리다는 반응과 반동에 관한 라깡의 발언들에 회의적이다. 인간적 행위주체성이라는 개념이 인간적 자유와 무의식에 고유한 반복의 논리에 따른 반응의 자동성, 그리고 반동과 반응 사이의 구별에 기반한 인간 그 자체에 대한 개념에 무의식이 미치는 영향을 간과하기 때문이다.

데리다가 보기에 라깡의 동물에 관한 담론은 소위 인간적 반응에 관한 계몽주의 휴머니즘의 확실성에 기반하고 있으며, 일종의 부인 형태를 띤다. 이는 라깡이 부정 개념을 논의하면서 겉치레와 거짓말의 논리에 대한 함의를 다룰 때 명백히 드러난다. 라깡은 프로이트가 설명한 유대인 농담("왜 당신은 사실은 X로 가면서 내가 당신이 Y로 간다고 믿도록 X로 간다고 말합니까?")과 같은 이중적 기만과 관련된 부정의 형태는 동물이 절대 할 수 없는 것이라고 한다. 동물은 사냥꾼을 속이고 자신의 성적 파트너를 유혹할 수는 있다. 동물은 거짓 발자국을 남길 수는 있어도 자신의 흔적을 지울 수는 없다. 다시 말해 동물은 진짜 발자국을 거짓으로 보이게 만들 수는 없다. 라깡에 의하면 지우기는 동물을 기표의 주체로 만들어 줄 수도 있지만 본질적으로 불가능하다. 따라서 오직 "생사가 걸린 상황들"[6]에만 반응하는 상상계에서의 동물의 존재는 가령 뭔가를 보증하거나 거짓말하는 경우처럼 자신의 말에 의해 결정될 수 있다는 것을 의미한다. 이로써 동물은 시간과 불멸성으로부터 내쫓긴다. 말하자면 동물이 인간 주체를 구성하는 결여를 결여하고 있다는 뜻이다. 동물은 그 자체로 완전히 충만한 개체로서 선악에 선행하는 상태에서 살아간다. 동물은 언어의 주체가 아니며, 인간이 성숙하지 않은 상태로 출생한다는 생물학적 사실 때문에 필연적으로 존재할 수밖에 없는 방식으로 언어에 종속되지도 않는다. 따라서 데리다는 라깡의 이론에서 인간 주체는 결여에 의해 구성되며, 이것이 인간과 동물을 구별해 준다고 지적한다.

데리다가 라깡에서 찾아낸 부인의 또 다른 순간은 대타자의 근본적 타자성과 관련된다. 동료 주체가 대타자의 자리에서 말을 할 수는 있지만 대타자는 동료 주체일 수 없다. 대타자는 거울상적 이중성을 넘어서는 것이다. 여기서 데리다는 이렇게 묻지 않을 수 없다.

> 이 대타자의 자리는 비인간적인 것이 아닐까? 만일 그렇다면 비인간성 혹은 적어도 어떤 — 말하자면 — 신성동물성(divinanimality)[7]의 수사는, 비록 그것이 인간을 통해 느껴진다 해도 유사-초월적 내용일 것이다: 배척되고, 봉쇄되며 부인되고 길들여지고 희생되는 토대로서, 상징질서, 즉 인간적 질서와 법, 정의를 떠받치는 내용이다. 레비나스와 라깡에게서 바로 이러한 필연성이 비밀스럽게 수행되고 있지 않은가 … ? 이것이 왜 동물에 관해서 숙달이나 초월의 담론을 발언하기가 그렇게 어려운지, 또 동시에 신의 이름으로, 아버지의 이름의 이름으로, 혹은 법의 이름으로 그것을 하라고 주장하기 어려운 여러 이유들 중 하나이다. 우리는 대문자 아버지, 법, 동물 등등을 최종 분석에서 같은 것으로, 혹은 동일한 것의 해체할 수 없는 비유들로 인정해야 하지 않을까?[8]

데리다가 대문자 타자를 비인간의 장소로서 동일화한 것은 분명 옳다. 진정 라깡은 대타자, 그것을 발화하는 장소로서의 대타자에 대해 말한다. 데리다가 인정하듯 라깡에게 대타자의 대타자란 없다. 그러나 라깡은『세미나 20』에서 다시 한 번 주이상스가 대타자의 과잉 속에 있는 한, 대타자의 대타자 역할을 한다고 제안한다.[9] 이런 제안을 할 때가 라깡의 이론에서 생산적인 순간이다: 비인간성으로서의 대타자, 대타자의 주이상스, 그리고 우리 모두—동물 모두(AnimAll)—를 도덕질서에 귀속시키는 법. 인간과 동물을 나누는 절대적 이분법을 문제 삼는 데리다의 프로젝트에 공감하는 바이지만 데리다는 정신분석 수체의 다양성—대체가능성[10]까지도—을 인정하지 못한다. '신성동물성'은 라깡의 이론에서 부인되기는커녕 라깡의 도덕법 개념의 핵심이다.

동물낱말/동물 모두(ANIMOT/AnimAll)

아버지의 이름들에 관한 세미나에서 라깡은 도덕법의 제도와 기원, 그리고 부성 메타포를 다룬다. 그는 두 가지 시나리오에 집중한다. 하나는 원초적 집단의 아버지에 대한 프로이트의 신화이고, 다른 하나는 아브라함과 이삭에 관한 성경의 이야기이다. 이 두 시나리오에서 라깡은 동물의 비유를 사용한다. 동물은 프로이트의『토템과 터부』에 관한 논의에서 처음 등장한다.

> 만일 대타자가 내가 말하듯 '그것'이 말하는 장소라면, 대타자는 오직 한 종류의 문제, 즉 질문에 앞서는 주체의 문제를 제시한다. 프로이트는 이를 탁월하게 직관했다 … 신화적으로 아버지—이것이 바로 '신화적으로'라는 말이 의미하는 바이다—는 오직 동물일 수밖에 없다.
>
> 원초적 아버지는 근친상간 터부 이전, 즉 법이 등장하기 이전 결혼과 친족, 말하자면 문화의 구조들 이전의 아버지이다. 그 아버지는 동물신화에 따르면 만족의 경계를 모르는 집단의 수장이다. 프로이트가 그를 토템이라고 불러야 했던 것은 레비-스트로스의 구조주의적 비판을 통해 문제제기된 진보라는 관점에서 완전히 의미를 얻게 된다. 레비-스트로스의 비판은 모두 잘 알고 있듯이 토템이 갖고 있던 계통적 본질을 부각시켰다.[11]

라깡이 보기에는 원초적 집단의 이야기가 도덕법의 기원과 친족구조의 기원을 설명한다고 해도 '부성적 메타포'의 기능에 대한 윤곽을 그려주진 못한다. "따라서 우리는 아버지의 차원에 필요한 두 번째 조건은 내 세미나 중 하나에서 내가 믿기에 지금까지 했던 것보다 더 깊이 발전시켰던, 고유명사의 기능이라는 것을 알게 된다."[12] 라깡이 다루는 두 번째 시나리오는 카라바조[13]의 유명한 그림에서 묘사된 이삭의 희생인데, 이 그림은 고유명사에 대한 부차적 설명을 제공한다. 이 두 시나리오는 두 번째 것이 첫 번째 것을 보충하는 관계를 갖는다.

원초적 집단의 이야기에서 동물인 아버지는 살해된다. 그는 그 이후 한(다른) 동물, 즉 토템으로 상징화되고, 이 토템이 부족의 이름이 된다. 부족은 법을 위해 희생된 동물 조상으로부터 그 이름을 물려받는다. 프로이트와 라깡에 의하면 아버지에 대한 잔인한 살해에서 비롯된 법은 근친상간 혹은 집단의 무제한적이고 무분별한 섹슈얼리티에 대한 도덕적 금지이다. 흔히 간과되는 것은 사회조직의 이러한 근본적인 법이 존재론적으로 선행하는 다른 터부들의 복합체에 의해 지지된다는 사실이다. 프로이트를 떠올려 보자.

> 우리가 발견하게 된 가장 원시적 조직체—일부 부족들 중에는 현재까지 효력을 갖는 그런 조직—는 남성집단으로 구성된다. 이 무리들은 동등한 권리를 갖는 구성원으로 구성되며, 토템체계의 제한규정들, 가령 어머니를 통한 재산상속 등에 종속된다. 이러한 형태의 조직이 다른 것으로부터 발전되어 올 수 있을까? 그리고 만일 그렇다면 어떤 계보를 따르는가?
>
> 만일 우리가 토템 식사의 찬양에서 도움을 구한다면 대답을 발견할 수 있을 것이다. 어느 날 쫓겨난 형제들이 서로 모여서 아버지를 죽이고 먹어치웠다. 그런 식으로 가부장적 집단이 종지부를 찍는다. 서로 결탁해서 이들은 개별적으로는 불가능했을지도 모를 일을 벌일 용기를 갖게 되고 또 성공했다(일부 문화적 진보, 아마도 새로운 무기를 다룰 줄 아는 능력이 이들에게 월등한 힘의 감각을 주었다). 식인야만이었던 그들이 희생자를 죽일 뿐만 아니라 먹어치운 것은 말할 것도 없다 사나운 원초적 아버지는 의심할 여

> 지없이 형제 동아리 각 개인에게 두려움과 질시의 대상이었다. 먹어치우는 행위를 통해 그들은 아버지와 동일화를 이루고, 각자가 아버지의 힘의 일부를 얻게 되었다. 토템 식사는 아마도 인류 최초의 축제일 것이며, 이후 축제 형태로 이 기억에 남을 만한 범죄적 행위를 반복하고 기념하게 된다. 이 부성살해는 수많은 것들, 가령 사회조직, 도덕적 제한 그리고 종교의 시발점이다.[14]

여기서 프로이트는 형제들에 의한 아버지의 섭취를 강조한다. 식인은 원초적이다. 프로이트에 따르면 이 행위에는 자책감이 따른다.

> 죄의식이 따라온다. 이 경우 죄의식의 출현은 집단 전체가 느끼는 자책감과 일치한다. 죽은 아버지는 살아 있을 때보다 더 강해진다. 사건은 우리가 오늘날까지 인간사에서 종종 보게 되는 과정을 따른다 … 그들은 토템, 즉 아버지의 대체물에 대한 살해를 금지함으로써 자신들의 행위를 번복한다. 그들은 비로소 자유롭게 풀려난 여성들에 대한 권리를 포기하고 부친살해의 열매를 거부한다. 그렇게 그들은 자식이 갖는 죄의식으로부터 두 가지 토테미즘의 근본적인 터부를 만들어낸다. 이 두 개의 터부는 불가피하게 오이디푸스 콤플렉스의 두 가지 억압된 소망과 일치한다. 이 터부를 어기는 자는 원시사회가 관여했던 유일한 두 가지 범죄[살해와 근친상간]를 저지르게 된다.
>
> 인간 도덕성이 출발하는 토테미즘의 이 두 가지 터부는 심리

적으로 동등한 위치를 갖지 않는다.[15]

분명 친족관계를 구성하는 근친상간의 금지는 살해금지에 기초할 뿐만 아니라 인과적으로 관련되어있다. 프로이트에게 이 두 금지는 형제들 사이에서 고안된 사회적 계약에서부터 출현한다. 형제들은 아버지의 운명을 피하기 위해서 여성들과의 성관계를 규제하고 서로의 목숨을 보장해 주기로 동의한다. 그러나 만일 원초적 집단의 아버지가 즐거움과 무제한적인 성적 자유로 특징지어진 동물이었다는 라깡의 관점을 진지하게 받아들인다면(집단 자체가 비인간적 동물의 무리이다) 설명 불가능한 죄의식과 사회적 계약의 실용주의를 넘어서는 뭔가가 등장한다. 즉 질문에 앞서는 주체의 문제이다. 우리는 아버지의 살해를 살인과 근친상간에 대한 금지의 제도화뿐만 아니라 인간이라는 개념, 인간과 동물 사이의 분리, 그리고 이들 사이의 상호관계의 순간으로 읽어야 한다.

살인의 금지로부터 성적 터부와 친족구조가 도출되는데, 이 금지는 이제 부차적 의미를 띠게 된다. 또한 살인 그 자체가 인간의 생명과 법에 대한 특수한 위반으로서 살인의 다른 형태들과도 구별되는 순간이어야 한다.[16] 다시 말해서 새로 구성된 살인의 개념은 대상에 따라 죽임(killing)의 행위를 구성한다: 죽일 수 있는 것들(허가된 살해)과 죽일 수 없는 것들(살인). 전자의 집단은 인간과 구별된 동물로 구성되어 먹이나 혹은 희생양이 된다. 따라서 인간을 죽이는 것 뿐 아니라 인간을 먹는 것 또한 금지된다. 프로이트가 토템 식사가 도덕법 기원의 열쇠라고 한 것은 진정 옳다. 그러나 라깡이 이에 덧붙여 환기시키는 것은 살인과 음식의 관계이며, 이는 종족 차이를 거울상의 닮음과 차이의 관계에 정초한다.

이렇게 새로 제도화된 살인과 식인의 금지로부터 출현한 종족 차이가 어떻게 성관계에 영향을 미치는가? 또 근친상간 터부와 친족관계들과는 어떤 관련을 갖는가? 라깡은 이에 대해 분명히 대답한다. 집단의 아버지가 동물이라면 확실히 법 이전의 시간은 수간에 대한 격세유전적 시나리오, 즉 차별화 이전의 섹스이다. 질문에 앞서는 주체에 대한 질문—종족 차이—을 도입하는 일은 우리가 살인과 근친상간을 도덕적으로 금지할 때, 식인과 수간에 대한 금지들의 그림자가 드리워져 있는 것을 보게 된다. 실제로 앞서의 금지들은 후자인 부차적 터부들의 집합이 없이는 기능할 수 없다. 토템은 법 이전의 시간, 근친상간과 살해에 대한 도덕적 금지 이전, 종족 차이 이전의 시간을 담은 기념비이다. 도덕법은 어떤 의미에서는 존재론적으로 필연적인 두 가지 부차적인 법, 즉 수간과 식인에 대한 금지들에 의해서 지지받는다. 라깡은 프로이트의 원시적 무리들에 관한 신화가 또한 식인종과 수간 행위자의 구성 신화, 다시 말해 법 이전의 법 위반자들에 대한 신화임을 시사하는 듯하다. 이 금지들 속에 숨겨진 매트릭스는 도덕법의 기능들 중 하나가 음식으로 사용하는 것과 섹스를 위해 사용하는 것(우리는 음식 대상과 섹스를 하지 않거나 성적 대상을 음식으로 삼지 않는다) 사이의 상호 배타적 대립을 설치하는 것임을 고려할 때 훨씬 두드러진다. 『야생적 사유』에서 클로드 레비-스트로스는 종족 차이에 대한 것은 아니지만, "전

세계에서 사람들이 번식과 먹는 행위 사이에서 발견하는 긴밀한 유추"를 인정한다.[17] 레비-스트로스는 프랑스어를 포함해서 여러 언어들에서 같은 말을 두 가지 행위, 즉 번식과 먹는 행위에 사용하는 경우들을 사례로 제시한다. 흥미롭게도 그는 "식습관의 금지들과 족외혼의 규칙들을 대상으로 우선순위를 세우려는 시도"는 전망이 없을 것이라고 주장한다. "이들의 관계는 인과적인 것이 아니라 비유적이다."[18] 레비-스트로스는 이 "보편적인" 연상을, "양성의 결합과 먹는 쪽과 먹히는 쪽 사이의 결합 간 가장 저급한 공통분모는 **상보성을 통한 연결**을 낳는다는 것"이라고 설명한다.[19] 의심할 여지없이 음식과 섹스의 현대적 연결은 병합의 유추(이성애적 상보성은 아니지만)를 통해 작동하지만, 종족 차이의 문제는 음식과 섹스에 내재된 실제적 연결성을 드러내 준다.[20] 음식 금지조항이 어떤 방식으로 선행한다기보다는, 식인과 수간에 대한 금지들의 동시성이 효과적으로 섹스를 음식으로부터 떼어내서 소화와 [성적] 합일 사이의 극소하지만 '살점이 많은'[21] 비유를 남겨둘 뿐이다. 이 금지들이 현격한 수준으로 상호연결된 예는 아마도 반려동물과 우리가 맺는 관계에서 가장 두드러질 텐데, 반려동물은 마치 우리의 친족처럼 음식이나 성적 대상으로 간주되지 않는다.[22]

원시적 아버지가 동물이었을 것이라는 라깡의 주장은, 소위 동물이 한계 없는 만족을 추구하는 것으로 규정되는 한, 이 역시 또한 신화적 생물체나 (성적인) 의미의 조직을 이해하기 위해 전제되어야 하는 문법적 기능 등으로서의 동물의 문제를 제기한다.[23] 나는 여기서 라깡이 『앙코르』에서 발전시킨 성차 그래프를 언급하고 싶다.[24] 우리는 첫 번째 집합을 원시적 집단신화의 구조와 거세에 대한 모든 주체들의 관계에 대한 지도 그리기로 읽을 수 있다. 실제로, 동물로서의 원시적 아버지를 통해서 사유함으로써 도덕법의 제도와 의미가 함축적으로 전제된다면, 실체적인(ontic)[25] 범주로서의 동물의 존재는 불가능해진다. 데리다와 완전히 다른 시각에서 라깡은 이런 질문을 가능하게 해준다: 동물은 존재하는가?

거세되지 않은 동물/아버지의 환상이 도덕법의 계보학을 가능하게 해준다고 해도, 그 환상이 고유명사, 아버지의 이름이 담당하는 언어학적 기능을 완전히 설명해 주지 못한다. 성차 그래프의 가장 위쪽한 부분에 대한 간략한 설명을 한 뒤 라깡은 그래프 아래에 사용된 상징들에 대해 말한다. "하단의, 부적절하게 인간성이라고 불리는 수직선의 구분과 상호 교차하는 곳을 가로지르는 선 밑에서, 성적 정체성을 나눌 수 있는 정도만큼 여기서 일어나고 있는 일에 대한 대략적인 윤곽을 그릴 수 있다."[26] 나는 우리가 이 애매한 문장을, 수평구분선이 성차의 선을 따라 인간성 내부의 구분만이 아니라 (부정확하게 불려온) 인간성과 비인간성 사이의 분리를 표지하는 것을 의미하는 것으로 읽을 것을 제안한다.

라깡 이론에서는 수그러들지 않는 주이상스의 장소로서 아버지에게 총체성을 부여한다고 해서 빗금치거나 결여된 대타자의 기능성을 설명할 가능성은 없다. 언어는 항상 이미 보충적인 상태이며, 따라서 고유명사를 필요로 하는데, 고유명사(오이디푸스의 시나리오에서처럼)의 기능에 요구되는 욕망과 주이상스 사이에서 필연적 차이가 생기고 초자아가 형성되기 때문이다. 주체에 구성적일 뿐만 아니라 도덕법과의 관계에서 존재의 질서에 작동할 기능을 로고스에 부여해야 할 필요는 이미 인정된 바이다. 세미나 『아버지의 이름으로』에서 라깡은 이렇게 말한다.

> 그의 신화에서 프로이트는 특유한 균형, 즉 법과 욕망 사이에—이 단어의 접두어를 이중으로 사용해 본다면—일종의 공순응성(coconformity)을 분명 발견한다. 이 법과 욕망의 공순응성은 근친상간법에서, 법과 욕망이 함께 태어나고 결합되며 서로를 필요로 한다는 사실에서 비롯된다. 아버지의 순수하리만치 에로틱한 지복의 상태를 원초적인 것으로 가정하는 지점이다.
>
> 예외가 있다. 어린 아이의 욕망이 이렇게 형성된다고 주장할 때, 우리는—나는 이에 대해 지난 몇 년간 주장해 왔다—왜 이 모든 상황이 신경증을 낳게 되는지 물어야 하지 않을까?[27]

욕망과 불안의 경제에 붙들린 주체가 결여한 조건을 이해하기 위해서 우리는 또 다른 법의 내러티브로서 부차적인 계보학이 필요하다. 그리고 이번에는 베일에 가려지고 헤아리기 어려운 원초적 아버지의 지복상태가 아니라 그의 요구가 중요해진다. 라깡에게 가장 분명하게 대타자의 욕망을 들추어내는 것은 도착의 범주이다. 여기서 대타자는 영원한 신 혹은 최고 존재로 해석된다. 이 특별한 문제지형에서 두드러지는 점은 "세상의 질서에 이해관계를 갖는 것으로서" (신의 주이상스와 대립하는) 신의 욕망과 "아버지의 욕망의 조건으로부터 도망치는" 신경증(도착적 혹은 정상적 욕망)이다.[28] 이 관계의 복합구조를 그리기 위해서 라깡은 아브라함과 이삭의 성경 이야기로 방향을 돌린다. 흥미롭게도 그는 이 이야기를 유대-기독교적인 것으로 특수화함으로써 신의 인간에 대한 요구, 세상 속 신의 욕망이라는 시선에 낚싯바늘을 던져서 유대-기독교 전통을 여타 신비로운 전통과 구별시키는 데 도움을 준다. 주체가 대타자의 욕망과 맺는 관계에 대한 강조는 정신분석과 도덕법에서 동물의 지위에 대한 우리의 이해와 더불어 사법적 차원을 도입한다.

라깡은 아브라함의 희생, 혹은 유대교 전통에 따르면 아케다[결박](Akedah)[29]를 기표기능의 개입으로 보는, 복합적인 해석을 시도한다. 즉 결여(주이상스의 금지)의 표지이자 차이와 의미화 작용(이름짓기)의 표지로서 기표기능을 말한다. 신의 이러한 두 가지 측면은 중요하다. 첫째, 그는 그 이름을 말로 표현할 수 없는, 우리가 발언해서는 안 되는 존재이다. 둘째, 그는 불안의 정서를 통해 지시된다. 여기서 몇 가지 이름이 등장한다: 셈(Shem, 금지된 이름), 엘로힘(Elohim, 전지전능), 엘 샤데이(El Shadday, 이스라엘 수문장).[30] 엘샤데이의 이름으로 천사는 말을 하고 아브라함이 아들을 희생하려 할 때 그의 손을 제지한다. 발언 불가능한 신의 기표는 아브라함이 신의 주이상스에 봉사하는 것을 금한다. 라깡에 의하면 이것이 바로 아케다, 즉 구속의 핵심이다. 아케다는 신의 주이상스와 욕망 사이의 단절을 표시한다: "전통적으로 신의 욕망으로 제시된 것으로부터 신의 지복을 분리시키는 칼날의 표지가 여기에 있으라."[31] 이렇게 도입된 대체의 논리는 차이의 유희, 즉 비유(숫양)와 환유(음경의 포피)를 낳는다. 라깡은 숫양이 "공포증 차원에 놓인 아버지에 대한 비유가 아니다"라고 주장한다. 다시 말해 숫양은 라깡이 『앙코르』에서 야수성이라고 언급한 것, 즉 동물공포증을 나타내는 무의미가 아니다. 그는 자유의 나팔을 불어 공동체를 모으는 데 사용하는 텅 빈 뿔을 의미하는 쇼화(Shofar, 숫양의 뿔)라는 용어를 도입한다. 유대교 전통에서 이는 아브라함의 희생을 상기시킨다. 라깡은 희생의 장면으로 뛰어 들어오는 숫양을 "원초적 숫양"이라고 부른다. 숫양은 창조의 7일 동안 현존하며, 근원적인 것, "셈족의 족장으로, 짧은 경로를 통해 아브라함을 근원으로 연결시켜 주는 자", 엘로힘이다. 숫양은 아브라함의 "원조 이름의 조상으로 그가 속한 인종의 신"이며, 아브라함의 "생물학적 기원"의 물질적 현현이다. 왜냐하면 "몰락을 자극하는 그것이 바로 생물학적인 기원"이기 때문이다.[32]

우리는 어쩌면 이 "자극"을 이해할 수 있을지 모른다. 이 "자극"에서 원조 이름의 조상은 기원의 자격을 갖고 굴복하는데, 「창세기」에서 아담이 동물에 이름을 붙이는 장면에 대한 데리다의 해석을 살펴보자. 「창세기」의 불어 번역본 두 가지를 참고해서 데리다는 신이 인간(다른 번역에선 남자와 여자)에게 내린 명령을 언급한다. 동물을 다스리고 나서 이름을 지어주라고 한다: "그는 인간을 자신의 형상대로 빚으시니, 이로써 남자는 자신보다 먼저 태어난 동물을 복종시키고, 길들이고, 지배하고, 훈육하거나 가축화하고, 그의 권위를 행사하리라 … 그러나 마치 신이 불철주야 감시하면서 밤을 새고 메아리쳐 나올 이름들을 조사할 권리를 유지하길 원하는 것처럼 모든 일이 벌어지는 듯이 보인다. 그 이름들을 가지고 이시[Ish, 아담]가 홀로, 아직 여자를 옆에 두지 않은 채 동물을 통제하게 될 것이다."[33] 데리다는 두 가지 중요한 점을 지적한다. 첫째, 아담은 "자신보다 먼저 세상에 나왔지만 자신의 뜻에 따라 이름 불릴 이 살아 있는 생명체들"에게 이름을 지어준다. 둘째, 동물들을 아담에게 불러온 신은 "전능한 신이며, **그리고** 언어에 관한 한 무슨 일이 자신에게 일어날지 모르는 신의 유한성"을 표지한다. 그리고 이름에 관해서도, 간단히 말해 신은 자신이 진정 원하는 것이 무엇인지 모른다. 이는 동물에 관한 한 자신이 원하는 게 무엇인지 모르는 어떤 종류의 신의 유한성이다."[34] 데리다에게는 아담의 동물 이름 짓기, 즉 동물 이후의 그의 존재—동물이 창조된 뒤에 존재하며 지배 혹은 포획에서도 동물의 뒤를 따른다는 의미에서—는 시간 속에 놓였다기보다는 시간의 창조이다. 따라서 신의 "놀라움에의 노출, 동물과 인간 사이에 일어나는 사건에 대한 노출은 바로 시간 [그 자체] 이전의 시간이다."[35] 그러나 인간이 동물 이후에 존재한다는 것에는 또 다른 의미가 있다. 인간은 자신이 이름붙인 동물들을 따라 자신의 이름을 짓는다. 토템 동물은 아직 로고스의 순간이라기보다 전적으로 인간적 기원들에 대한 내재적인 기표이다. 토템 동물은 확실히 인간과 동물 사이의 이 세속적인 관계, 즉 아브라함과 이삭의 이야기를 통해 제시되고 무효화되는 그런 관계이다.

아브라함의 희생이라는 이 '이후' 시나리오에서 신은 인간이 그의 생명체와 자신에게 부여한 이름들을 취소한다. 그의 후손인 이삭 대신 숫양인 조상을 취하는 것은 두 가지를 성취한 것으로 볼 수 있다. 첫째, 아브라함은 신의 욕망을 신의 주이상스와 구별해서 빗금친 대타자의 자리(데리다가 신의 "유한성"이라고 부른 것), 즉 결여되고 불완전하며 그러나 만족시킬 수 없기 때문에 역설적인 전능한 신의 자리를 유지하도록 한다. 둘째, 토템적 조상은 이제 표현할 수 없는 신의 이름에 종속된다. 다시 말해 (한때 자율적이던) 동물, 즉 이름의 원천이자 공동체의 기원인 동물은 아버지의 이름에 희생되어 바쳐지고, 그 결과 인간을 초월로 향하게 한다. 그에 따라 공동체는 숫양, 쇼화의 목소리를 통해서 신과 그의 욕망의 이름에 따라 모여들게 된다. 할례의 법—살려나간 한 조각의 살덩어리—은 선민을 향한 신의 욕망을 표지한다. 쇼화의 비유와 음경 포피의 환유 사이에 신은 모든 것—동물 모두(AnimAll)—을 그의 법에 종속시키는 도덕적 질서를 설립한다. 신은 자신의 위계법을 창조 전체에 부여함으로써 인간과 동물 사이에 차이를 설립한다. 위대한 훈육적 장치로서의 로고스는 모든 것—동물과 인간—을 단일 목소리의 정확히 측정된 법에 종속시킬 때조차도 자신의 위계적 기능을 폭로한다. 다시 말해 이름을 통해 표현된 신의 욕망으로서 로고스의 개입은 단 한 번 영원히 윤리-법적인 명령, 즉 한때 "위대한 존재의 사슬"[36]이라고 불린 것을 부과함으로써 인간과 동물 사이에 차이를 고착시킨다.[37]

신의 최고 주권, 즉 동물의 조상을 대타자에 복속 혹은 종속시키는 것은 종족 차이에 관해 역설적 결과들을 갖게 된다. 동물과 인간을 가르는 선은 동물의 인간화가 증대되는 과정에서도 더욱 강화된다. 이러한 역설은 시대를 걸쳐 서구의 사법적 담론에 훌륭히 잘 보존되어 있으며, 동물권과 종족 차이에 대한 현대의 논의를 위해서, 아직 인정받진 못했지만 가능한 담론적 조건을 제시한다.

(동물) 모두(Anim)ALL가 법에 종속되어있다

법적 체계를 본질적으로 인간제도로 이해하기 때문에 현대 법은 당연히 동물들에게 행위의 책임을 묻지 않는다. 동물을 멸종과 잔인성으로부터 보호하기 위해서, 혹은 다른 인간을 향해 위법을 행할 도구로 이용하는 것을 막기 위해서 법은 동물을 다룬다. 하지만 항상 그렇지는 않았다. 동물과 관련된 법을 역사적으로 고찰하려면 철저히 잊혀진 고문서를 들추어내야 한다. 『동물에 대한 법적 처벌과 체형』이라는 책에서 에반스는 현대적 법실행과는 달리 수많은 유럽지역에서 범죄를 저지른 동물을 법정에서 처벌하고 동물 체벌을 스펙터클로서 상연한 것이 관행이었다고 알려준다. 에반스의 책은 인간에게 해를 가한 다종다기한 가축이나 곤충들에 대한—성서적이고 사법적인—재판을 자세히 다루고 있다. 이런 사실이 믿기 어렵다는 듯이 경멸에 가까운 어조로 에반스는 16세기 프랑스의 배심원 바쏠로뮤 셰쎄네가 기록한 사례에서 출발해서 다양한 예들을 제시하고 있다. 셰쎄네는 (범죄행위로 기소된 동물에 대한 여타 사례에서 그랬듯이) 보리 수확을 제멋대로 망쳐놓은 이유로 기소된 쥐무리를 변호한다.[38] 에반스가 보기에 소위 범죄동물들을 다루는 사례들에서 분명히 나타난 인간화 과정은 마녀재판을 낳은 미신의 일종이다. 이런 종류의 재판이 서구 시민사회에서 창조와 창조물에 대한 존경심을 보여주는 고귀한 증거로 해석해야 한다고 제안한 19세기 학자 레옹 메네브리아를 논박하면서 에반스는 다음과 같이 쓴다.

> 섬세하고 민감한 정의의 감각에서 비롯되기는커녕 극도로 투박하고 무디며 야만적인 의미에서 정의의 산물이었다. 거치른 힘이 지배하고 극심한 무지가 횡행하는 사회적 국가의 산물로서, 린치법에 대한 대응이자 저항이라고 보기 어렵다. 이 법은 진정 정의의 행사를 희화화하고 조롱으로 바꿈으로써 촉진되는 경향이 있다. 또한 성서적 위엄에 대한 관심에서 비롯되어서 바로 시민사회의 성스럽고 근본적인 제도를 패러디하고 도착적으로 실행시킨다. 이는 심지어 애벌레와 자벌레까지 그들의 영역과 통제에 둠으로써 영향력을 강화하고 권위를 확장하려 했다.[39]

그가 발굴한 사료적 자료의 풍부함과 특이함에도 불구하고 에반스의 서삭은 심각한 일반화의 경향을 띠며, 문화, 역사, 의미들을 가로지르는 구별짓기를 눈에 띌 정도의 조바심을 보이면서 시도한다. 에반스의 태도는 훨씬 나중에 법철학자 한스 켈센의 고전『법과 국가의 일반론』에서도 나타난다. 켈센에 의하면 "원시적 법에서 동물, 심지어 식물과 여타 생명 없는 물건들도 인간과 같은 방식으로 다루어진다. 특히 인간처럼 처벌된다. 그러나 이는 원시인간의 애니미즘과 관련해서 봐야 한다. 원시인간은 동물, 식물, 무생물이 마치 '영혼'이 부여된 것처럼 간주하는데, 여기에 인간성 혹은 때로 초인간성의 정신적 자질을 부여하기도 한다. 문명화된 인간의 조망에 따라 밝혀진 인간과 여타 존재 사이의 근본적인 차이는 원시인간에게는 존재하지 않는다."[40]

이 사료에 대한 좀 더 뉘앙스 있는 접근으로는 핀켈스타인의 탁월한 모노그래프 『뿔로 찌른 황소』를 살펴볼 필요가 있다. 이 저서 역시 동물에 대한 형법적 처벌을 다룬다. 핀켈스타인은 켈센의 위 인용문을 언급하면서 당시 법이 위치한 역사적·무의식적 토대에 무지한 사회이론가들이 보이는 전형적인 가정들이라고 지적한다. 핀켈스타인은 이렇게 쓴다. "이 책의 목적은 켈센이나 혹은 법적 제도에 대한 접근법이 켈센과 동일한 부류의 이론가들과 논쟁하려는 것이 아니다. 여기서 내가 강조하려고 하는 것은 … 자신의 무의식적 전제들을 의식하지 못하고 그 전제들을 면밀히 검토하지 못한 결과 좀 더 큰 기획들을 손상시키게 되는 방식이다."[41] 핀켈스타인의 다소 놀라운 연구는 동물에 의한 인간의 우발적 죽음에 관한 성경과 메소포타미아 법에 대한 비교연구에 기초하고 있는데, 에반스나 켈센보다 더 사려깊고 철학적으로 만족스러운 설명을 제공한다. 그는 "비서구적 지역의 사회들과 원시민족들은 '인간적' 의지 혹은 '인간적' 성격을 동물이나 사물에 부과하지 않으며, 결코 인간 범죄자들처럼 동물들을 재판하거나 벌주지도 않았다. 비이성적인 생명체나 무생물들에 대한 재판과 처벌이 유효한 법적 절차라는 생각은 서구 사회에서만 고유하게 일어난다"라고 제안한다.[42] 핀켈스타인은 중세와 계몽주의 시대 유럽에서 가축에 대한 재판과 처벌에 관한 역사적 사료들을 훑으면서, 교회가 위협을 제거하기 위해서 행한 모의재판(마술적 제식행위)과 죄지은 동물에 대한 진짜 법적 재판 사이를 구별한다. 전자의 경우 바구미나 들쥐 같은 것들이 처형되거나 파문당하는데, 이는 초월적인 힘을 불러내어 문제를 해결하기 위해서 법적 과정을 흉내내는 것이다. 후자의 경우 겉으로 보기에 법을 위반한 가축에 대해 "인간적 판결과 사회적 집행"이 행해졌는가가 핵심 문제이다.[43] 초기의 사례는 1266년의 기록에 따르면 돼지에 대한 재판이었다.[44]

핀켈스타인은 동물에 대한 재판과 처벌의 지리적·수사적 차이들에 주의를 기울이는데, 그의 견해에 따르면 재판들이 좋은 행실이라는 단순한 교훈을 전달해 주는 도덕극과 많이 다르지 않았다. 이런 종류의 재판들이 에반스와 켈센이 주장하는 것처럼 "원시적 정신"의 잔여물을 드러낸다기보다 교회법의 점증하는 영향력과 함께 사회를 좀 더 성서적 처방과 분류원칙에 순응하도록 하기 위한 시도들이었다.[45] 핀켈스타인은 이렇게 쓴다.

> 그러나 살인을 저지른 가축들을 처형하기 위한 중세적 근거는 동물이나 무생물의 의지 혹은 이도성에 대한 서구 사상에서 발생한 어떤 종류의 혼란에 따른 결과가 아니라는 사실을 인식하는 일이 중요하다. 비록 우리가 살펴본 바대로 그런 종류의 사상들이 민속적 차원에서는 분명했던 때가 있었다 해도 대체로 그 반대의 경우가 사실이다. 인류와 그 나머지 창조물 사이의 넘어설 수

> 없는 곳이 있고, 그 너머에 살아 있는 생명체의 세상 속에서 각 종들 사이의 경계위반에 대해 예리하리만치 민감하다. 이 점이 진실로 이 이상하고 분명 비이성적인 법실행을 이해할 열쇠이다. 인간을 죽인 동물들은 용서할 수 없을 만큼 우주적 환경을 교란시켰다는 바로 그 사실 때문에 말살되어야 했다. 그 행위는 인간이 물질세계에서 주권을 부여받았다는 사실과 위계에 따라 구분된 창조의 질서를 부정하는 것으로 보였다.[46]

이러한 동물재판이 우주적 세계관의 일부로서 갖는 의미에 대한 핀켈스타인의 관찰은 로고스와 아버지의 이름이 개입해서 구성된 도덕법에 대한 라깡의 논의와 공명한다. 신의 영역이 위대한 존재의 사슬로 현시되어 있는 우주에서 뿔로 찌르는 황소나 괴롭히는 돼지란 이 전체 질서를 위협하는 것이라는 사실은 '이성'에 합당하다.

같은 논리 혹은 이보다 더한 어떤 것이 비역 혹은 수간(「출애굽기」 22장 19절과 「레위기」 20장 13-16절에서 엄격히 금지된 것)을 행한 인간과 동물들에 대한 수많은 재판과 처형들에서도 역시 작동한다. 에반스에 의하면 그런 행위는 "양쪽 모두 죽거나 통상 산 채 불에 태우는 방식으로 똑같이 처벌되었다."[47] 행위의 당사자 모두에 대한 처벌의 엄격성—껍질을 벗기거나 산 채 불태우기, 재 뿌리기—은 이런 범죄들이 자아내는 막대한 불안감과 위협을 입증한다. 사례들은 풍부하다: 1466년 한 남자와 암돼지 한 마리가 파리 의회의 명에 따라 꼬르베이유에서 불에 태워졌다. 1546년, 동일한 법정에서 남자와 암돼지를 교수형에 처하고 불에 태우라는 판결이 내려졌다. 1609년 니더라트에서 한 남성과 암말 한 마리가 처형되어 시체구덩이에 묻혔다. 1606년 한 남성과 암캐 한 마리가 샤르트르에서 불에 태워졌다. 1662년 뉴잉글랜드에서 포터 씨라 불리는 어떤 사람은 처형당하기 전에 그의 파트너들이 교수형에 처해지는 것을 목격해야만 했다.[48] 이러한 범죄와 잔인한 처벌의 항목들 중 한 재판이 이목을 끈다. 1750년 자크 페롱이라는 사람이 방브레에서 암 당나귀와의 수간 중 붙잡혔다. 심사숙고 끝에 법정은 당나귀를 사면한다. 이 동물이 범죄행위의 자발적 성적 파트너가 아니라 희생자라는 이유 때문이었다. 수년간 이 당나귀를 알고 지낸 지역 신부와 방브레의 공동체는 덕스럽고 행실이 좋은 동물이라고 변호하고 나섰다. 서명된 증명서에서 공동체는 "이 당나귀[그녀]가 신의 있고, 행실이 반듯하며, 아주 정직한 동물임을 생활습관을 통해서 보여주었다는 사실을 기꺼이 증언하겠다"고 주장했다.[49] 그러나 페롱은 처형되었고, 이제 확실하게 우주질서에 대한 반역 이상으로 인식된 위협을 통제하게 된 셈이다.

수간이 종족 범주와 친족관계의 경계구분으로서 도덕법의 근본 토대를 위협하는 것은 분명하다. 역사가 요나스 릴리퀴스트는 수간이 13세기 스웨덴에서 중죄였지만 동물 처형은 17, 8세기에 절정에 달해서 총 사형의 25–35%를 차지했다고 전한다. 릴리퀴스트에 의하면 이 재판들에서 작성된 심문서는 다음과 같이 기록하고 있다. "수간과 식인 사이에 암묵적 유추가 생겼다. 동물과 성교하는 행위는 인간 육신을 먹는 것과 같다. 이러한 상응관계는 수간의 본질적인 의미를 드러낸다. 즉 수간은 단지 도덕적 부패와 어리석음만이 아니라 매우 육체적인 의미에서의 타락을 함축한다. 이는 또한 혐오스러움이라는 낱말(abominable)에 함축된 것으로서 모세 5경[50]과 법문서들에서 사용되었다."[51] 죄를 저지른 동물은 예외 없이 배척되고, 인간인 연인과 함께 공개처형됨으로써 사회에서 혐오스러움을 제거하게 된다. 핀켈스타인은 수간이 잔인하고 극적으로 처형되는 것은 그 행위가 인간을 다른 생물체보다 높이 위치시킨 우주의 위계적 질서를 위반해서 성스러운 창조에 범죄를 저지르고, 종과 종 간의 경계 분리와 질서라는 창조의 근본 원칙을 교란시켰기 때문이라고 제안한다. 그러나 나는 범죄자에 대한 극단적이고 혹독한 처치들을 감안할 때, 위협받은 것은 창조의 추상적인 질서, 즉 "후사를 '그 자신의 종에 따를' 것"[52]이라는 신성한 법령이 아니라 그보다는 수간이 좀 더 구체적으로 인간과 동물을 구별해주는 하나의 경계인, 신학자, 철학자, 법제정자들이 서로 견제하며 질시하듯 보호하려 드는 경계, 즉 인간의 영역으로서의 발화와 담론을 위협한다고 주장한다. 인간존재가 시도할 법한 행위의 환상적 시나리오로서 남녀가 네 발 달린 동물들에 대해 갖는 위치들과 관련된 수간은 인간이 동물의 차원으로 강등되어서가 아니라, 정반대로 동물을 행위주체자이자 주체로서 담론 안에 들여오리라 위협한다. 성행위에서 동물의 외침, 신음소리, 투덜거림은 인간 파트너를 향한 접근이다. 비역의 마구간에서 동물은 데카르트주의의 동물-기계로 **반동**하는 것이 아니라 **반응**한다. 수간 금지법들은 무엇보다도 도덕법 자체의 포르노그라피적인 토대를 폭로한다. 그리고 당연한 말이지만 법의 포르노그라피는 그 자체로 자기 정당화이기도 하다.

인간동물주의(Humanimalism)

현대 법 담론에서 도착이나 법적 위반으로서의 수간이 거의 부재한 것처럼 보이는 것을 어떻게 해석할 것인가? 문화적으로 수간은 의고적이고, 시대에 뒤떨어져 있으며, 기껏해야 농촌지역의 농장 일꾼과 연결되어 있는 듯이 보인다. 섹슈얼리티 연구에서 거의 언급되지 않고 있다는 사실에서 미루어 볼 때, 다른 (좀 더 세련된) 성적 도착들 때문에 수간을 제쳐놓은 듯이 보인다. 그러나 〈동물 성학대 정보와 자료 사이트〉(ASAIRS)에 따르면 수간은 대중적으로 아주 흔한 형태의 학대이다.[53] 〈미국인간학회〉(HSUS)와 함께 이 단체는 수간을 범죄화하는 현행법의 시행조치를 목적으로, 소위 동물성애자들을 겨냥한 광범한 법적 조치를 지지한다. 이들은 수간, 심지어 인간 파트너가 그의 개, 말, 혹은 소를 사랑한다고 공언하는 때조차도 그것은 학대에 다름 아니라고 주장한다. 왜냐하면 동물은 언제나 이 과정에서 신체적으로 해를 입거나 종종 살해당하기 때문이다. 그들의 노력에도 불구하고 미국의 50개 주 중 대략 반 정도에서만 수간을 범죄행위로 나눈다.[54]

동물 처형의 역사가 의도적으로 공식 역사서술에서 삭제되어 온 것은 의미심장하다. 유사한 방식으로 현대 담론에서 수간에 대해 귀를 먹먹하게 할 정도의 침묵이 존재한다. 나는 우리가 지금까지 살펴본 것은 범죄를 저지른 동물과 종 사이의 수간행위에 대한 법의 시행으로부터, 법적 담론에서 비인간적인 것이 축출된 것으로의 담론적 변화였다고 제안하려고 한다. 권력과 담론이 섹슈얼리티를 생산한다는 푸코의 시나리오에 대한 일종의 역전을 통해, 우리는 현재 침묵과 권력 사이의 동맹을 얻게 되었다. 이는 동물에 대한 연속적인 침묵화이자 탈성화(de-sexualization)이다.

이런 맥락에서 동물권 활동가들의 투쟁, 예를 들어 단지 동물의 시장가치가 아니라 동료 동물의 부당한 죽음의 사례들에서 정서적 고통을 인정하자는 로비 운동은 실제로 종족 차이를 강화한다. 인간은 동물에 대한 그 혹은 그녀의 민감함 때문에 더 인간적이 되며, 동물은 고도의 인간적 잔인함에 대해 침묵하는 불쌍한 희생자이기 때문에 더 동물적이 된다. 인간성은 그 혹은 그녀의 민감함과 여기서 비롯되는 상실로 인해 느끼는 고통에 대한 보상이며, 반대로 동물은 생명이나 위엄에 대한 내재적 권리를 가진 것으로 인정받지 못한다. 사실상 우리는 동물권 운동의 윤리는 심오한 인간적 나르시시즘에 토대를 두고 있다고 말할 수 있다. 왜냐하면 동물도 우리처럼 느끼고 고통받을 수 있기 때문에 그들도 이런저런 것들을 부여받아야 한다고 주장하는 논리 때문이다. 역설적으로 이런 권리들은 그들이 인권 논리를 비인간의 영역으로 확장하려고 하는 때조차도 오직 종을 구별짓는 선을 견고하게 만드는 토대에서만 그렇게 할 뿐이다. 두말할 나위 없이 동물은 권리가 약속하는 (인간폭력에 대항해서) 보호조처들을 얻기 위해서 인간과의 관계에서 완전히 침묵하고 수동적이 되어야 한다. 이러한 담론이 생산하는 주된 정서—동물의 무력함과 다치기 쉬운 성질에 대해 사용되는 이미지들과 묘사적 언어들—는 페이소스이다. 동물 권리 포스터에서 슬픈 눈을 한 동물이 우리를 바라보는 이미지는 동정심을 유발하지만 동물은 아주 소리 없이 침묵한다. 어떤 의미에서 수간을 처벌하는 오래된 법들과 수간에 대한 우리의 현대적인 침묵 사이에는 연속성이 있다. 즉 두 실천 모두 목소리 없는 동물을 생산해낸다. 철저히 급진적인 반–생물종주의(anit–speciesism)는 인간권리 자체의 가치론을 요구하며 새로운 인간동물주의로의 선회를 요구한다. 정신분석은 재평가를 위해 필요한 인간 주체의 본질적 구조들이 갖는 심오한 논리를 밝혀낸다. 만일 생물종 차이와 동물에 대한 개념이 인간성의 구성에 본질적이며, 도덕법과 부성기능에 대한 그 혹은 그녀의 접근이 이 이원적 대립에 의해 결정된다면, 그에 따르는 윤리적 문제들은 그저 비판적 철학에 관련된 것일 수만은 없다. 윤리적 문제들은 인간됨이라는 근본적인 환상의 차원에 대한 개입을 요구할 것이다.

주

1 Immanuel Kant, *Lectures on Ethics*. Louis Infield 번역(New York: Harper & Row, 1963), 170-171쪽.

2 Jacques Derrida, "The Animal That Therefore I Am(More to Follow)." David Willis 번역. *Critical Inquiry* 28(winter 2002), 392쪽.

3 생태학의 학문적 연구 성취와 환경문제에 관한 예리한 인식을 갖춘 문화비평적 경향이다. 좁은 의미론 문학비평의 한 분야를 의미하지만, 이 글에선 좀 더 넓은 의미의 문화비평을 일컫는다(역주).

4 라깡 이론에서 생후 6개월에서 18개월 전후의 아이를 관찰한 결과를 토대로 구성된 상상계 단계. 아직 자신의 신체를 온전히 통제하지 못한 단계의 어린아이가 거울 속 자신의 이미지를 보면서 실제 자신의 동작과 이미지의 움직임 사이에 호기심을 보인다. 이와 달리 원숭이 같은 동물은 거울상에 대한 관심을 지속시키지 못한다(역주).

5 Jacques Derrida, "And Say the Animal Responded?" *Zoontologies: The Question of the Animal*. David Wills 번역, Cary Wolfe 편집(Minneapolis: University of Minnesota Press, 2003), 127쪽. 이 글이 출판되기 전에 내가 볼 수 있도록 선처해 준 캐리 울프에게 감사의 마음을 전한다.

6 같은 글, 131쪽.

7 데리다 등을 위시한 학자들이 촉진시킨 인문학의 한 분야로 철학, 문학연구, 문화연구 등의 분과학문들을 중심으로 신과 인간, 동물의 관계를 고찰한다. 신성동물성이란 개념은 기존의 신학체계나 그로 인한 인간성 개념의 토대를 근본적으로 묻고 있다(역주).

8 같은 글, 134쪽.

9 Jacques Lacan, *The Seminar of Jacques Lacan, Book XX: Encore: On Feminine Sexuality, The Limits of Love and Knowledge, 1972-1973*. Jacques-Alain Miller 편집, Bruce Fink 번역(New York: Norton, 1998), 특히 1-13쪽.

10 경제학에서 개개 상품이 교환가능하고 개별성 없이 구별되지 않는 속성을 의미한다. 상품의 대체가능성 때문에 교환체계가 성립된다(역주).

11 Lacan, "Introduction to the Names—of—the Father Seminar," *Television/A Challenge to the Psychoanalytic Establishment*. Joan Copjec 편집, Denis Hollier, Rosalind Krauss, and Annette Michelson 공역(New York: Norton, 1990), 88쪽.

12 같은 글.

13 Caravaggio: 16—7세기 이탈리아 화가로 당시 지배적인 종교화풍을 거부하고 사실적 묘사에 집중한 것으로 유명하다(역주).

14 Sigmund Freud, *Totem and Taboo, The Standard Edition of the Complete Psychological Works of Sigmund Freud*. James Strachey et al. 편집 및 번역(London: Hogarth Press, 1953—1974), 13: 141—142쪽.

15 같은 책, 143—144쪽.

16 데리다는 '동물'이라는 일반적 단수형에 관해 쓸 때 이 점을 깨닫지 못한다: "일반적이고 통상적인 동물이라는 범주 속에 모든 비인간적 생명체를 혼합하는 것은 단지 사유, 철저함, 명징성 혹은 경험적 권위에 대한 원죄일 뿐 아니라 범죄이기도 하다. 동물성 그 자체에 대한 범죄라기보다는 바로 해당 동물들에 대한, 그리고 동물 전반에 대한 일급 범죄이다. 우리는 모든 살인, 즉 '살인하지 말라'는 십계명에 대한 온갖 위반이 오직 인간에게만 적용되며 … 결국 오직 '인간성에 대한' 범죄들만 있다고 가정하는 데 동의하는가?" "The Animal That Therefore I am," 416쪽.

17 Claude Lévi—Strauss, *The Savage Mind*(Chicago: University of Chicago Press, 1966), 105쪽. *Totemism*. Rodney Needlham 역(Boston: Beacon Press, 1963)도 참조할 것.

18 Lévi—Strauss, *The Savage Mind*, 105쪽.

19 같은 책, 105—106쪽.

20 서구 문화에서의 음식 메타포에 대한 흥미롭고 해박한 연구로는 Maggie Kilgour, *From Communion to Cannibalism: An Anatomy of Metaphors of Incorporation*(Princeton: Princeton University Press, 1990) 참조. C. J. Rawson, "Cannibalism and Fiction," 1부와 2부. *Genre* 11(spring 1977—1978): 667—711쪽, 227—313쪽 참조.

21 내용이 풍부하다는 의미에서 살점이 많다는 표현을 사용함으로써 식습관, 음식문화, 성문화 등과 관련된 주제와 연결시킨다(역주).

22 Midas Dekkers, *Dearest Pet: On Bestiality*(London: Verso, 1994)는 수간 재현의 역사에 대한 흥미로운 연구이다. 이 책은 피터 싱어가 "Heavy Petting"이라는 제목의 서평에서 언급함으로써 (그리고 수간 그 자체를 암시함으로써) 악명을 떨치고 있다. http://www.nerve.com/Opinions/Singer/heavyPetting/main.asp.

23 『앙코르』에서 라깡은 도덕법 이전의 거세 이전 (동물) 아버지를 ∃XΦX라고 쓴다: 부성 메타포에 종속되지 않는 하나가 있다. 이 공식은 성차의 조직을 위한 필연적인 가정이다(78쪽).

24 상징계적 논리를 사용한 라깡의 성차공식은 대략 다음과 같이 읽을 수 있다. 남성 쪽은 "남근기능에 종속되지 않는 하나가 있다; 모두가 남근기능에 종속한다"; 여성 쪽은 "남근기능에 종속되지 않은 하나는 없다; 전부 남근기능에 종속하는 것은 아니다."(역주).

25 하이데거의 개념으로 존재와 구별되는 실체를 의미한다(역주).

26 Jacques Lacan, *Feminine Sexuality*. Juliet Mitchell and Jacqueline Rose 편집, Jacqueline Rose 번역(New York: Norton, 1985), 150쪽에 인용됨. 핑크는 이 문장을『앙코르』에서 이렇게 번역한다. "바로 밑에 즉 수직선(분리)이 교차되는 곳에 놓인 수평선, 부적절하게 인간성이라고 불려온 것의 분리가 성적 정체성으로 나눠지는 그 선 밑에서 부족하나마 우리는 문제가 되는 것에 대한 지시를 얻는다."(80쪽).

27 Lacan, "Names-of-the-Father," 89쪽.

28 같은 글.

29 히브리 성경에 수록된 아브라함의 이야기로 아들 이삭을 제물로 바치라는 신의 명령을 내린다. 명령을 이행하기 위해 이삭을 제단에 결박시킨 것에서 비롯된 말이다(역주).

30 D'vorah, *Hebrew Glossay*. http://www.headcoverings-by-devorah.com/Heb-glossA.html(1 April 2003).

31 Lacan, "Names-of-the-Father," 94쪽.

32 같은 글.

33 Derrida, "The Animal That Therefore I am," 386쪽.

34 같은 글.

35 같은 글, 387쪽.

36 중세기독교철학에서 신을 최고 위치에 두고 생명체를 비롯한 만물이 위계대로 연결되어서 긴 존재의 사슬을 형성하고 있다는 개념이다(역주).

37 이 개념에 대한 지성사는 Arthur O. Lovejoy, *The Great Chain of Being: A Study of the History of an Idea*(Cambridge: Harvard University Press, 1936) 참조.

38 E. P. Evans, *The Criminal Prosecution and Capital Punishment of Animals*(1906; 재판 New Jersey: Lawbook Exchange, 1998), 18쪽.

39 같은 책, 41쪽.

40 Hans Kelsen, *General Theory of Law and State*. Anders Wedberg 번역(New York: Russel & Russell, 1961), 3–4쪽.

41 J. J. Finkelstein, *The Ox That Gored*. Transactions of the American Philosophical Society, n.s. 71, pt. 2(Philadelphia, 1981), 49쪽.

42 같은 책, 64쪽.

43 같은 책, 66쪽.

44 대개 돼지가 법의 대중적인 희생자였다. 『사랑스러운 애완동물』에서 데커스는 몽테뉴의 1394년도 돼지 사례를 인용한다. 이 돼지는 신성한 주인을 먹은 불경을 저질렀다는 죄목으로 재판받고 교수형에 처해졌다. 핀켈스타인은 유아를 갈가리 찢어 죽였다는 죄목으로 기소된 암퇘지의 재판(1386년)을 언급한다. 처형 당시에 암퇘지는 인간의 옷을 입고(여기서 복장전환에 대해서는 논의하지 않겠다) 가두행진을 했고 공중 교수형 집행인에 의해서 엄숙하게 처형되었는데, 그 사체는 나중에 갈가리 찢겨졌다. 이런 종류의 여타 사례들의 숫자는 18세기 말까지 기록되어있다.

45 Finkelstein, 68–69쪽.

46 같은 책, 73쪽.

47 Evans, 147쪽.

48 같은 책, 148–149쪽.

49 같은 책, 150쪽.

50 Pentateuch: 구약성서 처음의 5권으로「창세기」,「출애굽기」,「레위기」,「민수기」와「신명기」(역주).

51 Jonas Liliequist, "Peasants against Nature: Crossing the Boundaries between Man and Animal in Seventeenth—and Eighteenth—Century Sweden," *Forbidden History: the State, Society and the Regulation of Sexuality in Modern Europe*. John C. Fout 편집(Chicago: University of Chicago Press, 1992), 68쪽.

52 Finkelstein, 71쪽.

53 *ASAIRS*, 27 July 2002, http://www.asairs.com/main_index.htm(1 April 2003).

54 HSUS에 따르면 현재 미국의 24개 주만이 수간에 대한 법을 성문화하고 있다. 5개 주에서는 중죄이고 나머지 19개 주에서는 경범죄이다. 그러나 리차드 포스너와 캐서린 실바우는 수간이 워싱턴 D.C.를 포함한 17개 주에서 중죄이고 12개 주에서는 경범죄인 반면 22개 주에서는 관련 법규가 없다고 주장한다. *A Guide to American's Sex Laws*(Chicago: Univerity of Chicago Press, 1996), 207—212쪽.

저자 약력

• 알랭 바디우

파리 8대학과 에꼴 노르말의 철학과 교수 역임. 다수의 철학논문을 출간했으며, 주요 저서로는 *Being and Event*(Seuil, 1988), *Manifesto for Philosophy*(State University of New York Press, 1999 [Seuil, 1989]), *Ethics: An Essay on the Unverstanding of Evil*(Verso, 2001[Hatier, 1998]) 등이 있다.

• 에띠엔느 발리바르

파리 10대학 도덕과 정치철학과 석좌교수이며 캘리포니아 대학(어바인 소재)의 비판이론과 교수. 저서로는 루이 알뛰쎄와 공저한 *Reading Capital*(N.L.B, 1970[F. Maspero, 1965]), *Politics and Other Scenes*(Verso, 2002), *We, the People of Europe? Reflectioins on Transnational Citizenship*(Princeton University Press)이 있다.

• 마리나 드 까네리

이탈리아의 트렌토 대학과 필라델피아 소재 템플 대학, 파리 8대학에서 각각 비교문학과 철학을 공부했고, 뉴욕 주립대(버펄로 소재)의 비교문학과에서 「주체와 여성성」이라는 제목으로 박사논문을 썼다.

• 스티븐 밀러

캘리포니아 대학(어바인 소재) 비교문학과에서 2002년 박사학위를 받았다. 그의 박사논문 「법의 완성: 전후사상과 소설에 나타난 저항」은 사도 바울, 칸드, 이렌드, 라깡, 쥬네, 바타이유와 베케트에 나타는 신학-정치적 법의 개념을 고찰했다. 제이슨 스미스와 함께 장-뤽 낭시(Jean-Luc Nancy)의 *Hegel: The Restlessness of the Negative*(University of Minnesota Press, 2002)를 공역했다. 현재 뉴욕주립대(버펄로 소재) 영문과 교수이며 정신분석문화센터장을 맡고 있다

• 캘파나 세샤드리-크룩스

보스턴 칼리지의 영문학과 부교수로, *Desiring Whiteness: A Lacanian Analysisy of Race*(Routledge, 2002)를 출간했고, *The Pre-Occupation of Post-colonial Studies*(Duke University Press, 2000)을 공편했다.

• 야니스 스타브라카키스

2006년부터 아리스토텔레스대학에 재직하고 있다. *Lacan and the Politics*(Rout-ledge, 1999)를 출간했고, *Discourse Theory and Political Analysis*(Manche-ster University Press, 2000)과 *Lacan & Science*(Karnac Books, 2002)의 편집에 참여했다.

• 캔디스 보글러

시카고 대학 인문학부 철학과 교수이며, 석사 프로그램 공동 디렉터이다. 저서로 *John Stuart Mill's Deliberative Landscape*(Routledge, 2001), *Reasonably Vicious*(Harvard University Press, 2002)가 있다.

• 슬라보예 지젝

정신분석이론가이며 철학가로 슬로베니아 류블랴나 대학교 사회연구소 선임 연구원이다. 다수의 정신분석 철학, 문화비평이론서를 출간했다.

• 조운 콥젝

현 브라운대학 현대문화와 미디어학과 교수이며 저널 엄브라의 편집장을 역임했다. 저서로는『내 욕망을 읽어봐』와『여자가 없다고 상상해봐』가 있다. 영미권에 슬라보예 지젝을 소개하고 후원한 장본인이다.

법의 무지

발행일 1쇄 2020년 7월 20일
2쇄 2020년 12월 30일
지은이 슬라보예 지젝/알랭 바디우 외
옮긴이 강수영
펴낸이 여국동

펴낸곳 도서출판 인간사랑
출판등록 1983. 1. 26. 제일 - 3호
주소 경기도 고양시 일산동구 백석로 108번길 60 - 5 2층
물류센타 경기도 고양시 일산동구 문원길 13 - 34(문봉동)
전화 031)901 - 8144(대표) | 031)907 - 2003(영업부)
팩스 031)905 - 5815
전자우편 igsr@naver.com
페이스북 http://www.facebook.com/igsrpub
블로그 http://blog.naver.com/igsr
인쇄 인성인쇄 **출력** 현대미디어 **종이** 세원지업사

ISBN 978 - 89 - 7418 - 595 - 4 93100

이 도서의 국립중앙도서관 출판시도서목록(CIP)은 서지정보유통지원시스템 홈페이지(http://seoji.nl.go.kr)와
국가자료공동목록시스템(http://www.nl.go.kr/kolisnet)에서 이용하실 수 있습니다.(CIP제어번호: CIP2020026425)